KB099256

임동석중국사상100

설 원

說 苑

劉向 撰 / 林東錫 譯註

유향(劉向)

"상아, 물소 뿔, 진주, 옥. 진괴한 이런 물건들은 사람의 이목은 즐겁게 하지만 쓰임에는 적절하지 않다. 그런가 하면 금석이나 초목, 실, 삼베, 오곡, 육재는 쓰임에는 적절하나 이를 사용하면 닳아지고 취하면 고갈된다. 그렇다면 사람의 이목을 즐겁게 하면서 이를 사용하기에도 적절하며, 써도 닳지 아니하고 취하여도 고갈되지 않고, 똑똑한 자나 불초한 자라도 그를 통해 얻는 바가 각기 그 자신의 재능에 따라주고, 어진 사람이나 지혜로운 사람이나 그를 통해 보는 바가 각기 그 자신의 분수에 따라주되 무엇이든지 구하여 얻지 못할 것이 없는 것은 오직 책뿐이로다!"

《소동파전집》(34) 〈이씨산방장서기〉에서 구당(丘堂) 여원구(呂元九) 선생의 글씨

책머리에

"어진 스승과 훌륭한 친구가 곁에 있고, 시서예악과 같은 좋은 책이 그 앞에 펼쳐져 있는데도 이를 버리고 옳지 못한 짓을 할 자는 적으리라!"(賢師良友在 其側, 詩書禮樂陳於前, 棄而爲不善者, 鮮矣.)

바로 이 책 담총편(談叢篇. 497)에 실려 있는 경구이다.

집안에 어떠한 책을 소장하고 있는가에 따라 그 집안의 가풍을 알 수 있으며, 자녀에게 어떤 책을 마련해주는가를 보면 그 집 가정교육을 알 수 있다. 이처럼 스승과 친구, 그리고 고전의 훌륭한 책은 세상을 살아가는 가장 좋은 안내자이며 가장 훌륭한 나침반이다.

《설원說苑》은 정말 훌륭한 고전이다. 고대古代부터 한漢나라 때까지의 온갖 지혜와 고사, 격언이 총망라되어 있다. 이에 우리나라 중등학교의 한문 교재는 물론 많은 동양학 서책에 빠짐없이 이 《설원》 속의 이야기가 등장한다.

특히 송宋나라 때 잔권殘卷 5권이 오늘날의 20권으로 복원되는 과정에서 〈고려본高麗本〉이 결정적인 역할을 하였다고 하였는데 이로 보면 우리나라에서도 일찍부터 읽혀온 아주 친근한 책이었음을 알 수 있다.

더 나아가 지금의 우리 심성에도 맞고 그 내용이 오늘날의 심한 경쟁, 가치관의 혼란, 도덕 부재의 상황 속에 이처럼 훌륭한 교재를 찾기 힘든 때에 교양을 위해서는 물론 덕과 지혜를 쌓기에도 아주 적합한 고전이라고 여긴다.

여기에 실린 이야기는 불과 몇 글자의 격언, 속담부터 수백 자에 이르는 긴 줄거리를 다룬 것으로 그 내용은 지도자가 갖추어야 할 덕과 용인술用人術, 남을 받들어 모실 때의 태도와 임무, 근본과 절도를 세워 살아가는 방법, 덕을 귀히 여기고 은혜에 보답할 줄 아는 삶, 능력 있고 어진 이를 찾아내어 천하를 이롭게 해야 할 이유, 사물을 바로 보고 그에 대처할 줄 아는 지혜, 만물의 본질과 귀착, 나아가 검약과 질박質樸의 본질적인 의미는 물론 심지어 죽음이란 무엇인가에 이르기까지 실로 그 내용은 다양하고 그 깨우침의 방법은 촌철살인寸鐵殺人의 단막극 장편掌篇체이다.

무려 846장에 이르는 이 많은 이야기는 단순히 한문으로 기록된 전적典籍으로의 의미, 혹은 한문 문장 해석과 학습 교재로서의 가치를 넘어서 오늘날 우리가 적용하고 이를 통해 지혜를 얻는데 조금의 손색도 없으리라고 본다.

게다가 본 《설원》이 원 출전인 고사성어故事成語는 지금도 널리 회자膾炙되고 있다. 바로 초초楚 장왕莊王의 '절영絶纓', 진晉 문공文公의 '한식寒食'의 고사를 낳은 개자추介子推의 이야기, 춘추오패春秋五霸의 수많은 일화, 안자晏子의 번뜩이는 재치와 풍자, 곡돌사신曲突徙薪의 가치관, 선인善人이 손해보는 것 같으나 끝내 복을 받는다는 확신을 심어주는 이야기들…… 사실 이런 내용은 어느 시대, 어느 상황에서나 당연한 척도가 되어야 할 근본의 문제이다. 그러나 글을 읽는 즐거움까지 함께 맛볼 수 있는 것은 바로 이런 고전이 가장 적합하다고 자신한다.

나는 이 책을 우리나라 각계 지도자들이 한 번 읽었으면 한다.

사회 각 분야에서 우리를 이끌고 나가는 노고에 지식을 넘어 더욱 지혜와 덕을 쌓고 어려운 판단은 그 덕과 인본人本이라는 열쇠로 풀 수 있는 해답이 이 책 속에 있기 때문이다.

나는 이 《설원》을 완역상주完譯詳注하여 우리에게 조금이라도 보탬이 되었으면 하고 준비해온 지가 꽤 오래되었다. 그러나 분량이 적지않고 판본마다 문자文字의 이동異同이 있어 세밀히 하지 않으면 자칫 망문생의望文生義의 오류를 범할 것으로 염려되어 이제껏 미루어 올 수밖에 없었다.

이에 우선 《전국책戰國策》을 완역상주한 다음 내친 김에 자료를 보충하여 작업을 시작하였다.

판본을 대조하고 문자를 확정지은 다음, 장을 나누고 다시 관련 참고 자료를 보충하기 위해 문사철文史哲의 전적典籍을 일일이 섭급涉及하는 일은 매우 고통스러운 일이기도 하였다.

그러나 결국 직역 위주일 수밖에 없고 그 때문에 문장의 어색함은 물론 의미의 통순通順면에서도 누소漏疎함을 면할 길이 없었다. 아무쪼록 읽는 이들이 주의하여 질정하고 고쳐주기를 빌 뿐이다.

줄포茁浦 임동석林東錫이 취벽헌醉碧軒에서 새판을 내면서.

일러두기

1. 이 책의 번역은 〈문연각文淵閣 사고전서본四庫全書本〉《설원說苑》, 그리고
   〈사부비요본四部備要本〉《설원說苑》을 근간으로 하여 조선이趙善詒의 《설원
   소증說苑疏證》, 왕영王鍈・왕천해王天海의 《설원전역說苑全譯》, 노원준
   盧元駿의 《설원금주금역說苑今註今譯》을 참고하였다.
2. 주注는 인명人名, 지명地名, 사건명事件名, 연대 등을 위주로 하되 문자의
   이동異同도 다루었다. 특히 반복되는 인명, 지명 등 고유 명사는 장章이
   바뀌는 곳에는 번거롭더라도 다시 다루었다.
3. 분장分章은 판본마다 학자마다 다름으로 인해 《설원소증說苑疏證》을 기준
   으로 하되 일부는 역자가 조정하여 분리하거나 합친 것도 있다.
4. 총 846장으로 이를 일련번호로 쓰고 다시 괄호 속에 그 편(권)의 숫자와
   그편 내의 일련번호를 붙여 찾아보기 쉽도록 하였다.
5. 매장 뒤의 참고 부분의 관련 기록은 《설원소증說苑疏證》에 실린 것을
   빠짐없이 싣고 다시 《설원전역說苑全譯》에서 출처만 밝힌 것은 최대한
   그 원전을 찾아 관련 문장을 전재轉載하였으며, 일부 미진한 것은 역자가
   다시 찾아 넣거나 보충한 것도 있다.
6. 매장의 제목은 문장 시작의 한 어절語節, 혹은 일부를 택한 것으로 이
   역시 역자가 편의를 위해 임의로 제시한 것이다.
7. 활자로 된 《설원소증說苑疏證》,《설원금주금역說苑今註今譯》,《설원전역說苑
   全譯》에서의 탈자, 오자, 이체자 등은 〈사고본四庫本〉과 〈사부본四部本〉을
   대조하여 바로 잡았다.

● 참고문헌

《說苑》文淵閣 四庫全書, 臺灣 商務印書館 印本

《說苑》四部備要本, 臺灣 中華書局 印本. 1969

《說苑疏證》趙善詒, 華東師範大學出版社. 1985. 上海

《說苑全譯》王 鍈·王天海, 貴州人民出版社. 1992. 貴陽

《說苑今註今譯》盧元駿, 臺灣 商務印書館. 1977. 臺北

《說苑補正》金嘉錫, 臺灣大學 中國文學研究所. 1960. 臺北

《新序說苑選譯》曹亦氷, 巴蜀書社. 1990. 成都

《周易正義》(十三經注疏本,藝文印書館)·《尚書正義》·《毛詩正傳》·《周禮注疏》·
《儀禮注疏》·《禮記注疏》·《春秋左傳正義》·《春秋公羊傳正義》·《春秋穀梁
傳注疏》·《論語注疏》·《孝經注疏》·《爾雅注疏》·《孟子注疏》·《四書集注》
(朱熹)·《戰國策》(拙譯)·《呂氏春秋》(四部刊要本)·《孔子家語》(諸子集成本)·
《荀子集解》·《新語》·《晏子春秋》·《老子道德經》·《莊子集解》·《列子注》·
《抱朴子》·《管子校正》·《韓非子集解》·《鄧析子》·《尹文子》·《公孫龍子》·
《墨子閒詁》·《淮南子》·《論衡》·《孫子校正》·《吳子》·《韓詩外傳》·《新序》·
《列女傳》·《吳越春秋》·《竹書紀年》·《史記》·《漢書》·《後漢書》·《資治
通鑑》·《國語》·《世說新語》·《帛書戰國策》·《荊楚歲時記》·《藝文類聚》·
《太平廣記》·《太平御覽》·《漢魏六朝百三家集題辭注》·《昭明文選》·《樂府
詩集》·《柳宗元集》·《崇文總目》·《郡齋讀書志》·《詩經詞典》·《四書索引》·
《中國歷史地圖集》·《中國歷史紀年表》·《康熙字典》·《中文大辭典》·《中國
大百科全書》·《簡明中國古籍辭典》·《中國古典文學辭典》·《辭海》·《四庫
全書總目》·《說文解字》.

기타 공구서, 참고서 등은 생략함.

해 제

(1) 《설원說苑》

《설원說苑》은 서한西漢 때에 유향(劉向; 대략 B.C.77~B.C.6)이 찬집撰輯한 필기류筆記類의 역사고사집歷史故事集이다.

〈사고전서四庫全書〉에는 이를 자부子部 유가류儒家類로 분류하였으나 〈사부비요四部備要〉에는 사부史部로 분류하고 있다.

책이 완성된 연대는 대체로 한漢 성제成帝 홍가鴻嘉 4년(B.C.17년)으로 보고 있으며 유향 자신의 서록書錄에 "凡二十篇, 七百八十四章, 號曰新苑"이라 한 것으로 보아 이미 있던 기록을 새로이 찬집하여 20권 784장으로 정리한 것이 아닌가 한다.

이 《설원》이 다루고 있는 내용은 고대부터 서주西周, 동주(東周; 春秋戰國)를 거쳐 진秦, 그리고 자신이 살아 있던 한대漢代까지의 유문일사遺聞逸事로써 《신서新序》의 나머지 재료를 모은 것이라 여기고 있다.

내용은 아주 다양하여 제자諸子의 언행은 물론 국가 흥망의 도리, 철리哲理, 격언格言을 적절히 배합하여 생동감 있게 당시의 살아 있는 백화어白話語로 찬집한 것이다.

자못 소설小說에 가깝고 풍유諷喩의 수사법이 두드러지며 풍격이 박실樸實하여 후대의 소설 및 민간 고사, 일사佚事, 필기筆記 문학에 지대한 영향을 미친 것으로 평가되고 있다.

특히 문장이 대화체로 되어 있는 것이 많아 당대의 백화어로 여겨지기 때문에 어휘, 문법 연구의 좋은 참고 자료가 되고 있다.

한편 이 《설원》20권은 북송北宋 초에 잔권殘卷 5권만 남아 있었으나 증공(曾鞏; 1019~1083)의 집보輯補로 20권 639장으로 모습이 복원되었다. 그러나 육유(陸游; 1125~1210)의 《위남집渭南集》에는 이덕추李德芻의 말을 인용하여 증공이 얻은 것은 〈반질편反質篇〉이 빠진 것이어서 〈수문편修文篇〉을 상하上下로 나누어 20권으로 하였던 것이며, 뒤에 〈고려본高麗本〉이 들어와서야 비로소 책 전체의 면모가 갖추어졌다고 하였다.

李德芻云: 館中說苑二十卷, 而闕反質一卷, 曾鞏乃分修文爲上下, 以足二十卷. 後高麗進一卷, 遂足.(《渭南集》卷27)

그리고 말미末尾에 "淳熙乙巳十月六日務觀"이라 하였는데, 순희淳熙 을사 乙巳는 남송南宋 효종孝宗의 순희淳熙 12년으로 1185년에 해당하며, 무관務觀은 육유의 자字이다.

한편 우리의 《고려사高麗史》에는 1091년(高麗 宣宗 8年, 宋 哲宗 元祐 6年)에 이자의李資義등이 송나라로부터 돌아와 송 철종의 요구에 의해 아주 많은 양의 도서를 보낸 기록이 있다.

"丙午李資義等還自宋奏云, 帝聞我國書籍多好本, 命館伴書所求書目錄授之, 乃曰雖有卷第不足者, 亦須傳寫附來. 百篇尙書, 荀爽周易十卷, 京房易十卷, 鄭康成周易九卷, ……新序三卷, 說苑二十卷, 劉向七錄二十卷 ……."

(《高麗史·世家》卷第十. 宣宗八年)

중국에서는 이들을 바탕으로 자신들의 책을 교정校正, 부사副寫하여 태청루 太淸樓 천장각天章閣에 보관하였다고 하였다.

따라서 《위남집》에 〈고려본〉이라 한 것은 이 때 들어간 것이 아닌가 한다. 다시 말해 증공이 복원할 때는 19권뿐인 상태에서 〈수문편〉을 상하로 나누어 20권으로 하였으나 증공 사후에 〈고려본〉이 들어옴으로써 〈수문편〉은 본래대로 한 권으로 되고 〈반질편〉이 제자리를 찾아 제 모습의 20권이 되었을 가능성이 크다.

그 뒤 청대淸代에 이르러 다시 보충과 분장分章을 거듭하여 663장으로 알려져 왔다. 그러나 현재의 《설원소증說苑疏證》(趙善詒, 華東師範大學出版社, 1985)은 고증을 거쳐 무려 845장으로 세분하였고, 《설원전역說苑全譯》(王鍈·王天海, 貴州人民出版社, 1992)에는 718장으로 나누어져 있는 등 그 분장은 책마다, 사람마다 그 견해가 다르다.

이는 〈담총편談叢篇〉의 문장이 대개 70~80장으로 분류되던 것을 격언 위주의 단문이 겹친 것으로 보아 더욱 세분화하였기 때문이다.

또 실제로 〈사고전서본〉과 〈사부비요본〉조차도 각기의 분장이 달라 확정적으로 어떻게 나누는 것이 표준인가 하는 것은 여러 가지 문제가 있다.(역자는 846장으로 나누었다.)

청대부터 현대에 이르기까지 이 《설원》에 대한 많은 연구서가 쏟아져 나왔다. 즉, 진전陳鱣·황요포黃堯圃의 《송본설원교정본宋本說苑校正本》, 주준성 朱駿聲의 《송본설원교정본本說苑校正本》, 노문초(盧文弨; 1717~1796)의 《설원 습보說苑拾補》, 유월(俞樾; 1821~1907)의 《독서여록讀書餘錄》, 손이양(孫詒讓; 1848~1908)의 《찰이札迻》, 소시학蘇時學의 《효산필화爻山筆話》, 문정식文廷式의 《순상자지어純常子枝語》, 유사백(劉師培; 1884~1919)의 《설원습보說苑拾補》, 조만리 趙萬里의 《설원각보說苑斠補》, 그리고 일인日人 미장관가尾張關嘉의 《설원찬주 說苑纂註》, 도원장桃源藏의 《설원고說苑考》 등이 있다.

이들의 연구를 모아 문자를 교정하고 분장을 나누고 표점을 찍어 활자로 출판한 것이 곧 조선이趙善詒의 《설원소증說苑疏證》(1985)이다.

그밖에 상종로向宗魯의 《설원교증說苑校證》(1987, 中華書局)이 이 방면 연구

정리의 집대성이며, 백화어로 번역된 것으로는 《설원금주금역說苑今注今譯》
(盧元駿, 臺灣商務印書館, 1977, 〈사부비요본〉을 대본으로 함), 《설원전역說苑全譯》
(王鍈·王天海, 貴州人民出版社, 1992) 및 일부 선역選譯, 초역抄譯한 것들도 있다.

그러나 이 역시 활자로 옮기는 도중 오기, 오식, 탈자가 있어 결국 〈사고본〉과
〈사부본〉을 일일이 대조해야 정확을 기할 수 있다.

그 중 《설원소증》은 매장의 본문 끝에 관련 기록이 실려 있어 큰 참고가
되고 있다.(역자의 번역본에는 이를 모두 싣고 다시 《설원전역》에 출처만 밝힌 것을 일일이
찾아 전재하였으며 일부 누락된 것은 더욱 보충하여 연구자의 편의와 대조 및 관련 자료의
활용에 도움이 되도록 하였다.)

한편 육유의 《위남집》에 〈고려본〉에 대한 언급과 《고려사》의 기록으로도
알 수 있듯이 우리나라에서도 일찍부터 이 책이 읽혀졌던 것으로 여겨진다.

그러나 구체적인 기록은 알 수 없고 지금 우리나라에 소장되어 고본으로 알려진
《설원》은 대개 명대明代 이후의 판본으로 그 내용을 살펴보면 다음과 같다.

1. 《說苑》漢, 劉向 撰, 影印本, 國立中央圖書館, 1冊, 69張, 24.2×17.0cm,
   原本, 貴598, 일산 古3738-14. 國 일산 古3738-18
2. 《說苑》漢, 劉向 撰, 中國木版本, 光緒19(1893) 20권 4책. 序文은 宋 曾鞏,
   國立圖書館, 古2526-24.
3. 《說苑》漢, 劉向 撰, 宋 曾鞏 編, 寫本. 返還文化財. 20권 5책. 29.7×20cm.
   序; 嘉靖 丁未(1547) 何良俊 외 1人. 國立圖書館, 古2526-4.
4. 《說苑》권7~10. 漢 劉向 撰, 木版本 68張. 國立圖書館 貴598. 일산 貴
   3738-14.

5. 《說苑》漢, 劉向著, 明 程榮 校, 日本木版本, 20권 9책. 26.6×18cm.
　序; 嘉靖 丁未(1547) 明 何良俊, 缺本. 圖2. 권3∼4. 國立圖書館, 古052-8.
6. 《說苑》 권 3∼4. 漢 劉向 撰. 日本木版本 1冊. 國立圖書館 古051-1.

(2) 유향劉向

유향은 서한의 학자이며 문학가이다. 생졸 연대는 대체로 B.C. 77년(漢昭帝 元鳳 4년부터 B.C. 6년 漢 哀帝 建平 元年), 혹은 B.C. 79년(元鳳 2년)부터 B.C. 8년(漢 成帝 綏和 元年)으로 보고 있다.

자는 자정子政이며 본명은 경생更生으로 그의 아들은 흠歆이다.

그는 한 고조 유방劉邦의 이복 동생 초원왕楚元王 유교劉交의 4세손이며, 선제宣帝 때에 왕포王褒 등과 부송賦頌을 바쳐 산기간대부급사중散騎諫大夫給事中에 올랐고 원제元帝 때에는 산기종정급사중散騎宗正給事中에 올랐다.

그러나 그는 여러 차례 환관과 외척을 탄핵하다가 죄를 얻어 하옥되기도 하였으며, 십여 년을 한거한 끝에 성제成帝가 즉위하자 다시 기용되어 마침내 광록대부光祿大夫에까지 올랐으며, 말년에는 중루교위中壘校尉라는 벼슬로 생을 마쳤다. 이 때문에 후세에 그를 유중루劉中壘라 칭하기도 한다.

유향은 마침 선제가 사부辭賦를 좋아하는 분위기에 힘입어 많은 작품을 남겼고 《한서漢書》 예문지에는 그의 사부가 33 편이라 기록되어 있다.

그러나 현재는 거의 없어지고 〈구탄九嘆〉이 《초사楚辭》 속에 남아 있으며 이는 그가 '추념굴원충신지절追念屈原忠信之節'을 위해 지은 것이라 한다. 그 외에 〈청우화산부請雨華山賦〉도 남아 있다.

한편 유향은 《초사》 16편도 교집校輯하였는데 여기에 동한東漢 왕일王逸이 주를 단 것이 《초사장구楚辭章句》로 현재 남아 있는 최초의 초사 전본이다.

유향은 고서古書에 대한 주소奏疏와 교수校讐에 뛰어난 업적을 남겼다.

그 중 유명한 것이 바로 《전국책서록戰國策敍錄》과 《간영창릉소諫營昌陵疏》이다. 그밖에도 그가 찬한 책으로는 《신서新序》, 《열녀전列女傳》, 《열선전列仙傳》(宋代 陳振孫이 僞託한 것으로도 봄), 그리고 본 《설원》이 있고 교집한 것으로는 《전국책》이 있다.

또 그는 문헌학文獻學, 목록학目錄學에도 큰 업적을 남겨 《별록別錄》을 지었고 뒤에 그의 아들 유흠이 이를 바탕으로 완성한 것이 《칠략七略》이며 이는 중국 최초의 목록학 저서이다.

이 《칠략》의 원서는 이미 실전되었으나 반고班固의 《한서》 예문지는 바로 이를 바탕으로 한 것이기 때문에 대략의 경개는 지금도 알 수 있다.

한편 유향의 문집은 《수서隋書》 경적지經籍志에 《유향집劉向集》 6권이 실려 있으나 이미 없어졌고 명나라 때 장부(張溥; 1602~1641)가 집일輯佚한 《유자정집劉子政集》이 《한위육조백삼가집漢魏六朝百三家集》에 수록되어 있다. 유향의 전기 傳記는 《한서》 권36 〈초원왕전楚元王傳〉에 그 아들 유흠劉歆과 함께 자세히 실려 있다.

참고: 《漢書》(권 36) 劉向傳

向字子政, 本名更生. 年十二, 以父德任爲輦郞. 旣冠, 以行修飭擢爲諫大夫. 是時, 宣帝循武帝故事, 招選名儒俊材置左右. 更生以通達能屬文辭, 與王褒‧張子僑等並進對, 獻賦頌凡數十篇. 上復興神僊方術之事, 而淮南有枕中鴻寶苑祕書. 書言神僊使鬼物爲金之術, 及鄒衍重道延命方, 世人莫見, 而更生父德武帝時治淮南獄得其書. 更生幼而讀誦, 以爲奇, 獻之, 言黃金可成 上令典尙方鑄作事, 費甚多, 方不驗. 上乃下更生吏, 吏劾更生鑄僞黃金, 繫當死. 更生兄陽城侯安民上書, 入國戶半, 贖更生罪. 上亦奇其材, 得踰冬減死論. 會初立穀梁春秋, 徵更生受穀梁, 講論五經於石渠. 復拜爲郞中給事黃門, 遷散騎諫大夫給事中.

元帝初卽位, 太傅蕭望之爲前將軍, 少傅周堪爲諸吏光祿大夫, 皆領尙書事, 甚見尊任. 更生年少於望之‧堪, 然二人重之, 薦更生宗室忠直, 明經有行, 擢爲散騎宗正給事中, 與侍中金敞拾遺於左右. 四人同心輔政, 患苦外戚許‧史在位

放縱, 而中書宦官弘恭·石顯弄權. 望之·堪·更生議, 欲白罷退之. 未白而語泄,
遂爲許·史及恭·顯所譖愬, 堪·更生下獄, 及望之皆免官. 語在望之傳. 其春地震,
夏, 客星見昂·卷舌間. 上感悟, 下詔賜望之爵關內侯, 奉朝請. 秋, 徵堪·向,
欲以爲諫大夫, 恭·顯白皆爲中郎. 冬, 地復震. 時恭·顯·許·史子弟侍中諸曹,
皆側目於望之等, 更生懼焉, 乃使其外親上變事, 言:

竊聞故前將軍蕭望之等, 皆忠正無私, 欲致大治, 忤於貴戚尚書. 今道路人聞
望之等復進, 以爲且復見毁讒, 必曰嘗有過之臣不宜復用, 是大不然. 臣聞春秋
地震, 爲在位執政太盛也, 不爲三獨大動, 亦已明矣. 且往者高皇帝時, 季布有罪,
至於夷滅, 後赦以爲將軍, 高后·孝文之間卒爲名臣. 孝武帝時, 兒寬有重罪繫,
按道侯韓說諫曰:「前吾丘壽王死, 陛下至今恨之; 今殺寬, 後將復大恨矣!」上感
其言, 遂貰寬, 復用之, 位至御史大夫, 御史大夫未有及寬者也. 又董仲舒坐私爲
災異書, 主父偃取奏之, 下吏, 罪至不道, 幸蒙不誅, 復爲太中大夫, 膠西相, 以老
病免歸. 漢有所欲興, 常有詔問. 仲舒爲世儒宗, 定議有益天下. 孝宣皇帝時,
夏侯勝坐誹謗繫獄, 三年免爲庶人. 宣帝復用勝, 至長信少府, 太子太傅, 名敢
直言, 天下美之. 若乃羣臣, 多此比類, 難一二記. 有過之臣, 無負國家, 有益天下,
此四臣者, 足以觀矣.

前弘恭奏望之等獄決, 三月, 地大震. 恭移病出, 後復視事, 天陰雨雪. 由是
言之, 地動殆爲恭等.

臣愚以爲宜退恭·顯以章蔽善之罰, 進望之等以通賢者之路. 如此, 太平之
門開, 災異之原塞矣.

書奏, 恭·顯疑其更生所爲, 白請考姦詐. 辭果服, 遂逮更生繫獄, 下太傅韋
玄成·諫大夫貢禹, 與廷尉雜考. 劾更生前爲九卿, 坐與望之·堪謀排車騎將
軍高·許·史氏侍中者, 毀離親戚, 欲退去之, 而獨專權. 爲臣不忠, 幸不伏誅,
復蒙恩徵用, 不悔前過, 而教令人言變事, 誣罔不道. 更生坐免爲庶人. 而望之亦

坐使子上書自寃前事, 恭‧顯白令詣獄置對. 望之自殺. 天子甚悼恨之, 乃擢周堪爲光祿勳, 堪弟子張猛光祿大夫給事中, 大見信任. 恭‧顯憚之, 數譖毁焉. 更生見堪‧猛在位, 幾已得復進, 懼其傾危, 乃上封事諫曰:

「臣前幸得以骨肉備九卿, 奉法不謹, 乃復蒙恩. 竊見災異並起, 天地失常, 徵表爲國. 欲終不言, 念忠臣雖在畎畝, 猶不忘君, 惓惓之義也. 況重以骨肉之親, 又加以舊恩未報乎! 欲竭愚誠, 又恐越職, 然惟二恩未報, 忠臣之義, 一杼愚意, 退就農畝, 死無所恨.

臣聞舜命九官, 濟濟相讓, 和之至也. 衆賢和於朝, 則萬物和於野. 故簫韶九成, 而鳳皇來儀; 擊石拊石, 百獸率舞. 四海之內, 靡不和寧. 及至周文, 開基西郊, 雜遝衆賢, 罔不肅和, 崇推讓之風, 以銷分爭之訟. 文王旣沒, 周公思慕, 歌詠文王之德, 其詩曰:『於穆清廟, 肅雍顯相; 濟濟多士, 秉文之德.』當此之時, 武王‧周公繼政, 朝臣和於內, 萬國驩於外, 故盡得其驩心, 以事其先祖. 其詩曰:『有來雍雍, 至止肅肅, 相維辟公, 天子穆穆.』言四方皆以和來也. 諸侯和於下, 天應報於上, 故周頌曰『降福穰穰』, 又曰『飴我釐麰』. 釐麰, 麥也, 始自天降. 此皆以和致和, 獲天助也.

下至幽‧厲之際, 朝廷不和, 轉相非怨, 詩人疾而憂之曰:『民之無良, 相怨一方.』衆小在位而從邪議, 歙歙相是而背君子, 故其詩曰:『歙歙訿訿, 亦孔之哀! 謀之其臧, 則具是違; 謀之不臧, 則具是依!』君子獨處守正, 不橈衆枉, 勉彊以從王事則反見憎毒讒愬, 故其詩曰:『密勿從事, 不敢告勞, 無罪無辜, 讒口嗸嗸!』當是之時, 日月薄蝕而無光, 其詩曰:『朔日辛卯, 日有蝕之, 亦孔之醜!』又曰:『彼月而微, 此日而微, 今此下民, 亦孔之哀!』又曰:『日月鞠凶, 不用其行; 四國無政, 不用其良!』天變見於上, 地變動於下, 水泉沸騰, 山谷易處. 其詩曰:『百川沸騰, 山冢卒崩, 高岸爲谷, 深谷爲陵. 哀今之人, 胡憯莫懲!』霜降失節, 不以其時, 其詩曰:『正月繁霜, 我心憂傷; 民之訛言, 亦孔之將!』言民以是爲非, 甚衆大也.

此皆不和, 賢不肖易位之所致也.

自此之後, 天下大亂, 簒殺殃禍並作, 厲王奔彘, 幽王見殺. 至乎平王末年, 魯隱之始卽位也, 周大夫祭伯乖離不和, 出奔於魯, 而春秋爲諱, 不言來奔, 傷其禍殃自此始也. 是後尹氏世卿而惠恣, 諸侯背畔而不朝, 周室卑微. 二百四十二年之間, 日食三十六, 地震五, 山陵崩阤二, 彗星三見, 夜常星不見, 夜中星隕如雨一, 火災十四. 長狄入三國, 五石隕墜, 六鶂退飛, 多麋, 有蜚蜮, 鸜鵒來巢者, 皆一見. 晝冥晦. 雨木冰. 李梅冬實. 七月霜降, 草木不死. 八月殺菽. 大雨雹. 雨雪雷霆失序相乘. 水·旱·饑·蝝·螽·螟蜂午並起. 當是時, 禍亂輒應. 弑君三十六, 亡國五十二, 諸侯奔走, 不得保其社稷者, 不可勝數也. 周室多禍: 晉敗其師於貿戎; 伐其郊; 鄭傷桓王; 戎執其使; 衛侯朔召不往, 齊逆命而助朔; 五大夫爭權, 三君更立, 莫能正理. 遂至陵夷不能復興.

由此觀之, 和氣致祥, 乖氣致異; 祥多者其國安, 異衆者其國危, 天地之常經, 古今之通義也. 今陛下開三代之業, 招文學之士, 優游寬容, 使得並進. 今賢不肖渾殽, 白黑不分, 邪正雜糅, 忠讒並進. 章交公車, 人滿北軍. 朝臣舛午, 膠戾乖刺, 更相讒愬, 轉相是非. 傳授增加, 文書紛糾, 前後錯繆, 毀譽渾亂. 所以營或耳目, 感移心意, 不可勝載. 分曹爲黨, 往往羣朋, 將同心以陷正臣. 正臣進者, 治之表也; 正臣陷者, 亂之機也. 乘治亂之機, 未知孰任, 而災異數見, 此臣所以寒心者也. 夫乘權藉勢之人, 子弟鱗集於朝, 羽翼陰附者衆, 輻湊於前, 毀譽將必用, 以終乖離之咎. 是以日月無光, 雪霜夏隕, 海水沸出, 陵谷易處, 列星失行, 皆怨氣之所致也. 夫遵衰周之軌迹, 循人之所刺, 而欲以成太平, 致雅頌, 猶卻行而求及前人也. 初元以來六年矣. 案春秋六年之中, 災異未有稠如今者也. 夫有春秋之異, 無孔子之救, 猶不能解紛, 況甚於春秋乎?

原其所以然者, 讒邪並進也. 讒邪之所以並進者, 由上多疑心, 旣已用賢人而行善政, 如或譖之, 則賢人退而善政還. 夫執狐疑之心者, 來讒賊之口; 持不斷之意者, 開羣枉之門. 讒邪進則衆賢退, 羣枉盛則正士消. 故易有否泰. 小人道長, 君子道消, 君子道消, 則政日亂, 故爲否. 否者, 閉而亂也. 君子道長, 小人道消, 小人道消, 則政日治, 故爲泰. 泰者, 通而治也. 詩又云『雨雪麃麃, 見晛聿消』, 與易同義. 昔者鯀・共工・驩兜與舜・禹雜處堯朝, 周公與管・蔡並居周位, 當 是時, 迭進相毀, 流言相謗, 豈可勝道哉! 帝堯・成王能賢舜・禹・周公而消共工・ 管・蔡, 故以大治, 榮華至今. 孔子與季・孟偕仕於魯, 李斯與叔孫俱宦於秦, 定公・ 始皇賢季・孟・李斯而消孔子・叔孫, 故以大亂, 污辱至今. 故治亂榮辱之端, 在所 信任; 信任旣賢, 在於堅固而不移. 詩云『我心匪石, 不可轉也』. 言守善篤也. 易曰『渙汗其大號』, 言號令如汗, 汗出而不反者也. 今出善令, 未能踰時而反, 是反汗也; 用賢未能三旬而退, 是轉石也. 論語曰:『見不善如探湯.』今二府奏佞 諂不當在位, 歷年而不去. 故出令則如反汗, 用賢則如轉石, 去佞則如拔山, 如此 望陰陽之調, 不亦難乎!

是以羣小窺見間隙, 緣飾文字, 巧言醜詆, 流言飛文, 譁於民間. 故詩云:『憂心 悄悄, 慍于羣小.』小人成羣, 誠足慍也. 昔孔子與顏淵・子貢更相稱譽, 不爲朋黨; 禹・稷與皋陶傳相汲引, 不爲比周. 何則? 忠於爲國, 無邪心也. 故賢人在上位, 則引其類而聚之於朝, 易曰『飛龍在天, 大人聚也』; 在下位, 則思與其類俱進, 易曰『拔茅茹以其彙, 征吉』. 在上則引其類, 在下則推其類, 故湯用伊尹, 不仁者遠, 而衆賢至, 類相致也. 今佞邪與賢臣並在交戟之內, 合黨共謀, 違善依惡, 歙歙訿訿, 數設危險之言, 欲以傾移主上. 如忽然用之, 此天地之所以先戒, 災異之所以重 至者也.

自古明聖, 未有無誅而治者也, 故舜有四放之罰, 而孔子有兩觀之誅, 然後聖 化可得而行也. 今以陛下明知, 誠深思天地之心, 迹察兩觀之誅, 覽否泰之卦, 觀雨雪之詩, 歷周・唐之所進以爲法, 原秦・魯之所消以爲戒, 考祥應之福, 省災 異之禍, 以揆當世之變, 放遠佞邪之黨, 壞散險詖之聚, 杜閉羣枉之門, 廣開衆正之路, 決斷狐疑, 分別猶豫, 使是非炳然可知, 則百異消滅, 而衆祥並至, 太平之基, 萬世之利也.

臣幸得託肺附, 誠見陰陽不調, 不敢不通所聞. 竊推春秋災異, 以(効)[救]今事一二, 條其所以, 不宜宣泄. 臣謹重封昧死上.」

恭·顯見其書, 愈與許·史比而怨更生等. 堪性公方, 自見孤立, 遂直道而不曲. 是歲夏寒, 日青無光, 恭·顯及許·史皆言堪·猛用事之咎. 上內重堪, 又患衆口之寖潤, 無所取信. 時長安令楊興以材能幸, 常稱譽堪. 上欲以爲助, 乃見問興:「朝臣齗齗不可光祿勳, 何(也)[邪?]」興者傾巧士, 謂上疑堪, 因順指曰:「堪非獨不可於朝廷, 自州里亦不可也. 臣見衆人聞堪前與劉更生等謀毀骨肉, 以爲當誅, 故臣前言堪不可誅傷, 爲國養恩也.」上曰:「然此何罪而誅? 今宜奈何?」興曰:「臣愚以爲可賜爵關內侯, 食邑三百戶, 勿令典事. 明主不失師傅之恩, 此最策之得者也.」上於是疑. 會城門校尉諸葛豐亦言堪·猛短, 上因發怒免豐. 語在其傳. 又曰:「豐言堪·猛貞信不立, 朕閔而不治, 又惜其材能未有所效, 其左遷堪爲河東太守, 猛槐里令.」

顯等專權日甚. 後三歲餘, 孝宣廟闕災, 其晦, 日有蝕之. 於是上召諸前言日變在堪·猛者責問, 皆稽首謝. 乃因下詔曰:「河東太守堪, 先帝賢之, 命而傅朕. 資質淑茂, 道術通明, 論議正直, 秉心有常, 發憤悃愊, 信有憂國之心. 以不能阿尊事貴, 孤特寡助, 抑厭遂退, 卒不克明. 往者衆臣見異, 不務自修, 深惟其故, 而反晻昧說天, 託咎此人. 朕不得已, 出而試之, 以彰其材. 堪出之後, 大變仍臻, 衆亦嘿然. 堪治未期年, 而三老官屬有識之士詠頌其美, 使者過郡, 靡人不稱. 此固足以彰先帝之知人, 而朕有以自明也. 俗人乃造端作基, 非議詆欺, 或引幽隱, 非所宜明, 意疑以類, 欲以陷之, 朕亦不取也. 朕迫于俗, 不得專心, 乃者天著大異, 朕甚懼焉. 今堪年衰歲暮, 恐不得自信, 排於異人, 將安究之哉? 其徵堪詣行在所.」拜爲光祿大夫, 秩中二千石, 領尚書事. 猛復爲太中大夫給事中. 顯幹尚書[事],

尙書五人, 皆其黨也. 堪希得見, 常因顯白事, 事決顯口. 會堪疾瘖, 不能言而卒.
顯誣譖猛, 令自殺於公車. 更生傷之, 乃著疾讒・摘要・救危及世頌, 凡八篇,
依興古事, 悼己及同類也. 遂廢十餘年.

成帝卽位, 顯等伏辜, 更生乃復進用, 更名向. 向以故九卿召拜爲中郞, 使領護
三輔都水. 數奏封事, 遷光祿大夫. 是時帝元舅陽平侯王鳳爲大將軍秉政, 倚太后,
專國權, 兄弟七人皆封爲列侯. 時數有大異, 向以爲外戚貴盛, 鳳兄弟用事之咎.
而上方精於詩書, 觀古文, 詔向領校中五經祕書. 向見尙書洪範, 箕子爲武王陳
五行陰陽休咎之應. 向乃集合上古以來歷春秋六國至秦漢符瑞災異之記, 推迹
行事, 連傳禍福, 著其占驗, 比類相從, 各有條目, 凡十一篇, 號曰洪範五行傳論,
奏之. 天子心知向忠精, 故爲鳳兄弟起此論也, 然終不能奪王氏權.

久之, 營起昌陵, 數年不成, 復還歸延陵, 制度泰奢. 向上疏諫曰:

「臣聞易曰:『安不忘危, 存不忘亡, 是以身安而國家可保也.』故賢聖之君,
博觀終始, 窮極事情, 而是非分明. 王者必通三統, 明天命所授者博, 非獨一姓也.
孔子論詩, 至於『殷士膚敏, 祼將于京』, 喟然歎曰:『大哉天命! 善不可不傳于子孫,
是以富貴無常; 不如是, 則王公其何以戒愼, 民萌何以勸勉?』蓋傷微子之事周,
而痛殷之亡也. 雖有堯舜之聖, 不能化丹朱之子; 雖有禹湯之德, 不能訓末孫之
桀紂. 自古及今, 未有不亡之國也. 昔高皇帝既滅秦, 將都雒陽, 感寤劉敬之言,
自以德不及周, 而賢於秦, 遂徙都關中, 依周之德, 因秦之阻. 世之長短, 以德爲効,
故常戰栗, 不敢諱亡. 孔子所謂『富貴無常』, 蓋謂此也.

孝文皇帝居霸陵, 北臨廁, 意悽愴悲懷, 顧謂羣臣曰:『嗟乎! 以北山石爲椁,
用紵絮斲陳漆其間, 豈可動哉!』張釋之進曰:『使其中有可欲, 雖錮南山猶有隙;
使其中無可欲, 雖無石椁, 又何慼焉?』夫死者無終極, 而國家有廢興, 故釋之之言,
爲無窮計也. 孝文寤焉, 遂薄葬, 不起山墳.

易曰:『古之葬者, 厚衣之以薪, 臧之中野, 不封不樹. 後世聖人易之以棺椁.』

棺槨之作, 自黃帝始. 黃帝葬於橋山, 堯葬濟陰, 丘壟皆小, 葬具甚微. 舜葬蒼梧, 二妃不從. 禹葬會稽, 不改其列. 殷湯無葬處. 文・武・周公葬於畢, 秦穆公葬於雍橐泉宮祈年館下, 樗里子葬於武庫, 皆無丘壟之處. 此聖帝明王賢君智士遠覽獨慮無窮之計也. 其賢臣孝子亦承命順意而薄葬之, 此誠奉安君父, 忠孝之至也.

夫周公, 武王弟也, 葬兄甚微. 孔子葬母於防, 稱古墓而不墳, 曰: 『丘, 東西南北之人也, 不可不識也.』爲四尺墳, 遇雨而崩. 弟子修之, 以告孔子, 孔子流涕曰: 『吾聞之, 古者不修墓.』蓋非之也. 延陵季子適齊而反, 其子死, 葬於嬴・博之間, 穿不及泉, 斂以時服, 封墳掩坎, 其高可隱, 而號曰: 『骨肉歸復於土, 命也, 魂氣則無不之也.』夫嬴・博去吳千有餘里, 季子不歸葬. 孔子往觀曰: 『延陵季子於禮合矣.』故仲尼孝子, 而延陵慈父, 舜禹忠臣, 周公弟弟, 其葬君親骨肉, 皆微薄矣; 非苟爲儉, 誠便於體也. 宋桓司馬爲石槨, 仲尼曰『不如速朽.』秦相呂不韋集知略之士而造春秋, 亦言薄葬之義, 皆明於事情者也.

逮至吳王闔閭, 違禮厚葬, 十有餘年, 越人發之. 及秦惠文・武・昭・嚴襄五王, 皆大作丘壟, 多其瘞臧, 咸盡發掘暴露, 甚足悲也. 秦始皇帝葬於驪山之阿, 下錮三泉, 上崇山墳, 其高五十餘丈, 周回五里有餘; 石槨爲游館, 人膏爲燈燭, 水銀爲江海, 黃金爲鳧雁. 珍寶之臧, 機械之變, 棺槨之麗, 宮館之盛, 不可勝原. 又多殺宮人, 生薶工匠, 計以萬數. 天下苦其役而反之, 驪山之作未成, 而周章百萬之師至其下矣. 項籍燔其宮室營宇, 往者咸見發掘. 其後牧兒亡羊, 羊入其鑿, 牧者持火照求羊, 失火燒其臧槨. 自古至今, 葬未有盛如始皇者也, 數年之間, 外被項籍之災, 內離牧豎之禍, 豈不哀哉!

是故德彌厚者葬彌薄, 知愈深者葬愈微. 無德寡知, 其葬愈厚, 丘壟彌高, 宮廟甚麗, 發掘必速. 由是觀之, 明暗之效, 葬之吉凶, 昭然可見矣. 周德既衰而奢侈, 宣王賢而中興, 更爲儉宮室, 小寢廟. 詩人美之, 斯干之詩是也, 上章道宮室之如制, 下章言子孫之衆多也. 及魯嚴公刻飾宗廟, 多築臺囿, 後嗣再絶, 春秋刺焉. 周宣如彼而昌, 魯·秦如此而絶, 是則奢儉之得失也.

陛下卽位, 躬親節儉, 始營初陵, 其制約小, 天下莫不稱賢明. 及徙昌陵, 增埤爲高, 積土爲山, 發民墳墓, 積以萬數, 營起邑居, 期日迫卒, 功費大萬百餘. 死者恨於下, 生者愁於上, 怨氣感動陰陽, 因之以饑饉, 物故流離以十萬數, 臣甚愍焉. 以死者爲有知, 發人之墓, 其害多矣; 若其無知, 又安用大? 謀之賢知則不說, 以示衆庶則苦之; 若苟以說愚夫淫侈之人, 又何爲哉! 陛下慈仁篤美甚厚, 聰明疏達蓋世, 宜弘漢家之德, 崇劉氏之美, 光昭五帝·三王, 而顧與暴〈秦〉亂君競爲奢侈, 比方丘隴, 說愚夫之目, 隆一時之觀, 違賢知之心, 亡萬世之安, 臣竊爲陛下羞之. 唯陛下上覽明聖黃帝·堯·舜·禹·湯·文·武·周公·仲尼之制, 下觀賢知穆公·延陵·樗里·張釋之之意. 孝文皇帝去墳薄葬, 以儉安神, 可以爲則; 秦昭·始皇增山厚臧, 以侈生害, 足以爲戒. 初陵之橅, 宜從公卿大臣之議, 以息衆庶.」

書奏, 上甚感向言, 而不能從其計.

向睹俗彌奢淫, 而趙·衛之屬起微賤, 踰禮制. 向以爲王教由内及外, 自近者始. 故採取詩書所載賢妃貞婦, 興國顯家可法則, 及孽嬖亂亡者, 序次爲列女傳, 凡八篇. 以戒天子. 及采傳記行事, 著新序, 說苑凡五十篇奏之. 數上疏言得失, 陳法戒. 書數十上, 以助觀覽, 補遺闕. 上雖不能盡用, 然内嘉其言, 常嗟歎之.

時上無繼嗣, 政由王氏出, 災異浸甚. 向雅奇陳湯智謀, 與相親友, 獨謂湯曰:「災異如此, 而外家日(甚)[盛], 其漸必危劉氏. 吾幸得同姓末屬, 絫世蒙漢厚恩, 身爲宗室遺老, 歷事三主. 上以我先帝舊臣, 每進見常加優禮, 吾而不言, 孰當言者?」向遂上封事極諫曰:

「臣聞人君莫不欲安, 然而常危, 莫不欲存, 然而常亡, 失御臣之術也. 夫大臣操權柄, 持國政, 未有不爲害者也, 昔晉有六卿, 齊有田·崔, 衛有孫·甯, 魯有季·孟, 常掌國事, 世執朝柄. 終後田氏取齊; 六卿分晉; 崔杼弑其君光; 孫林父·

甯殖出其君衍, 弑其君剽; 季氏八佾舞於庭, 三家者以雍徹, 並專國政, 卒逐昭公. 周大夫尹氏筦朝事, 濁亂王室, 子朝‧子猛更立, 連年乃定. 故經曰『王室亂』, 又曰『尹氏殺王子克』, 甚之也. 春秋舉成敗, 錄禍福, 如此類甚衆, 皆陰盛而陽微, 下失臣道之所致也. 故書曰:『臣之有作威作福, 害于而家, 凶于而國.』孔子曰 『祿去公室, 政逮大夫』, 危亡之兆. 秦昭王舅穰侯及涇陽‧葉陽君專國擅勢, 上假太后之威, 三人者權重於昭王, 家富於秦國, 國甚危殆, 賴寤范雎之言, 而秦復存. 二世委任趙高, 專權自恣, 壅蔽大臣, 終有閻樂望夷之禍, 秦遂以亡. 近事不遠, 卽漢所代也.

漢興, 諸呂無道, 擅相尊王. 呂產‧呂祿席太后之寵, 據將相之位, 兼南北軍之衆, 擁梁‧趙王之尊, 驕盈無厭, 欲危劉氏. 賴忠正大臣絳侯‧朱虛侯等竭誠盡節以誅滅之, 然後劉氏復安. 今王氏一姓乘朱輪華轂者二十三人, 青紫貂蟬充盈幄內, 魚鱗左右. 大將軍秉事用權, 五侯驕奢僭盛, 並作威福, 擊斷自恣, 行汙而寄治, 身私而託公, 依東宮之尊, 假甥舅之親, 以爲威重. 尚書九卿州牧郡守皆出其門, 筦執樞機, 朋黨比周. 稱譽者登進, 忤恨者誅傷; 游談者助之說, 執政者爲之言. 排擯宗室, 孤弱公族, 其有智能者, 尤非毀而不進, 遠絕宗室之任, 不令得給事朝省, 恐其與己分權; 數稱燕王‧蓋主以疑上心, 避諱呂‧霍而弗肯稱. 內有管‧蔡之萌, 外假周公之論, 兄弟據重, 宗族磐互. 歷上古至秦漢, 外戚僭貴未有如王氏者也. 雖周皇甫‧秦穰侯‧漢武安‧呂‧霍‧上官之屬, 皆不及也.

物盛必有非常之變先見, 爲其人微象. 孝昭帝時, 冠石立於泰山, 仆柳起於上林. 而孝宣帝卽位, 今王氏先祖墳墓在濟南者, 其梓柱生枝葉, 扶疏上出屋, 根垂地中; 雖立石起柳, 無以過此之明也. 事勢不兩大, 王氏與劉氏亦且不並立, 如下有泰山之安, 則上有累卵之危. 陛下爲人子孫, 守持宗廟, 而令國祚移於外親, 降爲皂隸, 縱不爲身, 奈宗廟何! 婦人內夫家, 外父母家, 此亦非皇太后之福也. 孝宣皇帝不與舅平昌‧樂昌侯權, 所以安全之也.

夫明者起福於無形, 銷患於未然. 宜發明詔, 吐德音, 援近宗室, 親而納信, 黜遠外戚, 毋授以政, 皆罷令就弟, 以則效先帝之所行, 厚安外戚, 全其宗族, 誠東宮之意, 外家之福也. 王氏永存, 保其爵祿, 劉氏長安, 不失社稷, 所以褒睦外內之姓, 子子孫孫無疆之計也. 如不行此策, 田氏復見於今, 六卿必起於漢, 爲後嗣憂, 昭昭甚明, 不可不深圖, 不可不蚤慮. 易曰:『君不密, 則失臣;臣不密, 則失身; 幾事不密, 則害成』唯陛下深留聖思, 審固幾密, 覽往事之戒, 以折中取信, 居萬安之實, 用保宗廟, 久承皇太后, 天下幸甚.」

書奏, 天子召見向, 歎息悲傷其意, 謂曰:『君且休矣, 吾將思之.』以向爲中壘校尉.

向爲人簡易無威儀, 廉靖樂道, 不交接世俗, 專積思於經術, 晝誦書傳, 夜觀星宿, 或不寐達旦. 元延中, 星孛東井, 蜀郡岷山崩雍江. 向惡此異, 語在五行志. 懷不能已, 復上奏, 其辭曰:

「臣聞帝舜戒伯禹, 毋若丹朱敖; 周公戒成王, 毋若殷王紂. 詩曰『殷監不遠, 在夏后之世』, 亦言湯以桀爲戒也. 聖帝明王常以敗亂自戒, 不諱廢興, 故臣敢極陳其愚, 唯陛下留神察焉.

謹案春秋二百四十二年, 日蝕三十六, 襄公尤數, 率三歲五月有奇而壹食. 漢興訖竟寧, 孝景帝尤數, 率三歲一月而一食. 臣向前數言日當食, 今連三年比食. 自建始以來, 二十歲間而八食, 率二歲六月而一發, 古今罕有. 異有小大希稠, 占有舒疾緩急, 而聖人所以斷疑也. 易曰:『觀乎天文, 以察時變.』昔孔子對魯哀公, 並言夏桀·殷紂暴虐天下, 故曆失則攝提失方, 孟陬無紀, 此皆易姓之變也. 秦始皇之末至二世時, 日月薄食, 山陵淪亡, 辰星出於四孟, 太白經天而行, 無雲而雷, 枉矢夜光, 熒惑襲月, 孽火燒宮, 野禽戲廷, 都門內崩, 長人見臨洮, 石隕于東郡, 星孛大角, 大角以亡. 觀孔子之言, 考暴秦之異, 天命信可畏也. 及項籍之敗, 亦孛大角. 漢之入秦, 五星聚于東井, 得天下之象也. 孝惠時, 有雨血, 日食於衝,滅光星見之異. 孝昭時, 有泰山臥石自立, 上林僵柳復起, 大星如月西行, 衆星隨之, 此爲特異. 孝宣興起之表, 天狗夾漢而西, 久陰不雨者二十餘日, 昌邑不終之異也. 皆著於漢紀. 觀秦・漢之易世, 覽惠・昭之無後, 察昌邑之不終, 視孝宣之紹起, 天之去就, 豈不昭昭然哉! 高宗・成王亦有雊雉拔木之變, 能思其故, 故高宗有百年之福, 成王有復風之報. 神明之應, 應若景嚮, 世所同聞也.

臣幸得託末屬, 誠見陛下有寬明之德, 冀銷大異, 而興高宗・成王之聲, 以崇劉氏, 故犺犺數奸死亡之誅. 今日食尤屢, 星孛東井, 攝提炎及紫宮, 有識長老莫不震動, 此變之大者也. 其事難一二記, 故易曰『書不盡言, 言不盡意』, 是以設卦指爻, 而復說義. 書曰『伻來以圖』, 天文難以相曉, 臣雖圖上, 猶須口說, 然後可知, 願賜清燕之閒, 指圖陳狀.」

上輒入之, 然終不能用也. 向每召見, 數言公族者國之枝葉, 枝葉落則本根無所庇廕; 方今同姓疏遠, 母黨專政, 祿去公室, 權在外家, 非所以彊漢宗, 卑私門, 保守社稷, 安固後嗣也.

向自見得信於上, 故常顯訟宗室, 譏刺王氏及在位大臣, 其言多痛切, 發於至誠. 上數欲用向爲九卿, 輒不爲王氏居位者及丞相御史所持, 故終不遷. 居列大夫官前後三十餘年, 年七十二卒. 卒後十三歲而王氏代漢. 向三子皆好學: 長子伋, 以易教授, 官至郡守; 中子賜, 九卿丞, 蚤卒; 少子歆, 最知名.

설원

說苑卷一

君道

漢　劉向　撰

晉平公問於師曠曰人君之道如何對曰人君之道清
淨無為務在博愛趨在任賢廣開耳目以察萬方不固
溺於流俗不拘繫於左右廓然遠見踔然獨立屢省考
績以臨臣下此人君之操也平公曰善

齊宣王謂尹文曰人君之事何如尹文對曰人君之事
無為而能容下夫事寡易從法省易因故民不以政獲
罪也大道容眾大德容下聖人寡為而天下理矣書曰
睿作聖詩人曰岐有夷之行子孫其保之宣王曰善

成王封伯禽為魯公召而告之曰爾知為人上之道乎
凡處尊位者必以敬下順德規諫必開不諱之門撝節
安靜以籍之諫者勿振以威母格其言博采其辭乃擇
可觀夫有文無武無以威下有武無文民畏不親文武

俱行威德乃成既成德民親以服清白上通巧佞下
塞諫者得進忠信乃畜伯禽再拜受命而辭

陳靈公行僻而言失泄治曰陳其亡矣吾驟諫君君不
吾聽而愈失威儀夫上之化下猶風靡草東風則草靡
而西西風則草靡而東在風所由而草為之靡是故人
君之動不可不慎也夫樹曲木者惡得直景人君不直
其行不敬其言者未有能保帝王之號垂顯令之名者
也易曰夫君子居其室出其言善則千里之外應之況
其邇者乎居其室出其言不善則千里之外違之況其
邇者乎言出於身加於民行發乎邇見乎遠言行君子
之樞機樞機之發榮辱之主君子之所以動天地可不
慎乎天地動而萬物變化詩曰慎爾出話敬爾威儀無
不柔嘉此之謂也今君不是之慎而縱恣焉不亡必弒
靈公聞之以泄治為妖言而殺之後果弒於徵舒

魯哀公問於孔子曰吾聞君子不博有之乎孔子對曰
有之哀公曰何為其不博也孔子對曰為其有二乘哀

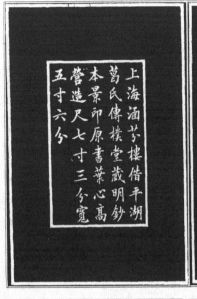

說苑二十卷

四部叢刊子部

上海涵芬樓借平湖葛氏傳樸堂藏明鈔本景印原書葉心高營造尺七寸三分寬五寸六分

說苑卷第一

君道

晉平公問於師曠曰人君之道如何對曰人君之道清淨無為務在博愛趨在任賢廣開耳目以察萬方不固溺於流俗不拘繫於左右廓然遠見踔然獨立屢省考績以臨臣下此人君之操也平公曰善

齊宣王謂尹文曰人君之事何如尹文對曰人君之事無為而能容下夫事寡易從法省易因故民不以政獲罪也大道容眾大德容下聖人寡為而天下理矣書曰睿作聖詩人曰岐有夷之行子孫其保之宣王曰善

成王封伯禽為魯公召而告之曰爾知為人上之道乎凡處尊位者必以敬下順德規諫必開不諱之門蹲節安靜以藉之諫者勿振以威母格其言博采其

說苑卷第一

君道

晉平公問於師曠曰人君之道如何對
曰人君之道清淨無為務在博愛趨在
任賢廣開耳目以察萬方不固溺於流
俗不拘繫於左右亦然遠見踔然獨立
屢省考績以臨臣下此人君之操也平
公曰善

齊宣王謂尹文曰人君之事何如尹文

《說苑》四部叢刊 平湖葛氏 傳樸堂 藏本(明抄本)

說苑卷第一

君道

晉平公問於師曠曰人君之
道清淨無爲務在博愛趨在
任賢廣開耳目以察
萬方不固溺於流俗不拘繫於左右廓然遠見踔
然獨立屢省考績以臨臣下此人君之操也平
公曰善

齊宣王謂尹文曰人君之
事何如尹文對曰人君之
事無爲而能容下夫事寡易從法省易因故民
不以政獲罪也大道容衆大德容下聖人寡爲而
天下理矣書曰睿作聖詩人曰岐有夷之行子孫
保之宣王曰善

成王封伯禽爲魯公召而告之曰爾知爲人上之
道乎凡處尊位者必以敬下順德規諫必開不諱
之門蹲節安靜以藉之諫者勿振以威毋格其言
博採其辭乃擇可觀夫有文無武無以威下有武
無文民畏不親文武俱行威德乃成既成威德民
親以服清白上通巧佞下塞諫者得進忠信乃畜
伯禽再拜受命而辭

陳靈公行僻而言失泄冶曰陳其亡矣吾驟諫君
君不吾聽而愈失威儀夫上之化下猶風靡草東
風則草靡而西西風則草靡而東在風所由而草
爲之靡是故人君之動不可不愼也夫樹曲木者
惡得直景人君不直其行不敬其言者未有能保
帝王之號垂顯令之名者也易曰夫君子居其室
出其言善則千里之外應之況其邇者乎居其室

出其言不善則千里之外違之況其邇者乎言出
於身加於民行發乎邇見乎遠言行君子之樞機
樞機之發榮辱之主君子之所以動天地可不愼
乎天地動而萬物變化詩曰愼爾出話敬爾威儀
無不柔嘉此之謂也今君不是之愼而縱恣焉不
亡必弒靈公聞之以泄冶爲妖言而殺之後果弒
於徵舒

魯哀公問於孔子曰吾聞君子不博有之乎孔子
對曰有之哀公曰何爲其不博也孔子對曰爲其
有二乘哀公曰有二乘則何爲其不博也孔子對
曰爲其有餕道焉哀公曰有餕道則何爲其不博
也孔子對曰爲其有惡道也哀公曰有惡道則何
爲其不博也孔子對曰惡惡道不能甚則其好善
道亦不能甚好善道不能甚則百姓之親之亦不
能甚詩云未見君子憂心惙惙亦既見止亦既
覯止我心則說詩之好善道之甚也如此哀公
曰善哉吾聞君子成人之美不成人之惡微孔子
吾焉聞斯言也哉

河間獻王曰堯存心於天下加志於窮民痛萬姓
之罹罪憂衆生之不遂也有一民飢則曰此我飢
之也有一人寒則曰此我寒之也一民有罪則曰
此我陷之也仁昭而義立德博而化廣故不賞而
民勸不罰而民治先恕而後教是堯道也當舜之
時有苗氏不服其所以不服者大山在其南殿山
在其北左洞庭之波右彭蠡之川因此險也所以
不服禹欲伐之舜不許曰諭教猶未竭也究諭教
焉而有苗氏請服天下聞之皆非禹之義而歸舜

《說苑》四部備要 史部 明抄本. 中華書局(印本) 1969 臺北

설원

君道

漢　劉向　撰

晉平公問於師曠曰人君之道如何對曰人君之道清
淨無為務在博愛趨在任賢廣開耳目以察萬方不固
溺於流俗不拘繫於左右廓然遠見踔然獨立廣省考
績以臨臣下此人君之操也平公曰善

欽定四庫全書　說苑　卷一　劉向

齊宣王謂尹文曰人君之事何如尹文對曰人君之事
無為而能容下夫事易由故民不以政役
繇也大道容眾大德容下聖人寡為而天下理矣書曰
睿作聖詩人曰岐有夷之行子孫其保之宣王曰善
周公踐天子之位七年告之曰知為人上之道乎
凡處尊位者必以敬下順德規諫必開不諱之門搤
安靜以籍之諫者勿振以威母格其言博采其辭乃擇
可觀夫有文無武無以威下有武無文民畏不親文武

俱行威德乃成既成威德民親以服清白上通邪枉下
塞諫者得進忠信乃畜伯禽再拜受命而辭
陳靈公行僻而言失泄冶曰陳其亡矣吾驟諫君君不
吾聽而愈失威儀夫上之化下猶風靡草東風則草靡
而西西風則草靡東在風所由而草為之靡是故人君
君之動不可不慎也夫樹曲木者惡得直景人君不直
其行不敬其言者未有能保帝王之號垂顯令之名者
也易曰夫君子居其室出其言善則千里之外應之況

欽定四庫全書　說苑　卷一　劉向

其邇者乎居其室出其言不善則千里之外違之況其
邇者乎言出於身加於民行發乎邇見乎遠言行君子
之樞機樞機之發榮辱之主君子之所以動天地可不
慎乎天地動而萬物變化詩曰慎爾出話敬爾威儀無
不柔嘉此之謂也今君不是之慎而縱恣焉不亡必弒
靈公聞之以泄冶為妖言而殺之後果弒於徵舒
魯哀公問於孔子曰吾聞君子不博有之乎孔子對曰
有之哀公曰何為其不博也孔子對曰為其有二乘

차 례

❧ 책머리에
❧ 일러두기
❧ 해제
  (1) 《설원說苑》
  (2) 유향劉向

說苑 上

卷一 군도편君道篇

卷二 신술편臣術篇

卷三 건본편建本篇

卷五 귀덕편貴德篇

説苑 튼

卷六 복은편復恩篇

卷七 정리편政理篇

卷八 존현편尊賢篇

卷九 정간편正諫篇

說苑 下

卷十 경신편敬愼篇

卷十一 선설편善說篇

卷十二 봉사편奉使篇

卷十三　권모편權謀篇

卷十四 지공편至公篇

説苑 중

卷十五 지무편指武篇

卷十六 담총편談叢篇

卷十七 잡언편雜言篇

說苑 下

卷十八 변물편辨物篇

卷十九 수문편脩文篇

卷二十 반질편反質篇

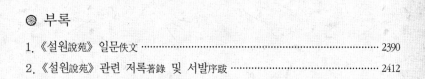

◉ 부록

卷一. 군도편 君道篇

"군도君道"란 임금·지도자가 갖추어야 할 도리를 뜻한다. 본 권은 이에 관한 이야기를 모은 것이다.

모두 46장(001~046)이다.

임금이 갖추어야 할 도리

진晉 평공平公이 사광師曠에게 물었다.

"백성의 임금으로서 도리는 어떠해야 합니까?"

사광은 이렇게 대답하였다.

"임금의 도는 청정무위淸淨無爲해야 하며 박애博愛에 힘써야 하고 어진 이를 모시기에 바빠야 합니다. 또 이목을 크게 열어 만방萬方을 살펴야 하며 유속流俗에 빠져들어서도 안 되며, 좌우左右 측근에 얽매여서도 안 됩니다. 우뚝 서서 멀리 볼 수 있어야 하며, 바르게 서서 독립할 수 있어야 합니다. 그런가 하면 성과와 실적을 자주 살피고 헤아려 이로써 공정하게 신하를 대해야 합니다. 이것이 임금 된 자가 지녀야 할 조도操道입니다."

평공이 말하였다.

"훌륭합니다!"

晉平公問於師曠曰:「人君之道, 如何?」

對曰:「人君之道, 淸淨無爲, 務在博愛, 趨在任賢; 廣開耳目, 以察萬方; 不溷溺於流俗, 不拘繫於左右; 廓然遠見, 踔然獨立; 屢省考績, 以臨臣下. 此人君之操也.」

平公曰:「善!」

【晉平公】춘추시대 晉나라 임금. 재위 B.C.557~732.

【師曠】樂師. 樂曠으로도 부름. 널리 알려진 인물로 정치에 탁견을 가지고 있었음. 고대 악사는 흔히 장님이었음.

【清淨無爲】맑고 깨끗하며 人爲나 作爲가 없음. 道家의 사상.

【操道】백성을 조종하고 통솔하는 통치술. 또는 사람을 조정하고 정치를 이끌어 나갈 수 있는 지도자로서의 능력과 도리.

┌─────────────────────┐
│ 참고 및 관련 자료   │
└─────────────────────┘

1. 이 이야기는 《說苑》의 첫 머리로 임금으로써의 통치술에 대한 도를 사광이라는 악사(樂師)가 설파한 것이다. 그러나 다른 기록에 보이지 않으며 전재된 것도 없다.

002(1-2) 齊宣王謂尹文
군주로서의 권위

제齊 **선왕**宣王이 윤문자尹文子에게 물었다.

"사람의 군주로서의 일은 어떤 것이 있습니까?"

윤문자는 이렇게 대답하였다.

"임금 된 자로서의 일이란 아무런 작위作爲 없이도 아랫사람들을 능히 수용할 수 있어야 하는 것입니다. 무릇 일을 줄여 주어 쉽게 따라올 수 있도록 해야 하고, 법을 덜어 주어 이를 지키기 쉽게 해야 합니다. 그래야만 백성들이 정치 때문에 죄를 짓는 일이 없어집니다.

큰 도는 무리를 용납하며, 큰 덕이란 아랫사람까지 포용하는 것을 말합니다. 성인聖人은 작위를 적게 하면서도 천하가 잘 다스려지게 하는 것입니다. 그 때문에 《서書》에 '예睿는 성聖을 이루게 한다'라 한 것입니다. 또 시인詩人이 '기岐 땅에서 베푼 바른 행동, 그 자손들이 이를 지켜 나가리!'라 읊은 것도 이를 두고 한 말입니다."

선왕이 말하였다.

"훌륭합니다!"

齊宣王謂尹文曰:「人君之事, 何如?」

尹文對曰:「人君之事, 無爲而能容下. 夫事寡易從, 法省易因; 故民不以政獲罪也. 大道容衆, 大德容下; 聖人寡爲而天下理矣. 書曰:『睿作聖.』詩人曰:『岐有夷之行, 子孫其保之.』」

宣王曰:「善!」

【齊宣王】전국시대 田氏齊의 왕. 성은 田. 이름이 辟疆. 제후로서 王을 참칭하였다. 재위 B.C.319~301.

【尹文】尹文子. 齊나라의 稷下學士로 公孫龍에게 배웠으며 諸子學에서는 道家·墨家·法家·名家 등에 두루 이름이 오르내린다. 그의 저작은《尹文子》가 있으며(僞作으로 알려져 있음),《諸子集成》에는 名家에 소속되어 있다(淸代 錢熙祚의 校正本). 그의 사적은 본《說苑》외에《藝文類聚》권20,《呂氏春秋》正名篇 등에 散見된다.

【書曰】《書經》洪範篇의 구절.

【睿】총명함을 뜻함.

【聖】'事不無通'을 뜻함.

【詩人曰】《詩經》周頌 淸廟의 구절.

【岐】지명. 周나라 흥기의 발판이 된 곳.《史記》周本紀 참조.

1.《韓詩外傳》卷3

傳曰:「昔者, 舜甑盆無臚, 而下不以餘獲罪; 飯乎土簋, 啜乎土型, 而農不以力獲罪; 麂衣而鹽領, 而女不以巧獲罪; 法下易由, 事寡易爲功, 而民不以政獲罪. 故大道多容, 大德衆下, 聖人寡爲, 故用物常壯也.」傳曰:「易簡而天下之理得矣. 忠易爲禮, 誠易爲辭, 賢人易爲民, 工巧易爲材.」詩曰:『政有岐之行, 子孫保之.』

003(1-3) 成王封伯禽爲魯公
백금의 봉지 노나라

성왕成王이 백금伯禽을 노공魯公으로 봉하고 나서 불러 이렇게 일렀다.

"너는 남의 윗자리에 있을 사람의 도리를 아느냐? 무릇 높은 자리에 처한 자는 반드시 아랫사람을 공경으로써 대하고 바르게 간諫하는 말을 온유하게 받아들일 줄 알아야 한다. 또 반드시 불휘지문不諱之門을 열어 놓고 절도에 맞추어 이들을 안정시키고 써 그들의 구실을 마련해 주도록 하라. 간언諫言을 해오는 자들에게는 자신의 위엄으로써 이들을 가로막거나, 그 말을 조목조목 반박해서는 안 된다. 그들의 말을 널리 채집하여 이에 그럴 만한 이유가 있는 것을 택해야 하느니라. 무릇 문文만 있고 무武가 없으면 아랫사람에게 위엄을 세울 수 없고, 반대로 무武만 있고 문文이 없으면 백성들이 두려워하기만 할 뿐 가까이 오려 하지 않게 된다. 따라서 문무文武를 함께 행하여 위덕威德이 이루어지도록 해야 한다. 위덕을 이루고 나면 백성들이 친하게 여겨 복종해 오게 된다. 그때는 위로는 맑고 깨끗한 관리들이 통하게 해주고, 아래로는 교언영행巧言佞幸한 자들이 막히도록 해야 한다. 충간하는 자들이 진용進用되면 충성과 믿음이 있는 자들이 모여들게 마련이다."

周成王《三才圖會》

백금은 두 번 절하고 이 명령을 받들겠다고 하고는 물러났다.

成王封伯禽爲魯公, 召而告之曰:「爾知爲人上之道乎? 凡處尊位者, 必以敬下, 順德規諫, 必開不諱之門, 蹲節安靜以藉之, 諫者勿振以威, 毋格其言, 博采其辭, 乃擇可觀. 夫有文無武, 無以威下, 有武無文, 民畏不親, 文武俱行, 威德乃成; 旣成威德, 民親以服, 淸白上通, 巧佞下塞, 諫者得進, 忠信乃畜.」

伯禽再拜受命而辭.

【成王】周나라 초기 武王(姬發)의 아들. 周公(姬旦)의 조카. 周公의 보필을 받음. 姬誦.
【伯禽】周公의 아들. 아버지 周公 旦을 이어 魯나라에 봉해짐. 재위 46년 간 노나라를 잘 다스림.
【順德規諫】윗사람의 덕을 따르고 법도에 맞추어 간언을 함.
【不諱之門】거리낌 없이 말할 수 있는 문. 즉 言路를 뜻함.
【巧佞·巧言】아첨. 또는 윗사람과 친하다는 이유로 자리를 얻으려 하는 행위. 《史記》佞幸列傳에 "諺曰: 力年不如逢年, 善仕不如遇合"이라 하였고, 《論語》學而篇에 "巧言令色, 鮮矣仁"이라 함.

004(1-4) 陳靈公行僻而言失
행동이 치우치고 실언이 많은 진 영공

진陳 영공靈公은 행동이 치우치고 말에도 실수가 많았다. 이에 설야泄冶라는 사람이 이렇게 한탄을 하였다.

"진陳나라는 망하리라! 내가 서둘러 간언을 하였건만 임금은 내 말을 듣기는커녕 갈수록 더욱 위의威儀를 잃고 있다. 무릇 윗사람이 아랫사람을 교화敎化시키는 것은, 마치 바람이 풀을 눕게 하는 것과 같다. 동풍이 불면 풀은 서쪽으로 눕게 마련이며, 서풍이 불면 동쪽으로 고개를 낮추기 마련! 바람이 어디에서 부느냐에 따라 풀은 눕는다. 이 까닭으로 임금 된 자는 행동을 조심하지 않으면 안 된다.

또 굽은 채로 심겨진 나무가 어찌 곧은 그림자를 드리울 수 있겠는가? 마찬가지로 임금이 되어 그 행동이 올바르지 못하고, 그 언어가 공경스럽지 못하면서 제왕帝王의 이름을 보존하여 그 이름을 후세에 드날린 자는 아직 보지 못하였다.

《역易》에 '군자는 집 안에 있어도 그 말이 훌륭하면 1천 리 밖의 먼 곳일지라도 이에 응해 오게 되니, 하물며 그 곁에 있는 사람이랴? 또 집 안에 거하면서 옳지 못한 말을 내뱉으면 1천 리 밖에서 이를 그르다 여기니, 하물며 그 곁에 있는 사람이랴? 말이란 몸에서 나와 백성에게 미치는 것이요, 행동은 가까운 데에서 시작되나 멀리까지 보여지게 마련이다. 언행言行은 바로 군자의 추기樞機이며, 그 추기의 발發함은 영욕榮辱의 근본이다. 군자는 천지天地를 움직인다 하였으니 어찌 조심하지 않을 수 있겠는가?'라 하였다. 천지가 움직이면 만물이 변화하게 된다는 뜻이다.

또 《시詩》에는 '너의 말을 조심하라. 너의 위의威儀를 공경히 하라. 그렇게 하면 아름답지 않음이 없게 된다'라 하였으니 바로 이를 두고 한 말이다.

그런데 지금 임금은 조심하지도 않을 뿐 아니라 도리어 방종하여 제멋대로 하고 있으니 망하지 않으면 시해를 당하고 말 것이다!"

영공이 이 소식을 듣고 설야를 요언妖言하는 자라 여겨 죽여버렸다. 그 뒤에 과연 영공은 징서徵舒에게 시해당하여 죽고 말았다.

陳靈公行僻而言失.

泄冶曰:「陳其亡矣! 吾驟諫君, 君不吾聽而愈失威儀. 夫上之化下, 猶風靡草, 東風則草靡而西, 西風則草靡而東, 在風所由, 而草爲之靡, 是故人君之動 不可不愼也. 夫樹曲木者, 惡得直景? 人君不直其行, 不敬其言者, 未有能保帝王之號, 垂顯令之名者也. 易曰:『夫君子居其室, 出其言善, 則千里之外應之, 況其邇者乎? 居其室, 出其言不善, 則千里之外違之, 況其邇者乎? 言出於身, 加於民; 行發乎邇, 見乎遠. 言行君子之樞機, 樞機之發, 榮辱之主, 君子之所以動天地, 可不愼乎?』天地動而萬物變化. 詩曰:『愼爾出話, 敬爾威儀, 無不柔嘉.』此之謂也. 今君不是之愼, 而縱恣焉, 不亡必弑.」

靈公聞之, 以泄冶爲妖言, 而殺之, 後果弑於徵舒.

【陳靈公】춘추시대 陳나라 임금. 재위 B.C.613~599. 徵舒에게 弑害됨. 《左傳》 宣公 元年・9年・10年 등 참조.

【泄冶】陳靈公을 간하다가 죽음. 《左傳》에는 '洩冶'로 되어 있음. 《左傳》宣公 9年 참조.

【猶風靡草】《論語》顔淵篇에 "君子之德, 風, 小人之德, 草, 草上之風必偃"이라 함.
【易曰】《周易》繫辭(上)의 구절.
【樞機】근본. 기틀.《周易》에 '樞機, 制動之主'라 함.
【詩曰】《詩經》大雅 蕩의 구절. '柔'는 '安'. '嘉'는 '善'으로 풀이함.
【徵舒】陳靈公을 마방(馬房)에서 쏘아 죽임.《左傳》宣公 10年 참조.

참고 및 관련 자료

1.《左傳》9年 經

陳靈公與孔寧·儀行父通於夏姬, 皆衷其衵服, 以戲于朝. 洩冶諫曰:「公卿宣淫,
民無效焉, 且聞不令. 君其納之!」公曰:「吾能改矣.」公告二子. 二子請殺之, 公弗禁,
遂殺洩冶. 孔子曰:「詩云:『民之多辟, 無自立辟.』其洩冶之謂乎!」

2.《左傳》10年 經

陳靈公與孔寧·儀行父飲酒於夏氏. 公謂行父曰:「徵舒似女.」對曰:「亦似君.」
徵舒病之. 公出, 自其廄射而殺之. 二子奔楚.

005(1-5) 魯哀公問於孔子
군자의 도박

노魯 애공哀公이 공자孔子에게 물었다.

"내가 듣건대 군자는 바둑을 도박으로 두지 않는다던데 무슨 이유가 있습니까?"

공자가 말하였다.

"있지요!"

애공이 다시 물었다.

"무슨 이유로 도박을 하지 않습니까?"

공자가 대답하였다.

"이승二乘이 있기 때문이지요."

애공이 물었다.

"이승이 있으면 어째서 도박을 하지 않아야 합니까?"

공자가 말하였다.

"옳지 못한 도를 행하는 일이기 때문이지요."

애공은 두려웠다. 그리하여 잠시 말을 잇지 못하다가 겨우 이렇게 말하였다.

"이와 같습니까? 군자가 옳지 못한 도를 싫어함이 이렇게 심합니까?"

공자가 이렇게 설명하였다.

공자 唐, 吳道子(그림)

"옳지 못한 도를 싫어함이 심하지 못하다면 옳은 도를 좋아함도 역시 심하지 못할 것이며, 옳은 도를 좋아함이 심하지 않다면 백성들이 그 지도자와 친하려 함도 역시 심하지 못할 것입니다. 《시詩》에 '군자를 보지 못해 내 마음 안타깝더니 그대를 보고서야, 그대를 우연히 만나고서야 내 마음 즐겁네!'라 하였습니다. 《시》에서 옳은 도를 좋아하는 정도가 이와 같습니다."

애공은 이렇게 말하였다.

"훌륭합니다. '군자는 남의 아름다움을 이루어 주지, 남의 악함을 이루어 주지 않는다'라 하였는데, 내가 공자가 아니었더라면 어찌 이 말을 들을 수 있었겠습니까!'

魯哀公問於孔子曰:「吾聞君子不博, 有之乎?」

孔子對曰:「有之.」

哀公曰:「何爲其不博也?」

孔子對曰:「爲其有二乘.」

哀公曰:「有二乘, 則何爲不博也!」

孔子對曰:「爲行惡道也.」

哀公懼焉. 有間曰:「若是乎? 君子之惡惡道之甚也?」

孔子對曰:「惡惡道不能甚, 則其好善道, 亦不能甚; 好善道不能甚, 則百姓之親之也, 亦不能甚. 詩云:『未見君子, 憂心惙惙, 亦旣見止, 亦旣覯止, 我心則說.』詩之好善道之甚也如此.」

哀公曰:「善哉! 吾聞君子成人之美, 不成人之惡. 微孔子, 吾焉聞斯言也哉!」

【魯哀公】춘추시대 魯나라 哀公(재위 B.C.494~476. 춘추 말기).

【孔子】孔丘. 자는 仲尼. 儒家의 聖人.

【博】바둑을 두면서 作戱하거나 도박으로 내기를 함.

【二乘】'군자로서 二乘만 되어도 이러한 일을 하지 않는데 어찌 千乘之國의
諸侯나 萬乘之國의 天子가 이런 일을 하겠는가'의 뜻.

【詩云】《詩經》國風 草蟲의 구절.

【君子成人之美】《論語》顔淵篇의 구절.

참고 및 관련 자료

1. 《孔子家語》五儀解篇

哀公問於孔子曰:「吾聞君子不博, 有之乎?」孔子曰:「有之.」公曰:「何爲?」對曰:
「爲其二乘」公曰:「有二乘則何爲不博?」子曰:「爲其兼行惡道也.」哀公懼焉. 有閒,
復問曰:「若是乎, 君子之惡惡道至甚也?」孔子曰:「君子之惡惡道不甚, 則好善道
亦不甚, 好善道不甚, 則百姓之親上亦不甚. 詩云:『未見君子, 憂心惙惙, 亦旣見止,
亦旣覯止, 我心則悅.』詩之好善道甚也如此.」公曰:「美哉! 夫君子成人之善, 不成
人之惡, 微君子言焉, 吾弗之聞也.」

하간 헌왕의 제왕에 대한 의견

하간 헌왕河間獻王이 이렇게 말하였다.

"요堯임금은 천하에 마음을 바로 두고 가난한 백성을 보살피는 데에 그 뜻을 쏟았다. 많은 백성들이 죄에 걸려들게 됨을 애통해하였으며, 또 그 중생衆生이 자기 삶을 성취시키지 못함을 근심하였다. 그래서 하나의 백성이라도 굶고 있다는 말을 듣게 되면 이는 자신 때문에 굶는 것이라 여겼으며, 누구 하나 헐벗고 있다는 말을 들으면 그 또한 자신 때문에 헐벗었다고 여겼다.

그런가 하면 어느 한 백성이 죄를 지었다는 말을 들으면 그것도 역시 자신이 그를 죄에 빠지게 하였다고 여겼다. 이처럼 인의仁義가 밝히 세워지고 덕화德化가 널리 베풀어지자, 상을 주지 않아도 백성은 부지런해졌으며 벌을 내리지 않아도 잘 다스려지게 된 것이다. 먼저 용서容恕하고 뒤에 가르치는 것이 요임금의 치도治道였다.

또 순舜임금 때에 유묘씨有苗氏가 복종하지 않았는데 그들이 복종하지 않은 이유는, 그 남쪽은 태산太山, 그 북쪽은 전산殿山, 그리고 왼쪽은 동정洞庭의 파도, 오른쪽은 팽려彭蠡의 물이 있다는 천험의 요새를 믿은 때문이었다. 이들이 이런 이유로 불복하자 우禹가 이를 토벌하자고 하였을 때 순舜은 이렇게 반대하였다.

'그들을 교화시키려는 우리의 노력을 아직 끝까지 해보지 않았다. 끝까지 이들을 가르쳐야 한다.'

뒤에 과연 유묘씨가 복종을 청해오자 천하 사람들이 이 소식을 듣고 모두가 우禹의 잘못을 말하면서 순임금이 덕으로 사람을 복종시켰다고 칭송하였다."

河間獻王曰:「堯存心於天下, 加志於窮民, 痛萬姓之罹罪, 憂衆生之不遂也. 有一民飢, 則曰此我飢之也; 有一人寒, 則曰此我寒之也; 一民有罪, 則曰此我陷之也. 仁昭而義立, 德博而化廣; 故不賞而民勸, 不罰而民治. 先恕而後教, 是堯道也. 當舜之時, 有苗氏不服, 其所以不服者, 大山在其南, 殿山在其北; 左洞庭之波, 右彭蠡之川; 因此險也, 所以不服, 禹欲伐之, 舜不許, 曰:『諭教猶未竭也, 究諭教焉.』而有苗氏請服, 天下聞之, 皆非禹之義, 而歸舜之德.」

【河間獻王】 漢나라 景帝(劉啓. 재위 B.C.156~150)의 아들 劉德. 河間의 獻王으로 책봉되었음. 文章을 좋아하고 선진 고서를 많이 모았었음.

【堯】 古代 聖人. 홍수를 막고 三苗의 난을 평정하였다 함.

【舜】 堯가 鯀(곤)을 시켜 治水토록 하였으나 실패하자 舜에게 양위함.

【有苗氏】 옛 三苗의 후예. 槃瓠의 자손이라 함.

【太山】 본문에는 大山. 泰山. 岱嶽. 지금의 山東省 泰安市에 있으며 중국 五嶽 중의 東嶽.

【殿山】 殿子山이 아닌가 함. 大頭山. 지금의 河南省 林縣.

【洞庭湖】 지금의 湖北省과 湖南省에 걸쳐 있는 큰 호수.

【彭蠡】 지금의 江西省 鄱陽湖.

【禹】 堯임금 때 鯀의 아들. 堯舜을 도와 水災를 막고 帝位에 오름. '過門不入'의 고사를 남김.

1. 《說苑全譯》에는 본 장의 "當舜之時" 이하를 따로 분류하여 하나의 장으로 하였다.

2. 《新書》(賈誼) 修政語(上)

帝堯曰: 「吾存心於先古, 加志於窮民, 痛萬姓之罹罪, 憂衆生之不遂也.」故一民或飢, 曰: 「此我飢之也.」一民或寒, 曰: 「此我寒之也.」一民有罪, 曰: 「此我陷之也.」仁行而義立, 德博而化富. 故不賞而民勸, 不罰而民治, 先恕而後行, 是以德音遠也.

3. 《韓詩外傳》 卷3

當舜之時, 有苗不服. 其不服者, 衡山在南, 岐山在北, 左洞庭之波, 右彭澤之水, 由此險也. 以其不服, 禹請伐之. 舜不許, 曰: 「吾喩教猶未竭也.」久喩教, 而有苗民請服. 天下聞之, 皆薄禹之義, 而美舜之德.

詩曰: 『載色載笑, 匪怒伊教.』舜之謂也. 問曰: 「然則禹之德不及舜乎?」曰: 「非然也. 禹之所以請伐者, 欲彰舜之德. 故善則稱君, 過則稱己, 臣下之義也. 假使禹爲君, 舜爲臣, 亦如此而已矣. 夫禹可謂達乎爲人臣之大體也.」

4. 《戰國策》 魏策(一)

昔者, 三苗之居, 左彭蠡之波, 右有洞庭之水, 文山在其南, 而衡山在其北. 恃此險也, 爲政不善, 而禹放逐之.

5. 《史記》 吳起列傳

起起對曰: 「在德不在險. 昔三苗氏左洞庭, 右彭蠡, 德義不修, 禹滅之.」

6. 《十八史略》 卷1

文侯卒, 子擊立, 是爲武侯. 武侯浮西河而下, 中流顧謂吳起曰: 「美哉! 山河之固. 魏國之寶也.」起曰: 「在德不在險. 昔三苗氏, 左洞庭右彭蠡, 禹滅之. 桀之居, 左河濟右秦華, 伊闕在其南, 羊腸在其北, 湯放之. 紂之國, 左孟門右太行, 恆山在其北, 大河經其南, 武王殺之. 若不修德, 舟中人皆敵國也.」武侯曰: 「善!」

007(1-7) 周公踐天子之位
주공이 천자의 정치를 대신할 때

주공周公이 천자天子의 지위를 대신해서 덕과 은혜를 널리 베풀었다. 그리하여 멀리까지 자세히 살피기 위해 12목牧에 각기 세 명씩 보내어 원방遠方의 백성을 살펴보도록 하였다. 이들의 임무는 굶주림과 추위를 당하면서 의식衣食을 얻지 못하는 자가 있는지, 송사訟事에 걸려 생업을 잃은 자가 있는지, 어질고 재능이 있으면서도 등용되지 못한 자는 없는지를 살펴, 돌아와 천자에게 보고하는 일이었다.

이에 천자는 그 제후들을 조견朝見토록 불러 이 일을 이렇게 물었다.

"아! 짐朕의 정교政敎가 제대로 펴지지 못하고 있다. 어찌 백성에게 임하되 기한飢寒에 처하여 의식衣食을 얻지 못하는 경우가 있으며, 송사訟事에 걸려 생업을 잃는 자가 있으며, 어질고 재주 있는 자가 천거되지 못함이 있단 말인가?"

그 제후가 돌아가서는 그 나라의 대부大夫를 불러 다시 천자의 말을 고하여 바로잡았던 것이다.

백성들이 이 소식을 듣고는 모두 이렇게 기뻐하였다.

"이는 진실로 천자답도다. 어찌 깊고 먼 곳에 있으면서도 내 사정을 이렇게 훤히 알고 있단 말인가? 그러니 어찌

周公

무엇을 속일 수 있겠는가?"

이 때문에 목자牧者는 사방의 문을 열고 사방의 일과 사방의 소식을 다 들어야만 하였다. 그래서 가까이 있는 자는 친히 여겨 복종해 오도록 하였으며, 멀리 있는 자는 편안함을 누릴 수 있도록 한 것이다.

《시詩》에 '멀리까지 평안토록 하여 능히 가까운 내 집까지 편히 하리라. 이로써 우리 임금의 왕업王業을 이루도록 하리라' 하였으니 이를 두고 한 말이다.

周公踐天子之位, 布德施惠, 遠而逾明, 十二牧, 方三人, 出擧遠方之民, 有飢寒而不得衣食者, 有獄訟而失職者, 有賢才而不擧者, 以入告乎天子, 天子於其君之朝也, 揖而進之曰:「意, 朕之政敎有不得者與! 何其所臨之民, 有飢寒而不得衣食者, 有獄訟而失職者, 有賢才而不擧者也?」

其君歸也, 乃召其國大夫, 告用天子之言, 百姓聞之, 皆喜曰: 「此誠天子也! 何居之深遠, 而見我之明也, 豈可欺哉?」

故牧者, 所以辟四門, 明四目, 達四聰也, 是以近者親之, 遠者安之.

詩曰:『柔遠能邇, 以定我王.』此之謂矣.

【周公踐天子之位】周公 旦이 成王이 어려서 天子가 되자 이를 輔弼攝政하였음을 뜻함.
【牧】各州의 首長. 牧民官.
【四門】《書經》舜典에 "賓於四門, 四門穆穆"이라 함.
【詩曰】《詩經》大雅 民勞篇의 구절.

1. 《韓詩外傳》 卷6

王者必立牧, 方二人, 使闚遠牧衆也. 遠方之民有飢寒而不得衣食, 有獄訟而不平其寃, 失賢而不擧, 入告乎天子, 天子於其君之朝也, 揖而進之, 曰:「噫! 朕之政敎有不得爾者邪? 何如乃有飢寒而不得衣食, 有獄訟而不平其寃, 失賢而不擧?」然後其君退, 而與其卿大夫謀之. 遠方之民聞之, 皆曰:「誠天子也. 夫我居之僻, 見我之近也; 我居之幽, 見我之明也. 可欺乎哉!」故牧者所以開四目, 通四聰也. 詩曰:『邦國若否, 仲山甫明之.』此之謂也.

008(1-8) 河間獻王曰禹稱民無食
우 임금의 치적

하간 헌왕河間獻王이 말하였다.

"우禹임금은 백성이 굶주린다는 것을 들으면 스스로 더 이상 그들을 부리지 못한다고 하였다. 꿈을 이루고도 그 이익이 남에게 돌아가지 않는다면 스스로 더 이상 권할 수 없다고 하였다. 그래서 하수河水를 소통시켜 이를 흐르게 하며, 강수江水를 파서 아홉 굽이의 물길로 통하게 하며, 오호五湖의 물을 동해東海로 흐르게 할 때 백성 역시 힘들었지만 원망을 하지 않은 것은 바로 그 이익이 백성에게 돌아갔기 때문이었다."

河間獻王曰:「禹稱民無食, 則我不能使也; 功成而不利於民, 則我不能勸也; 故疏河以導之, 鑿江通於九派, 灑五湖而定東海, 民亦勞矣, 然而不怨苦者, 利歸於民也.」

【河間獻王】景帝의 아들 劉德.
【禹】洪水를 다스린 夏禹.
【河水】黃河. '河'는 고대에는 고유명사였음.
【江水】長江. 揚子江. '江' 역시 고대에는 고유명사였음.
【五湖】鄱陽湖, 靑草湖, 丹陽湖, 洞庭湖, 太湖를 가리킴. 《幼學瓊林》(1)에 "饒州 之鄱陽, 岳州之靑草, 潤州之丹陽, 鄂州之洞庭, 蘇州之太湖. 此爲天下之五湖"라 함.

1.《賈子新書》修正語(上)

大禹曰:「民無食也, 則我弗能使也; 功成而不利於民, 我弗能勸也.」故鑿河而道之九牧, 鑿江而道之九路, 灑五湖而定東海, 民勞矣而弗苦者, 功成而利於民也.

009(1-9) 禹出見罪人
요순의 마음으로

우禹임금이 밖에 나갔다가 죄인罪人을 만나자 수레에서 내려 그 사정을 물어보고 눈물을 흘렸다. 그러자 좌우 신하가 말하였다.

"무릇 죄인이란 법도를 지키지 않아 그렇게 된 것입니다. 임금께서는 슬퍼하심이 어찌 이렇게 심하십니까?"

이에 우임금은 이렇게 대답하였다.

"요순堯舜 때의 백성들은 모두 요순의 마음으로 자신의 마음을 삼았다. 그런데 지금 과인寡人이 임금이 되고 나서 백성들이 각기 자기 마음을 마음으로 삼고 있도다. 내 이를 애통하게 여기는 것이다."

《서書》에는 이렇게 말하였다.

"백성이 죄를 지음은 오직 나 한 사람 때문이로다."

禹出見罪人, 下車問而泣之, 左右曰:「夫罪人不順道, 故使然焉, 君王何爲痛之至於此也?」

禹曰:「堯舜之人, 皆以堯舜之心爲心, 今寡人爲君也, 百姓各自以其心爲心, 是以痛之.」

書曰:『百姓有罪, 在予一人.』

【寡人】임금이 자신을 낮추어 부르는 말. '덕이 적은 사람 寡德之人'의 뜻.
【書曰】《書經》泰誓篇에 '百姓有過, 在予一人'이라 함.

1.《十八史略》

出見罪人, 下車問而泣曰:「堯舜之人, 以堯舜之心爲心; 寡人爲君, 百姓各自以其心
爲心, 寡人痛之.」

大禹像 山東 嘉祥縣 武梁祠(東漢 畵像石)

010(1-10) 虞人與芮人
밭두둑 송사

우虞나라 사람과 예芮나라 사람이 누가 더 성취하였는가를 문왕文王에게 묻고자 하여 길을 떠났다. 우선 문왕이 다스리는 경내에 들어서자, 그곳 백성들이 무엇이든 사대부士大夫에게 양보하는 풍습을 볼 수 있었다. 다시 그 나라 성 안으로 들어서자, 그 사대부들은 다시 공경公卿들에게 양보하는 모습이 보였다. 이에 두 나라 사람은 서로 이렇게 말하였다.

"그 백성은 사대부에게 양보하고, 그 사대부들은 공경에게 양보하니, 그렇다면 이 나라 임금 또한 모든 공을 천하에 양보하면서 자기 공이라 우쭐대지 않음이 분명하리라!"

그리고는 두 사람 모두 문왕을 직접 만나 보지 아니한 채 자신들이 다투던 바의 그 땅을 한전閑田으로 만들기로 하고 돌아갔다.

공자孔子는 이렇게 말하였다.

"크도다! 문왕의 도道여! 더 이상 보탤 것이 없구나! 조금도 움직이지 않고 변화시키며, 아무런 작위作爲없이 성취시켰도다. 오직 경신공기敬愼恭己로 해서 우예虞芮가 스스로 평안을 얻었도다!"

그래서 《서書》에 "오직 문왕만이 공경과 기외畏가 있도다!"라 하였으니 이를 두고 한 말이다.

文王

虞人與芮人, 質其成於文王, 入文王之境, 則見其人民讓爲士大夫; 入其國, 則見其士大夫讓爲公卿; 二國者相謂曰:「其人民讓位士大夫, 其士大夫讓爲公卿, 然則此其君亦讓以天下而不居矣.」

二國者, 未見文王之身, 而讓其所爭以爲閒田而反.

孔子曰:「大哉! 文王之道乎! 其不可加矣! 不動而變, 無爲而成, 敬愼恭己, 而虞芮自平.」

故書曰:『惟文王之敬忌.』此之謂也.

【虞】殷末周初의 古國. 지금의 山西省 平陰縣.
【芮】역시 虞나라와 이웃한 古國名. 지금의 山西省 芮城縣.
【質其成】그 성취를 질문하다. 그러나 다른 기록을 종합하면 농토, 밭 경계를 다투어 송사가 생겼음을 말한다.
【文王】周나라 文王 姬昌. 西伯 儒家의 聖王. 聖人.
【閒田】閒田. 大國에 붙은 토지로 아직 누군가를 封하지 않은 토지.
【敬愼恭己】공경하고 근신하며 자신을 낮춤.
【平】원래의 뜻은 評, 評決. '판결해 주다'의 뜻.
【書曰】《書經》康誥의 말. '敬'은 '愼'의 뜻. '忌'는 '憚'의 뜻.

참고 및 관련 자료

1.《史記》周本紀

西伯陰行善, 諸侯皆來決平. 於是虞芮之人, 有獄不能決. 乃如周, 入界, 耕者皆讓畔. 民俗皆讓長, 虞芮之人未見西伯, 皆慙, 相謂曰:「吾所爭, 周人所恥, 何往爲? 祇取辱耳.」遂還, 俱讓而去. 諸侯聞之, 曰:「西伯蓋受命之君.」

2.《十八史略》卷1

西伯修德, 諸侯歸之. 虞芮爭田, 不能決. 乃如周, 入界, 見畊者皆遜畔, 民俗皆讓長, 二人慙, 相謂曰:「吾所爭, 周人所恥.」乃不見西伯而還, 俱讓其田不取.

3.《詩綿毛傳》

虞芮之君, 相與爭田, 久而不平, 乃相謂曰:「西伯仁人也, 盍往質焉.」乃相與朝周. 入其境, 則耕者讓畔, 行者讓路; 入其邑, 男女異路, 斑白不提挈; 入其朝, 士讓爲大夫, 大夫讓爲卿. 二國之君, 感而相謂曰:「我等小人, 不可以履君子之庭.」乃相讓以其所爭田爲閒田而退. 天下聞之而歸者四十餘國.

4.《尚書大傳》卷1

虞人與芮人質其成於文王. 入文王之境, 則見其人萌讓爲士大夫; 入其國, 則見士大夫讓爲公卿. 二國相謂曰:「此其君亦讓以天下而不居也.」讓其所爭, 以爲閒田.

5.《孔子家語》好生篇

虞芮二國爭田而訟, 連年不決, 乃相謂曰:「西伯仁也, 盍往質之.」入其境, 則耕者讓畔, 行者讓路; 入其朝, 士讓爲大夫, 大夫讓於卿. 虞·芮之君曰:「嘻! 吾儕小人也, 不可以入君子之朝.」遂自相與而退, 咸以所爭之田爲閒田也. 孔子曰:「以此觀之, 文王之道, 其不可加焉, 不令而從, 不教而聽, 至矣哉!」

성왕의 소꿉놀이

성왕成王이 당唐 숙우叔虞와 소꿉놀이를 하다가 오동나무 잎을 잘라 규珪를 삼아 당 숙우에게 주면서 이렇게 말하였다.

"나는 이것으로써 그대를 제후에 봉封하노라!"

당 숙우가 기뻐하면서 이 사실을 주공周公에게 알렸다.

주공이 성왕을 만나 물었다.

"천자께서 당 숙우를 봉하셨습니까?"

성왕은 놀라 이렇게 대답하였다.

"나는 당 숙우와 놀이삼아 한 번 그랬을 뿐이오!"

주공은 이렇게 말하였다.

"제가 듣건대, 천자는 희언戱言을 해서는 안 된다 합니다. 한 번 말을 내뱉으면 사관史官은 이를 기록하고, 공인工人은 이를 칭송하며 선비들은 이를 찬미하게 됩니다."

주공은 이에 드디어 당 숙우를 진후晉侯에 봉하도록 하였다. 주공 단旦은 설득에 뛰어난 인물이었다. 한 번 말하여 성왕이 더욱 말을 중시하게 하였으며, 아우를 사랑하는 의를 밝혔고 왕실을 튼튼하게 보필함이 있었다.

成王與唐叔虞燕居, 剪桐葉以爲珪, 而授唐叔虞曰:「余以此
封汝.」

唐叔虞喜, 以告周公, 周公以請曰:「天子封虞耶?」

成王曰:「余一與虞戲也.」

周公對曰:「臣聞之: 天子無戲言. 言則史書之, 工誦之, 士稱之.」

於是遂封唐叔虞於晉, 周公旦可謂善說矣, 一稱而成王益重言, 明愛弟之義, 有輔王室之固.

【成王】周武王의 아들(姬誦). 어려서 天子가 되어 삼촌인 周公旦의 보필을 받음.

【唐叔虞】古代 唐이라는 小國의 후예.《左傳》昭公 元年 秋에 "唐人是因, 以服事 夏商, 其季世曰唐叔虞"라 함.

【燕居】閒居. 별다른 일없이 편안히 居함.

【珪】儀器의 일종. 瑞信之物. 혹 임명장.

【周公】旦. 武王의 아우. 周公은 成王의 숙부이며 武王의 아우이다.

【工誦之】'공인이 임금의 일을 기념하여 물건을 만들다'의 뜻.

【晉】春秋시대 中原에 흥성하게 되는 나라. 五霸의 하나인 文公을 배출함. 戰國시대에는 三晉(韓·魏·趙)으로 분리되어 七雄이 됨. 지금의 山西城 境內. 원래 唐에서 晉이라 고친 이름이다.

참고 및 관련 자료

1. 희언(戲言)을 해서는 안 된다고 성왕(成王)에게 진언한 것은 본《說苑》에는 周公旦으로 되어 있으나《史記》晉世家에는 '史佚'이라는 사람으로 되어 있다. 또 唐叔虞도 주무왕의 아들이며 성왕의 아우(晉唐叔虞者 周武王子而成王弟)라 하였다.

2.《史記》晉世家

晉唐叔虞者 周武王子而成王弟, 初武王與叔虞母會時, 夢天謂武王曰:「余命女生子, 名虞, 余與之唐.」及生子, 文在其手曰虞, 故遂因命之曰虞. 武王崩, 成王立, 唐有亂. 周公誅滅唐. 成王與叔虞戲, 削桐葉爲珪以與叔虞曰:「以此封若.」史佚因請擇日立 叔虞, 成王曰:「吾與之戲耳.」史佚曰:「天子無戲言, 言則史書之, 禮成之, 樂歌之.」 於是遂封叔虞於唐.

3. 《呂氏春秋》 重言篇

成王與唐叔虞燕居, 援梧葉以爲珪而授唐叔虞, 曰:「余以此封女.」叔虞喜, 以告周公.
周公以請曰:「天子其封虞耶?」成王曰:「余一人與虞戲也..」周公對曰:「臣聞之,
天子無戲言, 天子言則史書之, 工誦之, 士稱之.」於是遂封叔虞於晉. 周公旦可謂善
說矣, 一稱而令成王益重言, 明愛弟之義, 有輔王室之固.

4. 《柳宗元集》(卷四) 四部刊要, 集部, 別集類

한편 이 "桐葉封弟"의 사건은 뒤에 많은 論辯家들의 분석·평론 대상이 되었다.
그 중에 널리 알려진 것이 바로 唐宋八大家의 하나인 柳宗元(子厚)의 "桐葉封弟辯"
이다. 그 문장은 다음과 같다.

古之傳者有言, 成王以桐葉與小弱弟, 戲曰:「以封汝.」周公入賀. 王曰:「戲也.」周公
曰:「天子不可戲.」乃封小弱弟於唐. 吾意不然. 王之弟當封耶? 周公宜以時言於王,
不待其戲而賀以成之也; 不當封耶? 周公乃成其不中之戲, 以地以人與小弱者爲之主,
其得爲聖乎? 且周公以王之言, 不可苟焉而己, 必從而成之耶? 設有不幸, 王以桐葉
戲婦寺, 亦將舉而從之乎? 凡王者之德, 在行之何若. 設未得其當, 雖十易之不爲病;
要於其當, 不可使易也, 而況以其戲乎? 若戲而必行之, 是周公敎王遂過也. 吾意周公
輔成王, 宜以道, 從容優樂, 要歸之大中而已, 必不逢其失而爲之辭. 又不當束縛之,
馳驟之, 使若牛馬然, 急則敗矣. 且家人父子尙不能以此自克, 況號爲君臣者耶?
是直小丈夫缺缺者之事, 非周公所宜用, 故不可信. 或曰:「封唐叔, 史佚成之.」

012(1-12) 當堯之時
요임금의 신하들

요堯임금 때에 순舜은 사도司徒, 설契은 사마司馬, 우禹는 사공司空, 후직后稷은 전주田疇, 기夔는 악정樂正, 수倕는 공사工師에, 그리고 백이伯夷를 질종秩宗에, 고요皐陶를 대리大理에, 익益은 짐승을 몰아내는 일에 각각 그 직무를 맡겼다. 그러면서 요임금 자신은 몸과 힘으로 무엇 하나 담당하지 않았다. 그런데도 요는 임금이 되고 아홉 사람은 신하가 되었으니 무슨 연유에서인가?

요임금은 아홉 가지 직무를 알아서 아홉 사람으로 하여금 각각 그 임무를 맡겼으며, 이들도 또한 능히 그 임무를 이겨내어 아홉 가지 성취를 이루었다. 요임금은 드디어 그들의 공을 모아 천하의 왕 노릇을 할 수 있었던 것이다. 이 까닭으로 사람을 아는 일은 왕도王道요, 일을 아는 것은 신도臣道인 것이다. 다시 말해 왕도王道는 사람을 아는 것이요 신도臣道는 일을 아는 것이다. 이러한 구법舊法을 어지럽히지 않으면 천하는 잘 다스려지게 마련이다.

堯임금 宋 馬麟(畫)

當堯之時, 舜爲司徒, 契爲司馬, 禹爲司空, 后稷爲田疇, 夔爲
樂正, 倕爲工師, 伯夷爲秩宗, 皐陶爲大理, 益掌敺禽. 堯體力便
巧不能爲一焉, 堯爲君而九子爲臣, 其何故也? 堯知九職之事,
使九子者各受其事, 皆勝其任以成九功, 堯遂成厥功以王天下,
是故知人者, 王道也, 知事者, 臣道也, 王道知人, 臣道知事,
毋亂舊法, 而天下治矣.

【司徒】문교·교육을 맡는 관직.
【契爲司馬】司馬는 軍事와 국방의 업무를 맡은 직책.《孟子》에는 契이 司徒의
  직을 맡은 것으로 되어 있다.
【司空】법을 관장하는 임무.
【后稷爲田疇】后稷은 周나라의 시조.《史記》周本紀 참조. '田疇'는 農稷之官.
【夔爲樂正】夔는 음악을 관장함.
【倕爲工師】'倕'는《書經》舜典에는 '垂'로 되어 있음. 工師는 물건을 만드는
  일을 관장함. 匠人.
【伯夷爲秩宗】伯夷는 요임금의 신하. 伯夷叔齊의 伯夷는 아님. 秩宗은 禮官.
【皐陶】요임금의 신하.《書經》皐陶謀편 참조. 大理는 천자의 업무와 執法을
  총괄하는 임무.
【益】요임금의 신하. 금수의 우환을 없앰.
【九子】앞에 든 요임금의 아홉 신하. 즉 舜·契·禹·后稷·夔·倕·伯夷·皐陶·益.

013(1-13) 湯問伊尹
임금이 실책을 없애려면

탕湯임금이 이윤伊尹에게 물었다.

"삼공三公, 구경九卿, 27명의 대부大夫, 여든한 명의 원사元士를 임용할 때 알아두어야 할 무슨 법도가 있습니까?"

이윤은 이렇게 대답하였다.

"옛날 요堯임금은 사람을 보면 즉시 그가 현능한지를 알 수 있었고, 순舜임금은 사람을 임용해 본 후에야 알았으며, 우禹임금은 스스로

湯《三才圖會》

성공한 사람을 거용하였습니다. 무릇 이 세 임금은 어진 이를 들어 씀에 모두가 그 방법은 달랐지만 공을 이룬 것은 같았습니다. 그런데도 그들은 가끔 실책을 범하였는데, 하물며 어떤 법도도 없이 자기 마음대로 사람을 쓰거나 뜻에 맞는다고 마구 사람을 등용하였다가는 틀림없이 큰 실책을 범하게 됩니다. 따라서 임금이란 신하로 하여금 스스로 그 직능에 공헌할 수 있도록 해주기만 하면 만의 하나라도 실책이 없을 줄 압니다."

伊尹《三才圖會》

湯問伊尹曰:「三公, 九卿, 二十七大夫, 八十一元士, 知之有道乎?」

伊尹對曰:「昔者, 堯見人而知, 舜任人然後知, 禹以成功擧之. 夫三君之擧賢, 皆異道而成功, 然尚有失者, 況無法度而任己, 直意用人, 必大失矣. 故君使臣自貢其能, 則萬一之不失矣.」

【湯】商의 시조.

【伊尹】이름은 摯. 商나라 湯을 도운 賢相.

【三公】周나라 때는 太師・太傅・太保. 西漢 때는 大司馬・大司徒・大司空. 東漢 때는 太尉・司徒・司空.

【九卿】夏・殷・周 三代에 있었던 직책 아홉 가지.

【大夫】卿 아래의 직책.

【元士】大夫 아래의 직책.

참고 및 관련 자료

1. 〈四庫全書本〉및 〈四部備要本〉에는 본 장과 다음의 "王者何以選"이 하나의 章으로 묶여 있다.

014(1-14) 王者何以選賢
어진 이를 등용하는 법

왕王이 된 자는 어떤 방법으로 어진 이를 뽑아 써야 하는가?

무릇 지도자王者란 어진 이, 재목감을 얻어 스스로의 보필을 삼은 연후에야 다스림을 시작한다. 비록 요·순 같은 명석한 임금일지라도, 고굉股肱과 같은 보필이 갖추어지지 않으면 그의 은덕이 깊다 해도 널리 퍼지지 못하며, 그의 교화敎化가 훌륭하다 해도 실행이 되지 못하기 때문이다.

따라서 명석한 군주君主란 위에 거하면서 택사擇士에 조심하고, 구현求賢에 힘쓰며, 전후좌우에 이들을 두어 스스로의 보필로 삼는다. 영준英俊한 이들에게 치관治官을 맡기되, 그 작위爵位를 높여 주고 그 봉록奉祿을 중하게 해주어 어진 이는 나와서 현영顯榮하도록 하며, 지친 이는 물러나 그 노력을 위로받을 수 있도록 해주어야 한다.

이렇게 하면 임금은 더 이상 근심할 것이 없어지고, 아랫사람은 사특한 마음을 갖지 않게 되며, 백관百官은 잘 다스려지고 신하는 자기 직무에 즐거움을 가지고 임하게 된다. 그러면 은혜는 여러 백성에게 널리 퍼지고, 그 윤택이 초목에까지 미치게 되는 것이다.

옛날 순舜, 虞나라 임금은 왼쪽에는 우禹, 오른쪽에는 고요皐陶를 두어 그 당堂에서 내려오지 않았어도 천하가 잘 다스려졌으니 이는 바로 그들로 하여금 능력을 충분히 발휘하도록 해주었기 때문이다.

王者何以選賢? 夫王者, 得賢材以自輔, 然後治也, 雖有堯舜
之明, 而股肱不備, 則主恩不流, 化澤不行, 故明君在上, 愼於擇士,
務於求賢, 設四佐以自輔, 有英俊以治官, 尊其爵, 重其祿, 賢者,
進以顯榮, 罷者, 退而勞力, 是以主無遺憂, 下無邪慝, 百官能治,
臣下樂職, 恩流羣生, 潤澤草木, 昔者, 虞舜左禹右皋陶, 不下堂
而天下治, 此使能之效也.

【股肱】股는 다리, 肱은 팔. 팔다리처럼 중요한 보필. 股肱之臣.
【虞舜】舜 때의 國名을 虞로 여김. 흔히 唐堯·虞舜·夏禹·商湯 등으로 앞에
　　나라 이름을 붙임.
【皋陶】舜임금의 보필.

> ### 참고 및 관련 자료

1. 〈四庫本〉과 〈四部備要本〉은 본 장이 앞장 "湯問伊尹"과 연결되어 있다.

015(1-15) 武王問太公曰擧賢而以危亡者
작은 선을 즐겨 쓰다가는

주周 **무왕**武王이 태공太公에게 물었다.

"어진 이를 들어 썼는데도 위망危亡한 경우에 처하는 이유는 무엇입니까?"

태공은 이렇게 말하였다.

"어진 이를 천거하되 이의 능력을 이용하지 않아 거현擧賢이라는 명분만 있지 진실로 그 어짊을 얻지 못하였기 때문입니다."

周武王

"그러면 그러한 실책은 어디에서 연유하게 됩니까?"

"그 실책은 임금이 작은 선善을 쓰기만 좋아할 뿐 진짜 현인을 얻지 못한 데에서 시작되지요!"

"작은 선을 즐겨 쓴다는 것은 무엇입니까?"

이에 태공은 이렇게 설명하였다.

"임금이 칭찬의 소리만 듣기 좋아하고 싫어하거나 참소하는 말을 듣지 않게 되면, 어질지 않은 이를 어진 이로 여기고 선하지 않은 자를 선하다 여기며, 충성되지 못한 자를 충성된 자로 착각하며, 믿음이 없는 자를 신실한 인물로 알게 되지요.

그렇게 하다보면 자신을 칭찬해 주는 자는 공이 있다 여기고, 자신의 잘못을 지적하는 자는 죄 있다 여깁니다. 이 때문에 공이 있어도 상을 내리지 않고, 죄를 지은 자는 벌을 받지 않게 됩니다. 많은 무리를 지은 자는 출세하고, 무리가 없는 자는 쫓겨나지요. 이 까닭으로 여러 신하들은 서로 비주比周하여 어진 이를 가로막고, 많은 관리들은 작당作黨하여 간사姦邪한 일을 저지르게 됩니다. 충신忠臣은 죄가 없는데도 비방으로 인해 죽게 되는데, 오히려 사신邪臣은 공이 없는데도 명예와 상을 받게 됩니다. 그렇게 되면 나라는 위망危亡의 구렁텅이로 빠질 수밖에요!"

무왕은 이 말을 듣고 이렇게 감탄하였다.

"훌륭하오! 내 오늘에야 비방과 칭찬의 실정이 어떤 지를 들어볼 수 있게 되었구려."

武王問太公曰:「擧賢而以危亡者, 何也?」

太公曰:「擧賢而不用, 是有擧賢之名, 而不得眞賢之實也.」

武王曰:「其失安在?」

太公望曰:「其失在君好用小善而已, 不得眞賢也.」

武王曰:「好用小善者, 何如?」

太公曰:「君好聽譽而不惡讒也, 以非賢爲賢, 以非善爲善, 以非忠爲忠, 以非信爲信; 其君以譽爲功, 以毀爲罪; 有功者不賞, 有罪者不罰; 多黨者進, 少黨者退; 是以羣臣比周而蔽賢, 百吏羣黨而多姦; 忠臣以誹死於無罪, 邪臣以譽賞於無功. 其國見於危亡.」

武王曰:「善! 吾今日聞誹譽之情矣.」

【武王】周나라 文王(姬昌, 西伯)의 아들 姬發. 殷紂를 쳐서 周를 세움. 周公旦의 형이며
　成王의 아버지. 그러나 《六韜》에는 文王이 太公에게 질문한 것으로 되어 있다.
【太公】呂尙. 姜太公. 字는 子牙. 周나라 建國에 공을 세우고 齊나라의 시조가 됨.
【比周】이익과 명예를 위해 서로 모여듦을 말함. 《論語》 爲政篇에 "君子周而
　不比, 小人比而不周"라 함.

참고 및 관련 자료

1. 《六韜》 文韜 擧賢篇

文王問太公曰:「君務擧賢而不獲其功, 世亂愈甚, 以致危亡者, 何也?」太公曰:
「擧賢而不用, 是有擧賢之名, 而無用賢之實也.」文王曰:「其失安在?」太公曰:
「其失在君好世俗之所譽, 而不得眞賢也.」文王曰:「何如?」太公曰:「君以世俗之
所譽者爲賢, 以世俗之所毁者爲不肖, 則多黨者進, 少黨者退. 若是, 則羣邪比周而
蔽賢, 忠臣死于無罪, 奸臣以虛譽取爵位. 是以世亂愈甚, 則國不免于危亡.」文王曰:
「擧賢奈何?」太公曰:「將相分職, 而各以官名擧人, 按名督實, 選才考能, 令實當其名,
名當其實, 則得擧賢之道矣.」

016(1-16) 武王問太公得賢敬士
버릴 것은 버릴 줄 알아야

주周 **무왕**武王이 태공太公에게 물었다.

"어진 이를 얻고 선비를 잘 공경하는데도 혹 잘 다스려지지 않는 경우가 있음은 무슨 까닭이오?"

태공이 대답하였다.

"자기 스스로 결단을 내릴 수 없는 일에 대해 남의 말만 듣고 결단하는 것은 재앙을 만나게 되지요!"

무왕이 다시 물었다.

"남의 말에 따라 결단한다는 것은 무슨 뜻이오?"

태공이 대답하였다.

"무엇을 버릴 것인가를 결정하지 못할 때 남의 말만 듣고 버리며, 무엇을 취할까를 결정하지 못할 때 남의 말에 따라 취하고, 또 무엇을 할 것인가를 정하지 못하고 남의 말에 따라 하며, 무엇을 벌줄까 망설이면서 남의 의견에 좇아 벌주며, 상을 내릴 때도 스스로 결정하지 못하고 남의 말만 듣고 상을 내린다면, 어진 이라고 반드시 등용할 필요가 없을 것이며, 불초不肖한 자라고 반드시 물러나게 할 필요도 없고, 선비라고 해서 반드시 공경해 주라는 법도 없게 됩니다."

무왕은 다시 물었다.

"좋습니다! 그러한 나라는 어떻게 될까요?"

태공이 말하였다.

"그런 나라의 지도자는 사람됨이 자신의 사정이 남에게 알려지는 것은 싫어하면서 남의 속마음은 속속들이 알기를 바라며, 자기의 잘못은 듣기를 싫어하면서 남의 잘못은 듣기 좋아하는 형입니다. 이 까닭으로 그 나라는 잘 다스려진다고 볼 수 없게 되지요!"

무왕이 수긍하였다.

"좋습니다!"

武王問太公曰:「得賢敬士, 或不能以爲治者, 何也?」

太公對曰:「不能獨斷, 以人言斷者, 殃也.」

武王曰:「何爲以人言斷?」

太公對曰:「不能定所去, 以人言去; 不能定所取, 以人言取; 不能定所爲, 以人言爲; 不能定所罰, 以人言罰; 不能定所賞, 以人言賞. 賢者, 不必用, 不肖者, 不必退, 而士不必敬.」

武王曰,「善, 其爲國, 何如?」

太公對曰:「其爲人惡聞其情, 而喜聞人之情; 惡聞其惡, 而喜聞人之惡; 是以不必治也.」

武王曰:「善!」

【武王】주나라 성군.
【太公】무왕을 섬겨 殷을 멸한 인물. 姜尙, 呂尙, 姜太公.
【殃】재앙. 禍.

017(1-17) 齊桓公問於甯戚
언로를 활짝 여시오

제齊 환공桓公이 영척甯戚에게 물었다.

"관자筦子가 금년에 나이가 들어 과인寡人을 버리고 세상을 하직하려 하오. 나는 관자가 떠나고 나면 법령이 잘 시행되지 못하고, 사람들은 생업을 잃고 백성은 이를 원망·질시하며 도적이 들끓지나 않을까 걱정이 되오. 내 어찌하면 간사姦邪한 일이 일어나지 않고, 백성들이 의식衣食의 족함을 누릴 수 있게 되겠소?"

영척은 한마디로 대답하였다.

"오직 어진 이를 얻어 임용하는 것 뿐입니다."

환공이 다시 물었다.

"어떻게 하면 어진 이를 얻을 수 있겠소?"

영척은 이렇게 대답하였다.

"그 언로言路를 활짝 열고 잘 살펴 이를 등용한 다음, 그 지위를 높여 주고 봉록을 높여 주며 그 이름이 드날리도록 하면 천하의 선비들이 소란스러울 정도로 발을 들어 모여들 것입니다."

그러자 환공은 이렇게 말하였다.

齊桓公

"이미 어진 선비를 들어 쓰고 있습니다. 선생께서 다행히 와서 도와 주고 있지 않습니까? 그런데도 포의布衣의 굴기지사屈奇之士가 문지방이 닳도록 나를 찾아와 만나기를 청하는 경우가 없으니 무슨 이유입니까?"

영척은 다시 이렇게 설명하였다.

"이는 임금께서 살핌이 밝지 못하고 천거가 뚜렷하지 못하여, 쓰고 나서도 의심을 하고 그 관직은 낮추어 놓고 봉록도 박하기 때문입니다. 또 무릇 국가가 능히 선비를 잘 활용하지 못하는 이유는 다섯 가지 장애가 있기 때문입니다. 즉 군주가 선비를 좋아하지도 않고, 아첨하는 자들이 그 곁에 있을 때입니다. 이것이 첫째 장애입니다.

다음, 평상시 어떤 의견을 내세워주어도 채택되는 것을 보지 못하였을 때입니다. 이것이 두 번째 장애입니다.

또 모든 것이 막히고 닫혀 있어서 임금 가까이 있는 사람을 통해야만 임금 눈에 한 번 들게 되는 경우가 있습니다. 이것이 세 번째 장애입니다.

그 다음, 책임을 물을 때 더 이상 대답을 못하도록 추궁한 다음 법으로 이를 과하게 다스리는 것입니다. 이것이 네 번째 장애입니다.

끝으로 일을 맡은 자가 지나치게 욕심을 부려 국권國權의 명령을 제멋대로 하는 것입니다. 이것이 다섯 번째 장애입니다.

이상의 다섯 가지 장애를 제거하면, 호걸·준사가 달려와 현자와 지자智者는 어디서나 구할 수 있을 것입니다. 그러나 이 다섯 가지를 제거하지 않으면, 위로는 관리와 백성들의 실정이 은폐되고 아래로는 어진 선비의 길이 막히게 됩니다. 이런 까닭으로 명왕明王·성주聖主의 치도治道는, 무릇 강과 바다가 받아들이지 않는 것이 없기 때문에 그처럼 백천百川의 주인이 될 수 있는 것과 같습니다. 역시 명왕·성군聖君은 그 어느 것도 용납하지 않음이 없어야 안락장구安樂長久하게 되는 것입니다. 이렇게 보건대 임금을 편안히 해 주고 백성을 이익 되게 해 주는 것이 어찌 선비 혼자만이 할 수 있는 일이겠습니까?"

환공은 이에 이렇게 말하였다.

"좋소. 내 장차 다섯 가지 장애를 밝혀내는 것으로 경계의 근본을 삼겠소!"

齊桓公問於甯戚曰:「筦子今年老矣, 爲棄寡人而就世也, 吾恐法令不行, 人多失職, 百姓疾怨, 國多盜賊, 吾何如而使姦邪不起, 民足衣食乎?」

甯戚對曰:「要在得賢而任之.」

桓公曰:「得賢奈何?」

甯戚對曰:「開其道路, 察而用之, 尊其位, 重其祿, 顯其名, 則天下之士, 騷然擧足而至矣.」

桓公曰:「旣以擧賢士而用之矣, 微夫子幸而臨之, 則未有布衣屈奇之士, 踵門而求見寡人者.」

甯戚對曰:「是君察之不明, 擧之不顯; 而用之疑, 官之卑, 祿之薄也; 且不國之所以不得士者, 有五阻焉: 主不好士, 諂諛在旁, 一阻也; 言便事者, 未嘗見用, 二阻也; 壅塞掩蔽, 必因近習, 然後見察, 三阻也; 訊獄詰窮其辭, 以法過之, 四阻也; 執事適欲, 擅國權命, 五阻也. 去此五阻, 則豪俊竝興, 賢智求處; 五阻不去, 則上蔽吏民之情, 下塞賢士之路; 是故明王聖主之治, 若夫江海無不受, 故長爲百川之主; 明王聖君無不容, 故安樂而長久. 因此觀之, 則安主利人者, 非獨一士也.」

桓公曰:「善, 吾將著夫五阻以爲戒本也!」

【齊桓公】春秋五霸의 제1인자. 관중의 도움을 받아 九合諸侯, 一匡天下함. 《史記》齊太公世家 참조. B.C.685~644년 재위.

【甯戚】春秋새대 衛나라 사람. 집이 가난하여 남의 수레를 끌다가 정치가의 잘못을 비방하는 노래를 부름. 환공이 기이하게 여겨 관중으로 하여금 맞이하게 함. 上卿을 거쳐 재상이 됨.

【筦子】管子, 管仲. 管鮑之交의 인물. 桓公을 도와 패자가 되게 함.《史記》

管晏列傳 및 齊太公世家 참조. 저서에 《管子》가 있으나 후세의 관자의 이름에
依托하야 지은 것으로 여겨짐.
【屈奇之士】奇異한 선비. 뛰어난 선비.
【百川】海納百川과 같은 뜻. 李斯의 《上秦皇逐客書》에 "泰山不辭土壤故能成
其大. 河海不擇細流故能就其深"이라 함.

018(1-18) 齊景公問於晏子
관직이 구비되지 않았습니다

제齊 경공景公이 안자晏子에게 물었다.

"과인은 선생의 말을 따라 이 제나라의 정치를 잘 이끌고 싶습니다."

그러자 안자가 이렇게 말하였다.

"저 안영安嬰이 듣기에 나라의 관직이 모두 구비된 다음에야 정치가 이루어진다고 하더이다."

이 말에 경공은 화를 내는 빛으로 이렇게 물었다.

"이 제나라가 비록 작으나 어찌 관직이 구비되지 않았다고 하오?"

이에 안자는 다음과 같이 설명하였다.

"이것은 신臣이 대답할 사항이 아닙니다. 지난날 선군先君이신 환공桓公께서 몸이 나태해지고 말소리조차 느려지자 습붕隰朋이 이를 모시고 고쳐나갈 수 있었습니다. 또 좌우 신하들이 과실은 많고 형벌이 제대로 처리되지 않자 이번에는 현장弦章이 이를 모셨습니다. 또 평상시 생활이 제멋대로여서 좌우 신하가 두려워하자 동곽아東郭牙가 모셔서 바로잡았습니다. 그런가 하면 농토가 제대로 가꾸어지지 않아 백성이 불안해하자 영척甯戚이 이를 모셔 고쳐 나갔습니다. 군대가 태만해지고

晏子《古聖賢傳像》顧沅(그림)

병사들이 게을러지자 왕자인 성보成父가 모시고 고쳐나갔습니다. 또 덕의德義가 일그러지고 신행信行이 쇠미해졌을 때는 관자筦子가 모시고 잘못을 막아 주었습니다.

선군께서는 이처럼 남의 장점을 써서 자신의 단점을 보완하였으며, 남의 후덕厚德을 활용하여 자신의 박덕薄德을 보충하였습니다. 이 때문에 법령이 멀리 궁한 곳까지 이르러 거역이 없었으며, 무력이 죄 있는 자에게 가해져 반항하는 이가 없었습니다. 그래서 제후들이 그 덕을 바라보고 달려왔고, 천자天子조차도 그의 공을 치하하여 예물을 내렸던 것입니다.

그런데 지금 임금께서는 과실이 그렇게나 많은데도 아직 어느 선비 하나 지적하고 나섰다는 소문을 듣지 못하였습니다. 이 까닭으로 아직 관직이 갖추어지지 않았다고 한 것입니다."

경공이 말하였다.

"훌륭하오!"

齊景公問於晏子曰:「寡人欲從夫子, 而善齊國之政.」

對曰:「嬰聞之, 國具官而后政可善.」

景公作色曰:「齊國雖小, 則何爲不具官乎?」

對曰:「此非臣之所復也. 昔先君桓公, 身體惰懈, 辭令不給, 則隰朋侍; 左右多過, 刑罰不中, 則弦章侍; 居處肆縱, 左右懾畏, 則東郭牙侍; 田野不修, 人民不安, 則甯戚侍; 軍吏怠, 戎士偸, 則王子成父侍; 德義不中, 信行衰微, 則筦子侍; 先君能以人之長續其短, 以人之厚補其薄; 是以辭令窮遠而不逆, 兵加於有罪而不頓; 是故諸侯朝其德, 而天子致其胙. 今君之失多矣, 未有一士以聞者也, 故曰未具.」

景公曰:「善!」

【齊景公】춘추시대 제나라의 임금(재위 B.C.547~490. 총 58년간). 晏子의
도움을 받아 나라를 잘 다스림.
【晏子】晏嬰. 자는 平仲. 경공을 도와 재상이 되었으며 齊나라 二大 賢相(管仲과
함께). 《史記》 管晏列傳 참조. 키가 작고 검소하며 재치와 덕이 있어 많은
고사를 남김. 특히 《說苑》·《史記》 등에 널리 알려진 '晏子使楚', '橘化之枳',
'狗洞', '馬夫를 교화시킨 이야기' 등이 유명함. 저술로는 《晏子春秋》(諸子集成,
張純一본 및 孫星衍 校注本)가 전하고 있음.
【桓公】춘추오패의 하나.
【隰朋】제환공을 도운 인물. 《史記》 齊太公世家 참조.
【弦章】역시 환공의 신하.
【東郭牙】환공의 신하.
【甯戚】환공의 신하. 16장 참조.
【成父】환공의 王子.
【筦子】管子, 管仲. '筦'은 '管'의 이체자임.

> ### 참고 및 관련 자료

1. 〈四庫全書本〉 및 〈四部備要本〉 그리고 《說苑全譯》은 본 장이 다음의 019장과
연결되어 안자의 말이 계속 이어지는 것으로 되어 있다. 이는 매우 타당하다.(019장
참고란을 볼 것)

2. 《晏子春秋》 問上
景公問晏子曰:「吾欲善治齊國之政, 以干霸王之諸侯.」晏子作色對曰:「官未具也.
臣數以聞, 而君不肯聽也. 故臣聞仲尼居處惰倦, 廉隅不正, 則季次·原憲侍; 氣鬱
而疾, 志意不通, 則仲由·卜商侍; 德不威, 行不厚, 則顔回·騫雍侍. 今君之朝臣萬人,
兵車千乘, 不善政之所失於下, 賈墜下民者衆矣, 未有能士敢以聞者. 臣故曰: 官未
具也.」公曰:「寡人今欲從夫子而善齊國之政, 可乎?」對曰:「嬰聞國有具官, 然後
其政可善.」公作色不說, 曰:「齊國雖小, 則何謂官不具?」對曰:「此非臣之所復也.
昔吾先君桓公身體惰懈, 辭令不給, 則隰朋暱侍; 左右多過, 獄讞不中, 則弦寧暱侍;
田野不修, 民氓不安, 則寧戚暱侍; 軍吏怠, 戎士偸, 則王子成甫暱侍; 居處佚怠,
左右懾畏, 繁乎樂, 省乎治, 則東郭牙暱侍; 德義不中, 信行衰微, 則管子暱侍. 先君

能以人之長續其短, 以人之厚補其薄, 是以辭令窮遠而不逆, 兵加於罪而不頓, 是以
諸侯朝其德, 而天子致其胙. 今君之過失多矣, 未有一士以聞也. 故曰: 官不具.」
公曰:「善!」

019(1-19) 吾聞高繚與夫子游
임금의 잘못을 고쳐 줄 신하

(경공景公이 안자晏子에게 이렇게 말하였다)

"내가 듣자하니 선생께서는 고료高繚란 분과 교유交游가 있으시다면 서요? 그를 좀 만나보고 싶소."

이 말에 안자는 이렇게 말하였다.

"제가 듣건대, 땅을 얻기 위해 싸우는 자는 왕업王業을 이룰 수 없으며, 녹祿을 위해 벼슬하는 자는 정치를 성공시킬 수 없다고 하였습니다. 제가 고료와 형제같이 지낸 지가 아주 오래됩니다만, 그는 한 번도 저의 잘못을 지적하여 그 결점을 보완해 준 적이 없습니다. 그는 그저 선비를 추천할 만한 신하는 될지 모르지만, 어찌 임금의 잘못을 기워 줄 인물까지 될 수 있겠습니까?"

(景公謂晏子曰:)「吾聞高繚與夫子游, 寡人請見之.」

晏子曰:「臣聞爲地戰者, 不能成王, 爲祿仕者, 不能成政; 若高 繚與嬰爲兄弟久矣, 未嘗干嬰之過, 補嬰之闕, 特進仕之臣也, 何足以補君?」

【景公謂晏子曰】 이 6자는 원래 없다. 이는 앞의 018장과 바로 연결되어 경공과 안자 사이에 계속 이어진 말로 보아야 한다. 그러나 《說苑疏證》에 "此章原與上章合, 但文義各別, 今從晏子春秋內篇雜上分章. 並據晏子補此六字"라 하였다.

【高繚】 안자의 가신. 人名. 臣術 19장(065) 참조.

참고 및 관련 자료

1. 〈四庫本〉, 〈四部本〉, 《說苑全譯》 등에는 모두 앞장과 연결되어 있다.

2. 《晏子春秋》 雜上

景公謂晏子曰: 「吾聞高糾與夫子遊, 寡人請見之.」 晏子對曰: 「臣聞之, 爲地戰者, 不能成其王; 爲祿仕者, 不能正其君. 高糾與嬰爲兄弟久矣, 未嘗干嬰之行, 特祿之臣也, 何足以補君乎!」

020(1-20) 燕昭王問於郭隗
스승이 없는 임금

연燕나라 소왕昭王이 곽외郭隗에게 물었다.

"과인은 우리나라가 땅은 좁고 인구는 적은데다가 제齊나라가 여덟 개의 성까지 빼앗아 갔고, 흉노匈奴는 누번樓煩을 몰아 우리를 치게 하고 있는 이때에 외롭고 불초不肖한 몸으로 종묘를 이어받고 있으나 사직社稷을 제대로 지켜낼지 걱정이오. 나라를 바로 세워 지켜 나갈 방법이 없겠습니까?"

이에 곽외는 이렇게 안심시켜 주었다.

"있지요! 그러나 왕께서 실행에 옮길 수 있을지가 문제입니다."

소왕은 자기 자리를 비켜 내어 주면서 의견을 듣기를 청하였다.

그러자 곽외가 말을 이었다.

"제왕의 신하는, 그 명분은 신하이지만 그 실제는 스승입니다. 왕자王者의 신하는, 그 명분은 신하이지만 그 실제는 친구입니다. 또 패자霸者의 신하는, 그 명분은 신하이지만 실제는 손님입니다. 위험한 나라의 신하는, 이름은 신하이지만 실제는 포로입니다.

지금 왕께서 동쪽으로 얼굴을 돌려 눈빛 하나만으로도 오만하게 신하를 구한다고 하면, 마구간에 부릴 정도의 천한 인재쯤은 몰려올 것입니다. 또 남쪽으로 왕의 위엄을 갖추고 읍양揖讓의 예를 잃지 않고 신하를 구하노라 하면, 남의 신하쯤 찾아올 것입니다.

그런가 하면 서쪽을 향해 동등한 예로 서로 마주하되, 얼굴색을 낮추고 승세乘勢에 관계없이 선비를 구한다고 하면, 붕우朋友가 될 만한 인재가 달려올 것입니다. 그리고 이번에는 왕이면서 북면北面하여 겸손한 모습으로 머뭇거리는 듯 물러서서 신하를 구한다고 알리면, 스승이 될 인재가 달려올 것입니다. 이와 같이 하면 크게는 왕자王者가 될 수 있고, 적어도 패자霸者는 될 수 있습니다. 오직 왕께서 어떻게 선택하느냐에 달렸습니다."

소왕은 겸손하게 말하였다.

"과인은 배우고 싶었으나 스승이 없었습니다."

이에 곽외는 이렇게 제의하였다.

"왕께서 진실로 도를 흥하게 하시려면, 청컨대 저를 바로 천하지사의 길로 써주십시오."

이에 연왕은 항상 곽외를 상좌남면上坐南面토록 하고 3년을 섬겼다.

그러자 소진蘇秦이 이 소문을 듣고 주周나라로부터 달려왔고, 추연鄒衍이 제齊나라로부터, 악의樂毅가 조趙나라로부터, 굴경屈景이 초楚나라로부터 각각 연나라로 몰려들었다. 이 네 사람이 모두 이르자 과연 연약하였던 연나라는 강한 제齊나라를 아우를 수 있었다.

원래 연나라는 세력으로 보아 제나라의 상대가 되지 못할 만큼 약한 나라였으나, 그렇게 제나라를 쳐서 이길 수 있었던 것은 바로 그 네 사람의 힘이었다. 그래서 《시詩》에 "뛰어난 많은 선비! 문왕文王이 이로써 편안하였네!"라 하였으니 바로 이런 것을 두고 한 말이다.

燕昭王問於郭隗曰:「寡人之狹人寡, 齊人削取八城, 匈奴驅馳樓煩之下, 以孤之不肖, 得承宗廟恐危社稷, 存之有道乎?」

郭隗曰:「有, 然恐王之不能用也.」

昭王避席請聞之, 郭隗曰:「帝者之臣, 其名, 臣也, 其實, 師也; 王者之臣, 其名, 臣也, 其實, 友也; 霸者之臣, 其名, 臣也, 其實,

賓也; 危國之臣, 其名, 臣也, 其實, 虜也. 今王將東面, 目指氣使以
求臣, 則廝役之材至矣; 南面聽朝, 不失揖讓之禮以求臣, 則人
臣之材至矣; 西面等禮相亢, 下之以色, 不乘勢以求臣, 則朋友
之材至矣; 北面拘指, 逡巡以退以求臣, 則師傅之材至矣. 如此
則上可以王, 下可以霸, 唯王擇焉.」

　燕王曰:「寡人願學而無師.」

　郭隗曰:「王誠欲興道, 隗請爲天下之士開路.」

　於是燕王常置郭隗上坐南面, 居三年, 蘇子聞之, 從周歸燕;
鄒衍聞之, 從齊歸燕; 樂毅聞之, 從趙歸燕; 屈景聞之, 從楚歸燕.
四子畢至, 果以弱燕幷强齊; 夫燕齊非均權敵戰之國也, 所以
然者, 四子之力也.

　詩曰:『濟濟多士, 文王以寧.』此之謂也.

【燕昭王】 燕나라는 召公奭을 시조로 하며 春秋戰國을 거쳐 지금의 北京지방을
　중심으로 흥하였던 나라. 수도는 계(薊). 昭王은 전국시대 연을 부흥시켰던
　임금. 燕王 噲를 이어 왕이 됨. B.C.311～279년 재위.
【郭隗】 연소왕이 선비를 구하자 자신으로부터 시작하라고 권유하여 연나라를
　부흥시킴. 《戰國策》 참조.
【燕王】 噲가 子之에게 나라를 넘겨주어 연나라가 혼란한 틈을 이용, 제나라가
　침공함.
【匈奴】 중국 북방의 異民族. 薰育, 獫狁. 뒤에 Hun 족의 원류.
【樓煩】 중국 서북쪽에 있던 古代 國名. 異民族 국가. 지금의 山西省 일대에
　자리하고 있었음.
【避席】 자기 자리를 비켜 존경을 표시함.
【廝役之材】 마구간 심부름이나 할 정도의 인재. 오만하게 굴어 얻을 수 있는
　신하를 말함.
【揖讓之禮】 賓主의 相見禮.

【人臣之材】빈주의 예로 갖추어 얻을 수 있는 신하.

【朋友之材】동등한 관계로 구할 수 있는 신하.

【北面】왕은 南面하도록 되어 있으나 도리어 北面하여 선비를 구함.

【師傅之材】스승으로 모실만한 인재. 왕이 北面하여 얻을 수 있는 신하.

【上坐南面】연소왕이 곽외를 윗자리에 앉혀 南面하도록 높여 줌.

【蘇秦】戰國시대 策士 중에 合從說로 가장 뛰어났던 인물. 六國의 재상이 되어
秦과 맞섬. 《史記》 蘇秦張儀列傳 및 《戰國策》 참조. 원래 周나라 洛陽
출신임.

【鄒衍】齊나라 출신의 學者. 騶衍이라고도 하며 號는 談天衍. 陰陽學說로 널리
알려져 있으며 《史記》 孟荀列傳에 그의 학술주장이 실려 있음. 《漢書》에는
《鄒子》49篇과 《鄒子始終》56篇이 있었다고 하였음.

【樂毅】趙나라 출신으로 燕나라로 들어 昌國君이 됨. 齊나라 田單과의 싸움 때
反間計로 연왕이 騎劫을 대신 시키자 조나라로 망명함. 《史記》 樂毅田單列傳
및 《戰國策》 참조.

【屈景】초나라 출신의 人物.

【弱燕幷强齊】약하던 燕나라가 강하던 齊나라를 쳐서 莒와 卽墨을 제외한 70여
개 성을 모두 빼앗은 사건. 《史記》 樂毅田單列傳 참조.

【詩曰】《詩經》 周頌 淸廟의 구절.

참고 및 관련 자료

1. 《戰國策》 燕策(1)

燕昭王收破燕後, 卽位, 卑身厚弊, 以招賢者, 欲將以報讎. 故往見郭隗先生曰:『齊因
孤國之亂, 而襲破燕, 孤極知燕小力少, 不足以報, 然得賢士與共國, 以雪先王之恥,
孤之願也. 敢問以國報讎者奈何?』郭隗先生對曰:『帝者與師處, 王者與友處, 霸者
與臣處, 亡國與役處, 詘指而事之, 北面而受學, 則百己者至; 先趨而後息, 先問而後嘿,
則什己者至; 人趨己趨, 則若己者至; 馮几據杖, 眄視指使, 則廝役之人至; 若恣睢奮擊,
呴籍叱咄, 則徒隷之人至矣: 此古服道致士之法也. 王誠博選國中之賢者, 而朝其門下;
天下聞王朝其賢臣, 天下之士, 必趨於燕矣.』昭王曰:『寡人將誰朝而可?』郭隗先生
曰:『臣聞古之君人, 有以千金求千里馬者, 三年不能得. 涓人言於君曰:「請求之!」

126 **설원**

君遣之, 三月得千里馬, 馬已死, 買其首五百金, 反以報君. 君大怒曰:「所求者生馬, 安事死馬? 而捐五百金!」涓人對曰:「死馬且買五百金, 況生馬乎? 天下必以王爲能市馬, 馬今至矣.」於是不能期年, 千里之馬至者三. 今王誠欲致士, 先從隗始. 隗且見事, 況賢於隗者乎? 豈遠千里哉?」於是昭王爲隗築宮而師之. 樂毅自魏往, 鄒衍自齊往, 劇辛自趙往; 士爭湊燕. 燕王弔死問生, 與百姓同其甘苦. 二十八年, 燕國殷富, 士卒樂佚輕戰. 於是遂以樂毅爲上將軍, 與秦, 楚, 三晉合謀以伐齊. 齊兵敗, 閔王出走於外, 燕兵獨追北, 入至臨淄, 盡取齊寶, 燒其宮室宗廟. 齊城之不下者, 唯獨莒, 卽墨.

2.《史記》燕世家

燕昭王於破燕之後卽位, 卑身厚弊以招賢者, 謂郭隗曰:「齊因孤之國亂而襲破燕, 孤極知燕小力少, 不足以報, 然誠得賢士以共國, 以雪先王之恥, 孤之願也, 先生視可者得身事之.」郭隗曰:「王必欲致士, 先從隗始, 況賢於隗者, 豈遠千里哉!」於是昭王爲隗改築宮而師事之. 樂毅自魏往, 鄒衍自齊往, 劇辛自趙往, 士爭趨燕.

3.《史記》樂毅列傳

燕昭王怨齊, 未嘗一日而忘報齊也. 燕國小, 辟遠, 力不能制, 於是屈身下士, 先禮郭隗, 以招賢者.

4.《稱》(漢墓 출토 帛書 중의 古佚書)

帝者臣, 名臣, 其實師也; 王者臣, 名臣, 其實友也; 霸者臣, 名臣也, 其實臣也, 其實庸也. 亡者臣, 名臣也, 其實虜也. (漢墓에서 出土된 帛書 중의 古佚書)

5.《新書》雜事(三)

燕易王時, 國大亂, 齊閔王興師伐燕, 屠燕國, 載其寶器而歸. 易王死, 及燕國復, 太子立爲燕王, 是爲燕昭王. 昭王賢, 卽位, 卑身厚幣, 以招賢者. 謂郭隗曰:「齊因孤國之亂, 而襲破燕. 孤極知燕小力少, 不足以報, 然得賢士與共國, 以雪先王之醜, 孤之願也. 先生視可者, 得身事之.」隗曰:「臣聞古人之君, 有以千金求千里馬者, 三年不能得, 涓人言於君曰:『請求之.』君遣之, 三月得千里馬. 馬已死, 買其骨五百金, 反以報君. 君大怒曰:『所求者生馬, 安用死馬, 捐五百金?』涓人對曰:『死馬且市之五百金, 況生馬乎? 天下必以王爲能市馬, 馬今至矣.』於是不朞年, 千里馬至者二. 今王誠欲必致士, 請從隗始. 隗且見事, 況賢於隗者乎? 豈遠千里哉?」於是昭王爲隗築宮而師之. 樂毅自魏往, 鄒衍自齊往, 劇辛自趙往, 士爭走燕. 燕王弔死問孤,

與百姓同甘苦, 二十八年, 燕國殷富, 士卒樂軼輕戰. 於是遂以樂毅爲上將軍, 與秦
楚三晉合謀以伐齊. 樂毅之笇, 得賢之功也.

6. 기타 참고자료

《大戴禮記》保傅篇·《新書》(賈誼) 胎教篇

021(1-21) 楚莊王旣服鄭伯
왕자와 패자의 차이

초楚 장왕莊王이 이미 정백鄭伯을 굴복시키고 진晉나라 군대를 패배시켰을 때, 장군 자중子重이 세 번이나 장왕의 지혜를 따르지 못하는 것이었다. 장왕이 돌아오는 길에 신후申侯의 땅을 통과하게 되었다. 신후는 음식을 차려 대접하였지만 해가 중천에 이르도록 장왕은 수저를 들지 않았다. 신후가 겁이 나서 이유도 모른 채 잘못을 빌자 장왕은 위연喟然히 한탄을 하였다.

"내가 듣자 하니 한 임금이 매우 어질면서 또한 곁에 스승 될 만한 보필이 있으면 가히 왕자王者가 될 수 있고, 임금이 중간 정도의 지혜를 가지고 있으면서 곁에 스승이 있으면 패자霸者가 될 수 있으나, 임금도 못났고 여러 신하들조차 그 임금만 못하면 나라가 망한다고 하였다. 지금 나는 못난 임금! 그런데 나의 여러 신하조차 나 불곡不穀만 못하니 나는 망할까 두렵다. 또 세상에는 성인聖人이 끊임없이 날 것이고 나라에는 어진 이가 끊임없이 있을 터이니, 천하에 이렇게 현인들이 있건만 나 홀로 현인을 얻지 못하면서 어찌 나 혼자 살아 밥을 먹을 수 있겠는가?"

따라서 싸워서는 대국大國을 패배시키고, 의義로는 제후들이 따르도록 하면서도 성현과 지혜로운 자가 자기 곁에 없음을 한탄하고 스스로 불초하다고 여겨 어진 보좌 얻기를 생각하며, 해가 중천에 이르도록 밥을 먹지 못하니 장왕은 가히 명군明君이라 이를 만하다.

楚莊王旣服鄭伯, 敗晉師, 將軍子重, 三言而不當, 莊王歸, 過申侯之邑, 申侯進飯, 日中而王不食, 申侯請罪.

莊王喟然嘆曰:「吾聞之, 其君賢者也, 而又有師者王; 其君中君也, 而又有師者霸; 其君下君也, 而羣臣又莫若君者亡. 今我, 下君也, 而羣臣又莫若不穀, 不穀恐亡, 且世不絶聖, 國不絶賢; 天下有賢, 而我獨不得, 若吾生者, 何以食爲?」

故戰服大國, 義從諸侯, 戚然憂恐聖知不在乎身, 自惜不肖, 思得賢佐, 日中忘飯, 可謂明君矣.

【楚莊王】 春秋시대 五霸 중의 하나로 최초로 王을 칭함. 영명한 군주로 '問九鼎之輕重', '三年不飛', '絶纓' 등의 고사를 남김. 《史記》 楚世家 참조.
【鄭伯】 鄭나라의 伯. 伯은 爵位. 정나라의 임금.
【晉】 춘추시대 中原에서 흥성하였던 나라. 五霸 중의 文公을 배출한 나라. 전국시대에는 三晉으로 분리됨.
【子重】 楚王의 신하로 將軍.
【申侯】 申나라의 侯. 侯는 작위.
【不穀】 왕이 스스로를 낮추는 말. 寡人과 같음. 곡식도 제대로 익게 하지 못하는 사람이라는 뜻. 《老子》 참조.

참고 및 관련 자료

1. 《呂氏春秋》 驕恣篇

昔者楚莊王謀事而當, 有大功, 退朝而有憂色. 人左右曰:「王有大功, 退朝而有憂色敢問其說?」王曰:「仲虺有言, 不穀說之, 曰:『諸侯之德, 能自爲取師者王, 能自取友者存, 其所擇而莫如己者亡.』今以不穀之不肖也, 群臣之謀又莫吾及也, 我其亡乎!」

2. 《韓詩外傳》 卷6

昔者楚莊王謀事而當, 居有憂色. 申公巫臣問曰:「王何爲有憂也?」莊王曰:「吾聞諸侯之德, 能自取師者王, 能自取友者霸, 而與居不若其身者亡. 以寡人之不肖也, 諸大夫之論莫有及於寡人, 是以憂也.」莊王之德宜君人, 威服諸侯, 日猶恐懼, 思索賢佐, 此其先生者也.

3.《荀子》堯問篇

楚莊王謀事而當, 群臣莫逮, 退朝而有憂色. 申公巫臣進問曰:「王朝而有憂色, 何也?」莊王曰:「不穀謀事而富, 群臣莫能逮, 是以憂也. 其在中蘬之言也, 曰:『諸侯自爲得師者王, 得友者霸, 得疑者存, 自爲謀而莫己若者亡.』今以不穀之不肖, 而群臣莫吾逮, 吾國幾於亡乎! 是以憂也.」

4.《賈子新書》先醒篇

莊王歸, 過申侯之邑. 申侯進飯, 日中而王不食. 申侯請罪曰:「臣齋而具食甚潔, 日中而不飯, 臣敢請罪.」莊王喟然嘆曰:「非子之罪也! 吾聞之曰, 其君賢君也, 而又有師者王; 其君中君也, 而有師者伯; 其君下君也, 而群臣又莫若者亡. 今我下君也, 而群臣又莫若不穀, 不穀恐亡無日也. 吾聞之, 世不絕賢. 天下有賢而我獨不得, 若吾生者, 何以食爲?」故莊王戰服大國, 義從諸侯, 戚然憂恐, 聖智在身, 而自錯不肖, 思得賢佐, 日中忘飯, 可謂明君矣.

5.《新序》雜事(1)

昔者, 魏武侯謀事而當, 群臣莫能逮, 朝而有喜色. 吳起進曰:「今者, 有以楚莊王之語聞者乎?」武侯曰:「未也, 莊王之語奈何?」吳起曰:「楚莊王謀事而當, 群臣莫能逮, 朝而有憂色. 申公巫臣進曰:『君朝有憂色, 何也?』楚王曰:『吾聞之: 諸侯自擇師者王, 自擇友者霸, 足己而群臣莫之若者亡. 今以不穀之不肖而議於朝, 且群臣莫能逮, 吾國其幾於亡矣. 是以有憂色也.』莊王之所以憂, 而君獨有喜色, 何也?」武侯逡巡而謝曰:「天使夫子振寡人之過也, 天使夫子振寡人之過也.」

6.《吳子》圖國(第一)

武侯嘗謀事, 群臣莫能及, 罷朝而有喜色. 起進曰:「昔楚莊王嘗謀事, 群臣莫能及, 罷朝而有憂色. 申公問曰:『君有憂色, 何也?』曰:『寡人聞之, 世不絕聖, 國不乏賢, 能得其師者王, 能得其友者霸. 今寡人不才, 而群臣莫及者, 楚國其殆矣!』此楚莊王之所憂, 而君說之, 臣竊懼矣.」於是武侯有慚色.

군주가 두려워해야 할 세 가지

영명英明**한 군주**는 두려워하는 바가 세 가지가 있다.

첫째는 높은 자리에 처해 있으면서 자기의 과실을 듣지 못할까 하는 두려움이요, 둘째는 득의만만하여 교만해지지나 않을까 하는 두려움이요, 셋째는 천하의 훌륭한 말을 듣고도 이를 실행에 옮기지 못할까 하는 두려움이다.

그러면 어떻게 해서 이것을 알 수 있는가? 옛날 월왕越王 구천勾踐이 오吳나라와 싸워 그들을 크게 쳐부수고, 아울러 구이九夷까지 정복하게 되었다. 이때에 그는 남면南面하여 왕이 되어 가까이한 신하가 셋, 멀리서 온 신하가 다섯이었다. 그러면서 여러 신하들에게 이렇게 말하였다.

"나의 과실을 듣고도 나에게 고하지 않는 자는 형벌의 죄에 처하리라."

이는 바로 높은 자리에 있으면서 그 과실을 듣지 못할까 두려워한 것이다.

다음으로 진晉 문공文公이 초楚나라와 싸워 크게 이긴 다음 그 군대를 불질러 사흘 동안 꺼지지를 않았다. 문공이 물러나서 근심스러운 얼굴을 하자, 곁에 모시고 있던 자가 물었다.

"지금 초나라를 크게 이겼는데 도리어 근심스러운 얼굴이시니 무슨 까닭입니까?"

이에 문공은 이렇게 대답하였다.

"내가 듣기로 싸움에 이기고 나서 편안할 자는 곧 성인밖에 없다고 하였다. 무릇 남을 속이는 승리는 위험하지 않은 경우가 없다. 내 이 까닭으로 걱정을 하고 있는 것이다.”

이는 바로 득의하여 교만해지지 않을까 걱정하는 것이다.

또 옛날 제齊 환공桓公이 관중筦仲과 습붕隰朋을 얻었을 때, 그들은 그 언사가 분명하였고 그 뜻이 훌륭하였다.

정월正月의 조회朝會에 태뢰太牢를 바쳐 선조의 사당에 제사를 올리면서 환공은 서면西面하여 서고, 관중과 습붕은 동면東面하여 마주섰다. 환공이 이렇게 칭찬하였다.

“내가 두 사람의 말을 듣기 시작하면서부터 더욱 눈이 밝아졌고 귀가 총명해졌다. 그래서 감히 내 독단적으로 일을 하지 않게 되었으니, 원컨대 두 사람을 조상께 추천해 올리나이다.”

이는 바로 천하의 지당한 말을 듣고 실행에 옮기지 못하면 어쩌나 하고 두려워하는 예이다.

明主者有三懼, 一曰處尊位, 而恐不聞其過, 二曰得意, 而恐驕, 三曰聞天下之至言, 而恐不能行, 何以識其然也?

越王勾踐與吳人戰, 大敗之, 兼有九夷, 當是時也, 南面而立, 近臣三, 遠臣五, 令群臣曰:「聞吾過而不告者其罪刑.」

此處尊位, 而恐不聞其過者也. 昔者, 晉文公與楚人戰, 大勝之, 燒其軍, 火三日不滅, 文公退而有憂色, 侍者曰:「君大勝楚, 今有憂色, 何也?」

文公曰:「吾聞能以戰勝而安者, 其唯聖人乎! 若夫詐勝之徒, 未嘗不危也, 吾是以憂.」

此得意而恐驕也. 昔齊桓公得筦仲隰朋, 辯其言, 說其義, 正月之朝, 令具太牢進之先祖, 桓公西面而立, 筦仲隰朋東面而立,桓公贊曰:「自吾得聽二子之言, 吾目加明, 耳加聰, 不敢獨擅, 願薦之先祖.」

此聞天下之至言 而恐不能行者也.

【越王勾踐】吳王 夫差를 쳐 없앰. 春秋 말기 長江 유역.《史記》越王勾踐世家
　참조.
【九夷】당시 동쪽 바닷가의 9개 민족을 통틀어 일컫는 말.
【晉文公】춘추 오패의 하나. B.C.626~609년 재위.
【齊桓公】역시 춘추 오패의 하나. B.C.685~643년 재위.
【筦仲】管仲. 제환공을 도와 패업을 이루었던 명재상.
【隰朋】제 환공의 신하.

参考 및 관련 자료

1.《韓詩外傳》卷7

孔子曰:「明王有三懼: 一曰, 處尊位而恐不聞其過; 二曰, 得志而恐驕; 三曰, 聞天下之
至道而恐不能行.」昔者越王勾踐與吳戰, 大敗之, 兼有南夷. 當是之時, 君南面而立,
近臣三, 遠臣五, 令諸大夫曰:「聞過而不以告我者爲上戮.」此處尊位而恐不聞其過也.
昔者晉文公與楚戰, 大勝之, 燒其軍, 火三日不息. 文公退而有憂色, 侍者曰:「君大
勝楚而有憂色, 何也?」文公曰:「吾聞能以戰勝安者惟聖人, 若夫詐勝之徒, 未嘗不危,
吾是以憂也.」此得志而恐驕. 昔者齊桓公得管仲·隰朋, 辯其言, 說其義, 正月之朝,
令具太牢, 進之先祖. 桓公西面而立, 管仲·隰朋東面而立, 桓公曰:「吾得二子也.
吾目加明, 吾耳加聰, 不敢獨擅, 進之先祖.」此聞天下之至道而恐不能行者也. 由桓公·
晉文·越王勾踐觀之, 三懼者, 明君之務也.

2.《史記》晉世家

晉焚楚軍, 火數日不息, 文公歎. 左右曰:「勝楚而君猶憂, 何?」文公曰:「吾聞能戰勝安
者唯聖人, 是以懼. 且子玉猶在, 庸可喜乎!」子玉之敗而歸, 楚成王怒其不用其言, 貪與
晉戰, 讓責子玉, 子玉自殺. 晉文公曰:「我擊其外, 楚誅其內, 內外相應.」於是乃喜.

3. 《孔子集語》 主德篇

孔子曰：「明王有三懼：一曰處尊位而恐不聞其過，二曰得志而恐驕，三曰聞天下之至道而恐不能行.」

023(1-23) 齊景公出獵
호랑이와 뱀

제齊 **경공**景公이 사냥을 나갔다가 산 위에서는 호랑이를, 못 가에서는 뱀을 보았다. 돌아와 안자晏子를 불러 이렇게 물었다.

"오늘 과인이 사냥을 나갔다가 산에 올라서는 호랑이를 보았고, 아래로 내려와 못 가에서는 뱀을 보았소. 이는 소위 말하는 상서롭지 못한 징조가 아닌지요?"

이에 안자는 이렇게 풀이해 주었다.

"나라에는 세 가지 상서롭지 못한 일이 있는데 방금 있었던 일은 그 속에 포함되지 않습니다. 즉 무릇 그 나라에 현인賢人이 있는데도 이를 알아보지 못하는 것이 첫째 불상不祥이요, 알기는 하되 등용시키지 않는 것이 두 번째 불상이요, 등용시켜놓고 그에 알맞은 책임과 직책을 주지 않는 것이 세 번째 불상입니다. 소위 말하는 상서롭지 못한 것, 즉 불상이란 이와 같은 것을 두고 하는 말입니다. 지금 산 위에서 호랑이를 보았다고 하였는데 그곳은 호랑이의 서식처이기 때문이요, 못 가에서 뱀을 본 것은 그곳에 뱀의 굴이 있기 때문입니다. 호랑이 집에서 호랑이를 보고 뱀의 굴에서 뱀을 본 것이 어찌 상서롭지 못한 일이겠습니까?"

齊景公出獵, 上山見虎, 下澤見蛇, 歸召晏子而問之曰:「今日寡人出獵, 上山則見虎, 下澤則見蛇, 殆所謂之不祥也.」

晏子曰:「國有三不祥, 是不與焉, 夫有賢而不知, 一不祥; 知而不用, 二不祥; 用而不任, 三不祥也; 所謂不祥乃若此者也. 今上山見虎, 虎之室也, 下澤見蛇, 蛇之穴也, 如虎之室, 如蛇之穴而見之, 曷爲不祥也.」

【齊景公】춘추시대 제나라 임금. 안자의 도움으로 나라를 부흥시킴. B.C.547~490년 재위.
【晏子】춘추시대 제나라 景公 때의 賢相.

참고 및 관련 자료

1. 《晏子春秋》 諫下

景公出獵, 上山見虎, 下澤見蛇. 歸, 召晏子而問之曰:「今日寡人出獵, 上山則見虎, 下澤則見蛇, 殆所謂不祥也?」晏子對曰:「國有三不祥, 是不與焉. 夫有賢而不知, 一不祥; 知而不用, 二不祥; 用而不任, 三不祥也. 所謂不祥, 乃若此者. 今上山見虎, 虎之室也; 下澤見蛇, 蛇之穴也. 如虎之室, 如蛇之穴而見之, 曷爲不祥也?」

024(1-24) 楚莊王好獵
세 가지 유형의 용사

초楚 **장왕**莊王이 사냥을 좋아하자 대부大夫가 이렇게 간언을 하였다.

"진晉나라와 우리 초나라는 서로 적대국입니다. 초나라가 진나라를 칠 계획을 세우지 않으면 진나라가 반드시 우리를 칠 준비를 할 것입니다. 그런데 왕께서는 너무 사냥에 탐닉해 있는 게 아닙니까?"

그러자 장왕은 이렇게 대답하였다.

"내가 사냥을 하는 목적은 선비를 구하기 위함이오. 그 진총榛藜 하나로 호표虎豹를 찌르는 것으로 나는 그런 자의 용맹을 알 수 있고, 물소나 시兕 같은 짐승과 엉켜 싸워 잡는 자들을 보고 그 힘이 얼마나 질긴가를 판별하고, 사냥이 끝나 서로 나누어 갖는 것을 보고 그들의 인仁을 알아낼 수 있소. 그러므로 이 세 가지를 통해 세 가지 유형의 용사를 얻기 때문에 우리 초나라가 안전을 얻을 수 있는 것이외다."

그래서 진실로 '뜻이 있으면 그릇될 일이란 없다'라 한 것이 바로 이를 두고 한 말이다.

楚莊王好獵, 大夫諫曰:「晉楚敵國也, 楚不謀晉, 晉必謀楚, 今王無乃耽於樂乎?」

王曰:「吾獵將以求士也. 其榛藜刺虎豹者, 吾是以知其勇也; 其攫犀搏兕者, 吾是以知其勁有力也; 罷田而分所得, 吾是以知其仁也. 因是道也, 而得三士焉, 楚國以安.」

故曰:『苟有志則無非事者.』此之謂也.

【楚莊王】춘추 오패의 하나. B.C.613~591년 재위.
【榛叢】喬木으로 독이 있어 사냥에 창 대신 쓴다 함. '叢'은 '叢'의 속자.
【兕】외뿔소의 일종. 가죽은 갑옷을 만들고 뿔로는 술잔을 만든다 함.

025(1-25) 湯之時大旱七年
7년 동안의 가뭄

탕湯임금 때에 7년간이나 큰 가뭄이 들어 낙수洛水의 바닥이 드러나 갈라지고 모든 냇물이 말라 버렸다. 게다가 모래는 볶은 듯이 뜨겁고, 돌들은 모두 불에 달군 듯 뜨거웠다. 이에 탕임금은 사람을 시켜 삼족三足의 정鼎을 가져다가 산천에 빌며 이렇게 축문을 올리도록 하였다.

"정사政事에 절약이 없어서입니까?

백성을 쉴 틈 없이 부려서입니까?

뇌물 꾸러미가 횡행해서입니까?

남을 헐뜯는 무리가 창궐해서입니까?

궁실이 화려해서입니까?

후궁에 정권을 뒤흔드는 여인들이 많아서입니까?

어찌하여 비를 내리지 않으심이 이리도 극심합니까?"

그 말이 미처 끝나기도 전에 하늘에서 큰비를 내려주었다. 그래서 하늘이 사람에게 감응하기는 마치 그림자가 그 물체의 형세를 따름과 같고, 메아리가 그 소리를 흉내냄과 같다.

《시詩》에 "위로는 하늘에 제사지내고 아래로는 지신에게 지내니, 그 어느 신神 하나 높지 않은 이가 있으리오!"라 하였으니 이는 가뭄에 대한 고통을 말한 것이다.

湯之時大旱七年, 雒坼川竭, 煎沙爛石, 於是使人持三足鼎, 祝山川, 教之.

祝曰:「政不節耶? 使人疾耶? 苞苴行耶? 讒夫昌耶? 宮室營耶? 女謁盛耶? 何不雨之極也?」

蓋言未已而天大雨, 故天之應人, 如影之隨形, 響之效聲者也.

詩云: 『上下奠瘞, 靡神不宗!』 言疾旱也.

【湯】 商의 시조. 聖人.

【洛水】 물 이름.

【川】 黃河로 보기도 함.

【鼎】 三足兩耳의 儀器.

【苞苴】 선물. 뇌물꾸러미.

【女謁】 후궁 여자들의 말을 듣고 정치를 그르침.

【詩云】《詩經》大雅 雲漢의 구절. 鄭玄의 注에 "上祭天, 下祭地, 奠其禮, 瘞其物, 宗, 尊也. 國有凶荒, 則索鬼神而祭之"라 함.

╭─ 참고 및 관련 자료 ─╮

1.《荀子》大略篇

湯旱而禱曰:「政不節與? 使民疾與? 何以不雨至斯極也! 宮室榮與? 婦謁盛與? 何以不雨至斯也! 苞苴行與? 讒夫興與? 何以不雨至斯極也!」

2.《淮南子》主術訓

湯之時, 七年旱, 以身禱於桑林之際, 而四海之雲湊, 千里之雨至.

3.《十八史略》卷一

大旱七年, 太史占之曰當以人禱. 湯曰吾所爲請者民也, 若必以人禱, 吾請自當, 遂齋戒剪爪斷髮, 素車白馬, 身嬰白茅, 以身爲犧牲, 禱于桑林之野, 以之事自責曰政不節歟. 民失職歟. 宮室崇歟. 女謁盛歟. 苞苴行歟. 讒夫昌歟. 言未已, 大雨數千里.

026(1-26) 殷太戊時
궁중에 들풀이 나면

은殷나라 태무太戊 **때**에 상곡桑穀이 궁중 뜰에 자라는데, 어두워지면 솟아나서 아침이 되면 한 아름 크기가 되는 것이었다. 사관史官이 은나라 조상인 탕湯임금의 사당에 가서 이를 문복問卜하려 하자 태무가 이를 허락하였다. 이에 점쟁이는 이렇게 말하였다.

"제가 들건대, 상서로운 점괘는 복을 먼저 알려주는 징조라 합니다. 그 상서로운 징조가 나타났다 해도 선을 베풀지 않으면 오려던 복이 사라진다는 것입니다. 또 재앙의 점괘는 화禍의 선조先兆입니다. 그 점괘를 보고 능히 선을 베풀면 화가 오지 못한다고 합니다."

이에 아침 일찍 일어나 부지런히 정사에 임하고 저녁 늦도록 일을 하며 아픈 이는 찾아가 위로하고 상喪을 당한 이는 찾아가 조문하니, 사흘 만에 그 상곡은 저절로 없어지고 말았다.

殷太戊時, 有桑穀生於庭, 昏而生, 比旦而拱, 史請卜之湯廟, 太戊從之, 卜者曰:「吾聞之, 祥者, 福之先者也, 見祥而爲不善, 則福不生; 殃者, 禍之先者也, 見殃而能爲善, 則禍不至.」
於是乃早朝而晏退, 問疾弔喪, 三日而桑穀自亡.

【太戊】商(殷)나라 임금의 이름. 雍己의 동생으로 임금이 되었으나 이미 은나라가 기울 때였음. 그는 伊陟・巫咸・臣扈 등을 차례로 등용하여 은나라 왕실을 부흥시켰음. 75년간 재위하였다.

【桑穀】뽕나무와 곡식류. 혹은 모두가 들에 자라는 野木이라 함. 이들이 궁중에 저절로 자라면 나라가 망한다는 징조로 보았음.

참고 및 관련 자료

1.《呂氏春秋》制樂篇

故成湯之時, 有穀生於庭, 昏而生, 比旦而大拱. 其史請卜其故. 湯退卜者曰:「吾聞祥者福之先者也, 見祥而爲不善, 則福不至; 妖者禍之先者也, 見妖而爲善, 則禍不至.」於是早朝晏退, 問疾弔喪, 務鎭撫百姓, 三日而穀亡.

2.《韓詩外傳》卷3

有殷之時, 穀生湯之廷, 三日一大拱. 湯問伊尹曰:「何物也?」對曰:「穀樹也.」湯問:「何爲而生於此?」伊尹曰:「穀之出澤, 野物也, 今生天子之庭, 殆不吉也.」湯曰:「奈何?」伊尹曰:「臣聞: 妖者, 禍之先; 祥者, 福之先. 見妖而爲善, 則禍不至; 見祥而爲不善, 則福不臻.」湯乃齋戒靜處, 夙興夜寐, 弔死問疾, 赦過賑窮, 七日而穀亡, 妖孽不見, 國家昌. 詩曰:『畏天之威, 于時保之.』

3.《孔子家語》五義解篇

哀公問於孔子曰:「夫國家之存亡禍福, 信有天命, 非唯人也.」孔子對曰:「存亡禍福, 皆己而已, 天災地妖, 不能加也.」公曰:「善! 吾子之言, 豈有其事乎?」孔子曰:「昔者, 殷王帝辛之世, 有雀生大鳥於城隅焉. 占之曰:『凡以小生大, 則國家必王而名必昌.』於是帝辛介雀之德, 不修國政, 亢暴無極, 朝臣莫救, 外寇乃至, 殷國以亡, 此卽以己逆天時, 詭福反爲禍者也. 又其先世殷王太戊之時, 道缺法圮, 以致夭蘗, 桑穀于朝, 七日大拱. 占之者曰:『桑穀野木, 而不合生朝, 意者國亡乎!』太戊恐駭, 側身修行, 思先王之政, 明養民之道, 三年之後, 遠方慕義. 重譯至者, 十有六國, 此卽以己逆天時, 得禍爲福者也. 故天災地妖, 所以儆人主者也; 寤夢徵怪, 所以儆人臣者也. 災妖不勝善政, 寤夢不勝善行, 能知此者, 至治之極也. 唯明王達此.」公曰:「寡人不鄙固, 此亦不得聞君子之敎也.」

4. 《史記》殷本紀

帝太戊立, 伊陟爲相. 亳有祥桑穀共生於朝, 一暮大拱. 帝太戊懼, 問伊陟. 伊陟曰:
「臣聞妖不勝德, 帝之政其有闕與? 帝其修德.」太戊從之, 而祥桑枯死而去.

5. 《論衡》感類篇

太戊之時, 桑穀生朝, 七日大拱. 太戊思政, 桑穀消亡.

6. 《漢書》郊祀志

後八世, 帝太戊有桑穀生於廷, 一暮大拱, 懼, 伊陟曰:「妖不勝德」, 太戊脩德, 桑穀死.

7. 《漢書》五行志(下)

書序曰: 伊陟相太戊, 亳有祥桑穀共生. 傳曰: 俱生乎朝, 七日而大拱, 伊陟戒而修德,
而木枯.

8. 《尚書大傳》卷一

戊丁之時, 桑穀俱生於朝, 七日而大拱. 戊丁召其相而問焉. 其相曰:「吾雖知之,
吾不能言也.」問諸祖己, 曰:「桑穀, 野草也. 野草生於朝, 亡乎!」戊丁懼, 側身脩行,
思昔先王之政, 興滅國, 繼絶世, 舉逸民, 明養老之禮. 重譯來朝者六國.

9. 《論衡》無形篇

傳稱高宗有桑穀之異, 悔過反政, 享福百年, 是虛也.

10. 《論衡》異虛篇

殷高宗之時, 桑穀俱生於朝, 七日而大拱. 高宗召其相而問之, 相曰:「吾雖知之,
弗能言也.」問祖己. 祖己曰:「夫桑穀者, 野草也, 而生於朝, 意朝亡乎?」高宗恐駭,
側身而行道, 思索先王之政, 明養老之義, 興滅國, 繼絶世, 舉佚民, 桑穀亡. 三年之後,
諸侯以譯來朝者六國, 遂享百年之福.

11. 기타 참고자료

《史記》封禪書·《漢書》五行志, 郊祀志·《群書治要》(44)·《竹書紀年》·《太平
御覽》(872)·《春秋繁露》必仁且智篇

027(1-27) 高宗者武丁也
나라가 망할 징조

은나라 고종高宗은 이름이 무정武丁이다. 인품이 고매하여 사람들이 그를 높이 받들어 고종高宗이라 하였다. 성탕成湯 이후에 선왕의 도가 일그러지고 형법이 어긋나 상곡桑穀이 궁중 뜰에 자라나 7일 만에 한 아름이 되었다. 무정이 그 재상을 불러 물어보았다.

그러자 그 재상은 이렇게 설명하였다.

"저는 이를 알고 있지만 말씀드리기가 거북합니다. 조기祖己에게 이를 들어보니 상곡은 야초野草라 합니다. 이것이 궁중 뜰에 자란다는 것은 나라가 망한다는 뜻이 아닐는지요?"

무정은 겁이 났다. 그리하여 몸을 닦고 행동을 바르게 하며, 선왕의 정치를 생각한 끝에 망해 가는 나라를 일으키고 끊어질 세대를 이었으며, 안일에 빠진 백성을 분발시키고 늙은이를 잘 봉양하였다. 이렇게 3년이 지나자 여러 만이蠻夷들 중에 이중삼중의 통역을 통해 내조來朝해 오는 나라가 일곱이나 되었다. 이를 일러 존망계절存亡繼絶의 임금이라 하여 높이 받들고 존경하게 된 것이다.

殷高宗(武丁)《三才圖會》

高宗者, 武丁也, 高而宗之, 故號高宗, 成湯之後, 先王道缺,
刑法違犯, 桑穀俱生乎朝, 七日而大拱, 武丁召其相而問焉, 其相
曰:「吾雖知之, 吾弗得言也. 聞諸祖己, 桑穀者, 野草也, 而生於朝,
意者, 國亡乎?」

武丁恐駭, 側身修行, 思先王之政, 興滅國, 繼節世; 舉逸民,
明養老. 三年之後, 蠻夷重譯而朝者七國, 此之謂存亡繼絕之主,
是以高而尊之也.

【高宗】 이름은 武丁. 盤庚의 中興 이후에 다시 小乙에 의해 쇠퇴해지자, 武丁에
　　이르러 꿈에 傅說을 만나 재상으로 삼아 중흥시킴. 59년간 재위함.
【成湯】 殷의 시조 湯임금. 契의 후손이며 이름은 履. 박(亳, 지금의 安徽省 亳縣)
　　에서 일어나 夏桀의 무도함을 쳐서 나라를 세움. 30년간 재위함.
【桑穀】 野木. 野草. (앞장 참조)
【祖己】 은나라 高宗의 賢臣.
【存亡繼絕】 망해 가는 나라를 존속시키고 끊어질 세대를 이어줌.

> 참고 및 관련 자료

1. 본 《說苑》 권10 敬愼篇(308)에도 비슷한 내용이 실려 있으며 앞장(026)과 많은
부분이 뒤섞여 있다.

2. 《尙書大傳》 卷1

武丁之時, 桑穀俱生於朝, 七日而大拱. 武丁召其相而問焉. 其相曰:「吾雖知之,
吾不能言也, 問諸祖己曰, 桑穀, 野草也, 野草生於朝, 亡乎!」武丁懼, 側身脩行,
思昔先王之政, 興滅國, 繼絕世, 舉逸民, 明養老之禮, 重譯來朝者六國.

3. 《孔子家語》 五儀解

又其先世殷王太戊之時, 道缺法圯, 以致天蘗, 桑穀於朝, 七日大拱. 占之者曰:「桑穀,
野木而不合生朝, 意者國亡乎?」太戊恐駭, 側身脩行, 思先王之政, 明養民之道,

三年之後, 遠方慕義, 重譯至者十有六國.

4.《史記》殷本紀

帝太戊立, 伊陟爲相. 亳有祥桑穀共生於朝, 一暮大拱. 帝太戊懼, 問伊陟. 伊陟曰: 「臣聞妖不勝德, 帝之政其有闕與? 帝其修德.」 太戊從之, 而祥桑枯死而去.

5.《論衡》無形篇

傳稱高宗有桑穀之異, 悔過反政, 享福百年, 是虛也.

6.《論衡》異虛篇

殷高宗之時, 桑穀俱生於朝, 七日而大拱. 高宗召其相而問之, 相曰: 「吾雖知之, 弗能言也.」 問祖己. 祖己曰: 「夫桑穀者, 野草也. 而生於朝, 意朝亡乎?」 高宗恐駭, 側身而行道, 思索先王之政, 明養老之義, 興滅國, 繼絶世, 擧佚民, 桑穀亡. 三年之後, 諸侯以譯來朝者六國, 遂享百年之福.

028(1-28) 宋大水
송나라의 홍수

송宋**나라**에 큰 수재가 발생하자 노魯나라 사람이 이를 위문하여 이렇게 말하였다.

"하늘이 오랜 비를 내려 계곡이 넘치고 임금의 땅까지 이 물이 미치니, 정치를 집행함에 어려움이 많겠습니다. 이에 사신으로 하여금 삼가 위문토록 하였습니다."

이에 송나라 임금이 이렇게 응답하였다.

"과인이 똑똑하지 못한데다가 재계齋戒도 근엄하지 못하였으며, 읍봉邑封도 제대로 다스려지지 못하였고, 사람을 부림에도 때를 맞추지 못하여 하늘이 재앙을 내리는 듯합니다. 또 귀국이 사신까지 보내어 걱정해 주시니 그 욕됨을 어찌 다 말할 수 있겠습니까?"

이 말을 들은 어떤 군자君子가 말하였다.

"송나라는 희망이 있는 나라로다!"

어떤 이가 그 이유를 묻자 이렇게 말하였다.

"옛날 하夏나라 걸왕桀王이나 은殷나라 주왕紂王은 그 허물을 스스로 책임지지 않아 그렇게 쉽게 망한 것이며, 성탕成湯이나 문왕文王·무왕武王은 자신의 과실을 책임질 줄 알았기 때문에 그 흥함이 쉽게 이루어진 것이다. 무릇 허물이 있을 때 이를 고치면, 이는 곧 허물이 없는 것과 같다. 그래서 희망이 있다고 말한 것이다."

송나라 사람들이 이 소리를 듣고 아침 일찍 일어나 밤늦도록 일하며,

조정에서는 아침 일찍 정무를 시작하여 밤늦어서야 퇴청하고, 죽음과 질병에 성심으로 조문·위로하며, 있는 힘을 다해 나라 안의 일을 열심히 하였다. 이렇게 3년이 지나자 해마다 풍년이 들고 정치는 평온해졌다.

만약 송나라 사람들이 그 군자君子의 말을 듣지 않았더라면, 곡식은 제대로 여물지도 못하였고 나라도 안녕을 얻지 못하였을 것이다.

그래서 《시詩》에 "나의 책임 다할 수 있도록 도와 주고, 내가 마땅히 해야 할 일 일러주소서!"라 하였으니 바로 이를 두고 한 말이다.

宋大水, 魯人弔之曰:「天降淫雨, 谿谷滿盈, 延及君地, 以憂執政, 使臣敬弔.」

宋人應之曰:「寡人不佞, 齋戒不謹, 邑封不修, 使人不時, 天可以殃, 又遺君憂, 拜命之辱.」

君子聞之曰:「宋國其庶幾乎!」

問曰:「何謂也?」

曰:「昔者, 夏桀殷紂, 不任其過, 其亡也忽焉; 成湯文武, 知任其過, 其興也勃焉; 夫過而改之, 是猶不過也. 故曰其庶幾乎!」

宋人聞之, 夙興夜寐, 早朝晏退, 弔死問疾, 戮力宇內. 三年, 歲豐政平, 嚮使宋人不聞君子之語, 則年穀未豐而國未寧.

詩曰:『佛時仔肩, 示我顯德行.』此之謂也.

【夏桀】夏나라의 마지막 임금. 폭군. 湯에게 망함.

【殷紂】殷나라의 마지막 임금. 역시 폭군. 武王에게 망함.

【湯】殷나라의 시조.

【文王】周나라를 세운 西伯 姬昌.

【武王】姜太公의 도움으로 紂를 쳐서 周를 일으킨 왕.

【詩曰】《詩經》周頌 敬之. 鄭玄의 箋에 "佛, 輔也. 時, 是也. 仔肩, 任也"라 함.

참고 및 관련 자료

1. 《左傳》莊公 11년

秋, 宋大水. 公使弔焉, 曰:「天作淫雨, 害於粢盛, 若之何不弔?」對曰:「孤實不敬, 天降之災, 又以爲君憂, 拜命之辱.」臧文仲曰:「宋其興乎. 禹・湯罪己, 其興也悖焉; 桀・紂罪人, 其亡也忽焉. 且列國有凶稱孤, 禮也. 言懼而名禮, 其庶乎.」旣而聞之曰: 「公子御說之辭也.」臧孫達曰:「是宜爲君, 有恤民之心.」

2. 《韓詩外傳》卷3

傳曰: 宋大水, 魯人弔之曰:「天降淫雨, 害於粢盛, 延及君地, 以憂執政, 使臣敬弔.」 宋人應之曰:「寡人不仁, 齋戒不修, 使民不時, 天加以災, 又遺君憂, 拜命之辱.」 孔子聞之, 曰:「宋國其庶幾矣!」弟子:「何謂?」孔子:「昔桀・紂不任其過, 其亡 也忽焉. 成湯・文王知任其過, 其興也勃焉, 過而改之, 是不過也.」宋人聞之, 乃夙興 夜寐, 弔死問疾, 戮力宇內. 三歲, 年豐政平. 鄉使宋人不聞孔子之言, 則年穀未豐而 國家未寧. 詩曰:『佛時仔肩, 示我顯德行.』

3. 《孔子集語》政理篇

傳曰: 宋大水. 魯人弔之曰:「天降淫雨, 害於粢盛, 延及君地, 以憂執政, 使臣敬弔.」 宋人應之, 曰:「寡人不仁, 齋戒不修, 使民不時, 天加以災, 又遺君憂, 拜命之辱.」 孔子聞之, 曰:「宋國其庶幾矣!」弟子:「何謂?」孔子曰:「昔桀紂不任其過, 其亡 也忽焉. 成湯文王知任其過, 其興也勃焉. 過而改之, 是不過也.」宋人聞之, 乃夙興 夜寐, 弔死問疾, 戮力宇內, 三歲, 年豐政平.

029(1-29) 楚昭王有疾
제사의 종류와 제한

초楚 **소왕**昭王이 병이 나자, 점쟁이에게 점을 쳤더니 이렇게 말하였다.

"하신河神이 빌미가 되었군요. 대부들이 삼생三牲으로 하신에게 제사를 올리기를 청합니다."

이에 왕은 이렇게 말하였다.

"옛날 선왕들께서는 토지를 떼어 봉해 줄 때도 겨우 자기 경내에서 망제望祭만을 지냈을 뿐이었다. 우리 땅에 있는 장강長江·한수漢水·저수睢水·장수漳水도 망제의 대상이 되고 남는다. 이로써도 충분히 화나 복이나 다 이를 수 있으며 지나친 것이 아니다. 불곡不穀이 비록 덕이 없으나 나라 밖의 하신河神이 내게 죄를 준 것은 아닐 것이다."

그리고는 드디어 제사를 지내지 않았다. 공자孔子가 이 말을 듣고 평하였다.

"소왕은 가히 천도를 안다고 말할 수 있다. 그가 제사를 지내지 않고도 나라를 잃지 않은 것은 당연한 일이다."

楚昭王有疾, 卜之曰:「河爲崇, 大夫請用三牲焉.」

王曰:「止, 古者, 先王割地制土, 祭不過望; 江漢睢漳, 楚之望也; 禍福之至, 不是過也. 不穀雖不德, 河非所獲罪也.」

遂不祭焉.

仲尼聞之曰:「昭王可謂知天道矣, 其不失國, 宜哉!」

【楚昭王】춘추시대 초나라의 임금. B.C.515~489년 재위.

【河神】황하의 신. 초나라 경내가 아님.

【三牲】제사를 지낼 때 가장 큰 희생. 세 가지 가축으로 제사 지냄.

【望祭】자기 경내의 山川에 제사를 지내어 나라의 안녕과 복을 비는 일.《書經》
　舜典의 "望於山川"의 注에 "九州名山大川五嶽四瀆之屬, 皆一時望祭之"라 함.

【江漢雎漳】모두 초나라 경내에 있는 강. '雎'는 '淮'가 아닌가 함.

【不穀】임금이 자신을 낮추어 부르는 말. '寡人', '孤'와 같음.

참고 및 관련 자료

1.《左傳》哀公 6년

初, 昭王有疾. 卜曰:「河爲祟」大夫請祭諸郊. 王曰:「三代命祀, 祭不越望. 江·漢·
雎·漳, 楚之望也. 禍福之至, 不是過也. 不穀雖不德, 河非所獲罪.」遂弗祭. 孔子曰:
「楚昭王知大道矣! 其不失國也, 宜哉!」

2.《韓詩外傳》卷3

楚莊王寢疾, 卜之, 曰:「河爲祟」大夫曰:「請用牲」莊王曰:「止. 古者, 聖王制祭不
過望, 灉漳江漢, 楚之望也, 寡人雖不德, 河非所獲罪也.」遂不祭, 三日而疾有瘳.
孔子聞之, 曰:「楚莊王之霸, 其有方矣, 制節守職, 反身不貳, 其霸不亦宜乎!」詩曰:
『嗟嗟保介!』莊王之謂也.

3.《史記》楚世家

卜而河爲祟, 大夫請禱河, 昭王曰:「自吾先王受封, 望不過江·漢, 而河非所獲罪也.」
止不許. 孔子在陳, 聞是言, 曰:「楚昭王通大道矣, 其不失國, 宜哉!」

4.《孔子家語》正論解

楚昭王有疾, 卜曰:「河神爲祟」王弗祭. 大夫請祭諸郊, 王曰:「三代命祀, 祭不越望,
江·漢·沮·漳, 楚之望也. 禍福之至, 不是過乎? 不穀遂不德, 河非所獲罪也.」遂不祭.

孔子曰:「楚昭王知大道矣, 其不失國也宜哉!」

5. 《孔子集語》主德篇

楚莊王寢疾, 卜之, 曰:「河爲祟.」大夫曰:「請用牲.」莊王曰:「止. 古者, 聖王制祭不過望, 灉漳江漢, 楚之望也, 寡人雖不德, 河非所獲罪也.」遂不祭, 三日而疾有瘳.孔子聞之, 曰:「楚莊王之霸, 其有方矣, 制節守職, 反身不貳, 其霸不亦宜乎!」

030(1-30) 楚昭王之時
옆구리의 병

초楚 **소왕**昭王 때에 구름이 마치 나는 새의 형상을 하고 사흘간이나 태양을 감싸 돌고 있었다. 소왕은 무슨 상서롭지 못한 징조인가 하여 사람을 시켜 급히 수레를 몰아 동쪽으로 태사太史인 주려州黎에게 물어보도록 하였다. 그러자 주려는 이렇게 일러주었다.

"장차 왕의 몸에 재앙이 내리리라. 영윤令尹과 사마司馬에게 가서 말하면 알리라!"

영윤과 사마가 이 소식을 듣자 숙재목욕宿齋沐浴하고, 장차 자신의 몸을 희생으로 삼아 기도하고자 하였다.

이때 왕이 이를 말리면서 이렇게 말하였다.

"그만두어라. 초나라에 내가 있는 것은 몸에 가슴과 옆구리가 있는 것과 같고, 영윤과 사마가 있는 것은 역시 몸에 팔과 다리가 있는 것과 같다. 가슴과 옆구리에 병이 있는데, 어찌 이를 팔다리에 전가하여 이들을 희생시킬 수 있겠는가?"

楚昭王之時, 有雲如飛鳥, 夾日而飛三日, 昭王患之, 使人乘驛東而問諸太史州黎, 州黎曰:「將虐於王身, 以令尹司馬說焉, 則可.」

令尹司馬聞之, 宿齋沐浴, 將自以身禱之焉.

王曰:「止, 楚國之有不穀也, 由身之有匈脇也; 其有令尹司馬也, 由身之有股肱也. 匈脇有疾, 轉之股肱, 庸爲去是人也?」

【昭王】 楚나라 임금. 재위 27년(B.C.515~489).
【太史州黎】 太史는 벼슬 이름. 州黎는 人名.
【令尹】 楚나라 최고의 관직. 相國과 같다.
【司馬】 楚나라의 관직. 군사업무를 맡았다.
【宿齋沐浴】 밤새워 齋戒하고 목욕함을 뜻한다.

참고 및 관련 자료

1.《左傳》哀公 6년

是歲也, 有雲如衆赤鳥, 來日以飛, 三日. 楚子使問諸周大史. 周大史曰:「其當王身乎. 若禜之, 可移於令尹·司馬.」 王曰:「除腹心之疾, 而置諸股肱, 何益? 不穀不有大過, 天其夭諸. 有罪受罰, 又焉移之?」 遂弗禜.

2.《史記》楚世家

十月, 昭王病於軍中, 有赤雲如鳥, 來日而蜚. 昭王問周太史, 太史曰:「是害於楚王, 然可移於將相.」 將相聞是言, 乃請自以身禱於神, 昭王曰:「將相孤之股肱也, 今移禍庸去是身乎?」 弗聽.

3.《列女傳》卷五 楚昭越姬

居二十五年, 王救陳, 二姬從. 王病在軍中, 有赤雲夾日如飛鳥. 王問周史, 史曰:「是害王身; 然可移於將相, 將相聞之, 將以身禱於神.」 王曰:「將相之於孤, 猶股肱也, 今移禍焉, 庸爲去是身乎?」 不聽. 越姬曰:「大哉! 君王之德! 以是妾願從王矣. 昔日之遊淫樂也, 是以不敢許, 及君王復於禮, 國人皆將爲君王死, 而況於妾乎? 請願先驅狐狸於地下.」 王曰:「昔之遊樂, 吾戲耳! 若將必死, 是彰孤之不德也.」 越姬曰:「昔日妾雖口不言, 心旣許之矣. 妾聞信者不負其心, 義者不虛設其事, 妾死王之義, 不死王之好也.」 遂自殺.

031(1-31) 邾文公卜徙於繹
백성에게 이로우면 된다

주邾 **문공**文公이 역繹 땅으로 옮기려고 점을 쳤다. 그러자 사관史官이 풀이하였다.

"백성에게는 이로우나 임금에게는 불리하리라!"

그러나 문공은 이렇게 해석하였다.

"진실로 백성에게 이롭다면 이는 나에게도 이로운 것이다. 하늘이 백성을 내리고 나서 임금을 세운 것은 바로 백성을 이롭게 여기기 위한 것이다. 백성에게 이로움이 있다면 나는 반드시 이에 참여하리라!"

그러자 곁에 있던 시자侍者가 만류하였다.

"옮기지 않으면 임금의 생명이 길어질 텐데 어찌 그런 쪽으로 결정하지 않으십니까?"

이에 문공은 이렇게 대답하였다.

"목숨이란 백성을 잘 다스리는 데에 있다. 죽음의 길고 짧음은 때에 매인 것. 백성이 진실로 이롭다는데 길吉함이 이보다 더 큰 것이 있겠는가?"

이에 드디어 역繹으로 옮겼다.

邾文公卜徙於繹, 史曰:「利於民, 不利於君!」

君曰:「苟利於民, 寡人之利也, 天生烝民而樹之君, 以利之也, 民旣利矣, 孤必與焉.」

侍者曰:「命可長也, 君胡不爲?」
君曰:「命在牧民, 死之短長, 時也, 民苟利矣, 吉孰大焉?」
遂徙於繹.

【邾文公】邾나라의 文公. 邾는 지금의 山東省 鄒縣에 있던 나라. 뒤에 鄒로
나라이름을 바꿈. 邾文公에 대해서는《左傳》僖公 15年 및 19年 참조.
【繹】땅 이름.
【孤】寡人, 不穀 등과 같이 임금이 자신을 낮추어 부르는 말.

참고 및 관련 자료

1.《左傳》文公 13년

邾文公卜遷於繹, 史曰:「利於民而不利於君.」邾子曰:「苟利於民, 孤之利也. 天生
民而樹之君, 以利之也. 民旣利矣, 孤必與焉.」左右曰:「命可長也, 君何弗爲?」
邾子曰:「命在養民. 死之短長, 時也. 民苟利矣, 遷也, 吉莫如之!」遂遷於繹.

032(1-32) 楚莊王見天不見妖而地不出孽
하늘이 나를 잊었나

초楚 **장왕**莊王이 하늘에는 더 이상 요괴妖怪의 징조가 보이지 않고 땅에서도 더 이상 요얼妖孽의 흉조가 보이지 않자, 이에 산천山川에 제사를 지내며 이렇게 기도하였다.

"하늘이시여! 나를 잊었나이까?"

이 뜻은 하늘이 자신의 과실을 능히 찾아내어 주기를 간절히 구한 것이다. 이에 그는 간언하는 말을 거역하지 않으며 편안할 때에 위험을 잊지 않겠다는 맹세였다. 이 까닭으로 그는 마침내 패업霸業을 성취시킬 수 있었던 것이다.

楚莊王見天不見妖而地不出孽, 則禱於山川曰:「天其忘予歟?」
此能求過於天, 必不逆諫矣, 安不忘危, 故能終而成霸功焉.

【楚莊王】 초나라의 영명한 군주. 춘추오패의 하나.
【妖】 기후나 천문을 통해 보여주는 여러 징조.
【孽】 땅의 여러 변화를 통해 보여 주는 징조들.

참고 및 관련 자료

1.《春秋繁露》必仁且知篇

楚莊王以天不見災, 地不見孽, 則禱之於山川曰:「天其將亡予邪! 不說吾過, 極吾罪也.」

2.《論衡》譴告篇

故楚嚴王曰:「天不下災異, 天其忘予乎?」災異爲譴告, 故嚴王懼而思之也.

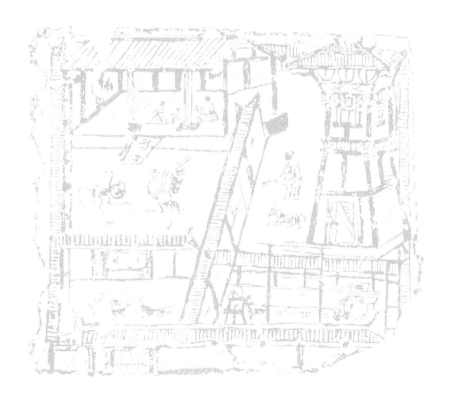

033(1-33) 湯曰藥食先嘗於卑
눈이 아니라 마음으로 보라

탕湯임금이 말하였다.

"약은 먼저 낮은 사람에게 맛을 보인 후에 지위가 높은 사람에게 바치는 법이며, 약이 되는 좋은 말은 먼저 높은 사람에게 알려 준 다음에 낮은 사람에게 들려주는 법이다."

따라서 약을 아랫사람에게 맛보이고 그 후에 귀한 사람에게 이르게 하는 것은 교敎이며, 좋은 말은 윗사람에게 먼저 알리고 그 다음에 낮은 이에게까지 들려주는 것은 도道이다. 그러므로 사람에게 맛을 보도록 한 후에 먹는 자는 그 맛을 많이 볼 수 있으며, 사람에게 먼저 그 말을 음미하게 한 후 듣는 자는 그 말을 얻어듣는 것이 적다.

이 까닭으로 명철한 임금은 말[言]에 있어서 반드시 스스로 청취하고, 스스로 귀를 넓히며, 스스로 선택하고, 수집하며, 스스로 모으고, 스스로 이를 축적하며, 스스로 처리해야 하는 것이다. 그러므로 도道를 헤아려서 취하는 것을 명明이라 하고, 도道를 헤아려 행行하는 것을 장章이라 하며, 도道를 헤아려 만물萬物에게 베푸는 것을 장藏이라 한다.

이 때문에 도道를 구하는 자는 반드시 눈으로 하지 않고 마음으로 하며, 도를 취하는 자는 손으로 하지 않고 귀로 하는 법이다.

湯曰:「藥食先嘗於卑, 然後至於貴; 藥言先獻於貴, 然後聞於卑.」
故藥嘗乎卑, 然後至乎貴, 敎也; 藥言獻於貴, 然後聞於卑,

道也. 故使人味食然後食者, 其得味也多; 使人味言然後聞言者,
其得言也少. 是以明上之言, 必自他聽之, 必自他聞之, 必自他
擇之, 必自他取之, 必自他聚之, 必自他藏之, 必自他行之; 故道
以數取之爲明, 以數行之爲章, 以數施之萬物爲藏. 是故求道者,
不以目而以心, 取道者, 不以手而以耳.

【湯】아마 湯임금이 아닐 것으로 보고 있다(盧元駿).
【藥言】약이 되는 말. 즉 충간이나 좋은 말.

참고 및 관련 자료

1.《賈子新書》修正語(上)

湯曰:「藥食嘗於卑, 然後至於貴; 藥言獻於貴, 然後聞於卑.」故藥食嘗於卑, 然後至
於貴, 敎也; 藥言獻於貴, 然後聞於卑, 道也. 故使人味食, 然後食者, 其得味也多;
若使人味言, 然後聞言者, 其得言也少. 故以是明上之於言也, 必自也聽之, 必自也
擇之, 必自也聚之, 必自也藏之, 必自也行之. 故道以數取之爲明, 以數行之爲章,
以數施之萬姓爲藏. 是故求道者不以目而以心, 取道者不以手而以耳, 致道者以言,
入道者以忠, 積道者以信, 樹道者以人.

034(1-34) 楚文王有疾
의와 예로 나를 괴롭혔다

초楚 **문왕**文王이 병이 나자 측근의 대부에게 이렇게 말하였다.

"관요笂饒는 의義라는 것을 가지고 나를 못살게 굴었고 예禮라는 것을 가지고 나를 괴롭혔다. 그와 같이 있으면 언제나 불안하였다. 보고 싶지도 않고 생각하기도 싫었다. 그러나 나는 그를 통해 얻은 것이 있다. 나는 때때로 반드시 그에게 작위를 내려 주어야겠다는 생각을 하였다. 또 신후백申侯伯은 내가 하고 싶은 바를 하도록 나를 권하였고, 내가 즐기고자 하는 것이 있으면 먼저 알아서 이를 갖추어 주었다. 그와 같이 있으면 언제나 편안하였다. 보지 않으면 보고 싶을 정도였다. 그러나 그를 통해 나는 잃은 것이 있다. 내 그를 멀리 내쫓으리라 생각하였었다."

이 말을 들은 대부가 그렇게 하도록 하였다. 이에 문왕은 관요에게는 대부의 벼슬을 내려 주고, 신후백에게는 선물을 주면서 떠나라고 하였다. 신후백이 장차 정鄭나라로 가겠다고 하자 왕은 이렇게 경계해 주었다.

"그대는 반드시 조심해야 한다. 그대는 사람됨이 어질지 못하면서 남의 정권을 넘보기도 한다. 그러니 노魯·위衛·송宋·정鄭으로는 가지 말라!"

신후백은 이를 듣지 않고 드디어 정나라로 가서는 3년 만에 정나라의 정권을 손에 쥐었고, 그로부터 다섯 달 만에 정나라 사람에게 살해당하고 말았다.

楚文王有疾, 告大夫曰:「筦饒犯我以義, 違我以禮, 與處不安, 不見不思, 然吾有得焉, 必以吾時爵之; 申侯伯, 吾所欲者勸我爲之, 吾所樂者先我行之, 與處則安, 不見則思, 然吾有喪焉, 必以吾時遺之.」

大夫許諾, 乃爵筦饒以大夫, 贈申侯伯而行之.

申侯伯將之鄭, 王曰:「必戒之矣, 而爲人也不仁, 而欲得人之政, 毋以之魯衛宋鄭.」

不聽, 遂之鄭, 三年而得鄭國之政, 五月而鄭人殺之.

【楚文王】 춘추시대 초나라 임금. B.C.689~677년 재위.《左傳》莊公 16년 참조.
【筦饒】 초 문왕의 신하.
【申侯伯】 역시 초 문왕의 신하.
【魯衛宋鄭】 이 네 나라는 비교적 약하여 신후백 마음대로 할 수 있으나 그것이 오히려 화근이 되리라는 뜻.

참고 및 관련 자료

1.《左傳》僖公 7년

夏, 鄭殺申侯以說於齊, 且用陳轅濤塗之譖也. 初, 申侯, 申出也, 有寵於楚文王. 文王將死, 與之璧, 使行, 曰:「唯我知女, 女專利而不厭, 予取予求, 不女疵瑕也. 後之人將求多於女, 女必不免. 我死, 女必速行. 無適小國, 將不女容焉.」旣葬, 出奔鄭, 又有寵於厲公. 子文聞其死也, 曰:「古人有言曰:『知臣莫若君.』弗可改也已.」

2.《呂氏春秋》長見篇

荊文王曰:「筦讒數犯我以義, 違我以禮, 與處則不安, 曠之則不穀得焉. 不以吾身爵之, 後世有聖人, 將以非不穀.」於是爵之五大夫.「申侯伯善持養吾意, 吾所欲, 則先我爲之, 與處則安, 曠之而不穀喪焉. 不以吾身遠之, 後世有聖人, 將以非不穀.」於是送而行之. 申侯伯如鄭, 阿鄭君之心, 先爲其所欲, 三年而知鄭國之政也. 五月而鄭人殺之. 是後世之聖人使文王爲善於上世也.

3.《新序》雜事 1

楚共王有疾, 召令尹曰:「常侍筦蘇與我處, 常忠我以道, 正我以義, 吾與處不安也, 不見不思也. 雖然, 吾有得也, 其功不細, 必厚爵之. 申侯伯與處, 常縱恣吾, 吾所樂者, 勸吾爲之; 吾所好者, 先吾服之. 吾與處歡樂之, 不見戚戚也, 雖然, 吾終無得也, 其過不細, 必哐遣之.」令尹曰:「諾.」明日, 王薨. 令尹卽拜筦蘇爲上卿, 而逐申侯伯出之境. 曾子曰:『鳥之將死, 其鳴也哀; 人之將死, 其言也善.』言反其本性, 共王之謂也. 故孔子曰:『朝聞道, 夕死可矣.』於以開後嗣, 覺來世, 猶愈沒世不寤者也.

035(1-35) 趙簡子與欒激遊
과실만 늘어나게 한 신하

진晉나라 간자簡子가 난격欒激과 물놀이를 하다가 물에 빠져 잠겨 들게 되었다. 이때 간자가 난격에게 이렇게 말하였다.

"내 일찍이 색을 좋아하였을 때 그대는 나를 위해서 이를 성취시켜 주었지. 또 일찍이 궁실宮室과 대사臺榭를 멋지게 짓고 싶어 할 때 역시 그대가 이를 이루어 주었지. 그런가 하면 내가 양마良馬와 멋진 마부를 가지고 싶어 하였을 때 역시 그대가 이를 구해 주었지. 그러나 내가 지금 훌륭한 선비 하나 구하였으면 하고 벼른 지가 6년이 되었건만, 그대는 누구 하나도 추천해 준 자가 없어. 이는 내 과실만 더욱 늘어나게 하고, 나의 선함은 사라지도록 하는 행위야!"

趙簡子與欒激遊, 將沈於河, 曰:「吾嘗好聲色矣, 而欒激致之; 吾嘗好宮室臺榭矣, 而欒激爲之; 吾嘗好良馬善御矣, 而欒激求之. 今吾好士六年矣, 而欒激未嘗進一人, 是進吾過而黜吾善也!」

【趙簡子】戰國初期 三晉시대 趙나라의 지도자.《左傳》昭公 25년 참조.
【欒激】전국시대 趙나라 簡子의 佞臣. 鸞徼, 欒徼 등으로도 보임.
【臺榭】놀이나 연회를 베풀기 위해 만든 누대. 정자.

1.《呂氏春秋》驕恣篇

趙簡子沈鸞徼於河, 曰:「吾嘗好聲色, 而鸞徼致之; 吾嘗好宮室臺榭矣, 而鸞徼爲之; 吾嘗好良馬善御矣, 而鸞徼來之. 今吾好士六年矣, 而鸞徼未嘗進一人也, 是長吾過而絀善也.」

036(1-36) 或謂趙簡子
과실을 고치리라

어떤 이가 조간자趙簡子에게 물었다.

"그대는 왜 과실을 고치지 않습니까?"

이에 간자가 허락하였다.

"좋다!"

이를 들은 좌우가 의아해서 물었다.

"군君께서는 과실도 없는데 무엇을 고친다는 말입니까?"

그러자 간자는 이렇게 대답하였다.

"내가 좋다라 한 것은 꼭 과실이 있어서가 아니다. 내가 장차 나의 잘못이 있으면 이를 간諫할 자를 구할 것이면서, 지금 이를 거부하면 이는 곧 간언하는 자를 물리치겠다는 뜻이 되어, 간언하려던 자들이 걸음을 멈추고 내게로 오려 하지 않을 것이고 나는 머지않아 잘못에 빠져들게 될 것이다."

或謂趙簡子曰:「君何不更乎?」

簡子曰:「諾.」

左右曰:「君未有過, 何更?」

君曰:「吾謂是諾, 未必有過也, 吾將求以來諫者也, 今我却之, 是却諫者, 諫者必止, 我過無日矣.」

【趙簡子】 전국 초기 조나라의 군주(侯).
【過無日矣】 잘못을 고칠 날이 없다는 뜻으로 봄.

037(1-37) 韓武子田獸已聚矣
사냥을 끝내고 조문을 가겠다

한韓나라 무자武子가 사냥을 나가 이미 짐승을 몰고 사냥 수레가 모여들어 준비가 끝났을 때, 갑자기 전갈이 와서 진공晉公이 죽었다고 알려 왔다. 이때 무자가 난회자欒懷子에게 물었다.

"그대는 내가 얼마나 사냥을 좋아하는지 알지? 지금 짐승도 다 몰아 놓았고 수레도 모여들었다. 내가 이 사냥을 다 마치고 나서 조문을 가도 되겠는가?"

회자는 이 질문에 이렇게 대답하였다.

"범씨范氏가 멸망한 것은 바로 범씨에게는 보필하는 신하는 많으나 잘못을 바로잡아 주는 신하가 적었기 때문입니다. 임금께 있어서 뇌騾는 바로 잘못을 바로잡아 주는 인물입니다. 임금께서는 왜 그에게 묻지 않으십니까?"

이에 무자는 이렇게 말하였다.

"영盈도 나를 바로잡아 주려는 신하가 아닌가? 그대 또한 능히 나를 바로잡아 주지 않는가? 그렇다면 어찌 뇌에게까지 갈 필요가 있으리오!"

그리고는 사냥을 그만두었다.

韓武子田, 獸已聚矣, 田車合矣, 傳來告曰:「晉公薨.」

武子謂欒懷子曰:「子亦知君好田獵也, 獸已聚矣, 田車合矣, 吾可以卒獵而後弔乎?」

懷子對曰:「范氏之亡也, 多輔而少拂, 今臣於君, 輔也; 晶於君, 拂也, 君胡不問於晶也?」

武子曰:「盈而欲拂我乎? 而拂我矣, 何必晶哉?」

遂輞田.

【韓武子】春秋末期와 戰國初期 三晉 分立 시대의 韓나라 지도자.

【獸】경계나 사냥용의 개나 짐승으로 보기도 함.

【晉公】晉나라 임금(三晉으로 분리되기 전의 임금).

【欒懷子】韓武子를 모신 신하. 《左傳》 襄公 14년 참조. 春秋末期 中原의 晉나라는 6명의 大夫, 즉 韓氏·魏氏·智氏·趙氏·范氏·中行氏가 나라를 분할하여 세력다툼을 벌임. 그 중 智氏가 가장 강하여 中行氏와 范氏를 차례로 멸하고 나중에 韓·魏·趙까지 멸하려다가 반격을 받아 멸망당함. 그 뒤 韓·魏·趙가 晉나라를 三分하여 전국시대를 맞음. 이를 흔히 三晉이라 함. 《史記》 및 《戰國策》 참조.

【晶】韓武子의 신하. 음은 '뢰'. 《集韻》에 盧回切.

【盈】人名. 한무자의 신하.

【而拂我矣】여기서의 '而'는 인칭대명사로 보았음. 자신에게도 잘못을 匡正해 줄 신하가 많으며 그 중의 하나가 '너'라는 뜻.

038(1-38) 師經鼓琴
신하가 임금을 치다

사경師經**이란 사람**이 거문고를 연주하자, 위魏 문후文侯가 일어나
춤을 추면서 이렇게 부賦를 지었다.

"내가 무슨 말을 하건 내 말을 어기는 자가 나타나지 않게 하라!"

사경은 이 말이 끝나기가 무섭게 거문고를 들어 위 문후를 쳤지만
맞지 않고 대신 관冠의 술旒이 맞아떨어졌다. 문후가 화가 나서 좌우
신하들에게 물었다.

"남의 신하된 신분으로 그 임금을 치면 그 죄가 어디에 해당하는가?"

그러자 좌우 신하들이 이렇게 말하였다.

"그 죄는 마땅히 팽사烹死에 해당합니다."

그리하여 사경을 붙들고 한 칸 아래의 계단에 내려놓았다. 그러자
사경이 물었다.

"한 마디 하고 죽을 수 있겠소?"

문후가 허락하자, 사경은 이렇게 말하였다.

"옛날 요堯·순舜이 임금이 되었을 때에는, 오직 자기가 말을 해놓고
누구 하나 반대하지 않으면 어쩌나 하고 걱정을 하였소. 그러나 걸桀·
주紂가 임금이 되었을 때에는 자기가 말을 하였을 때 누구라도 반대하고
나서면 어쩌나 하고 걱정을 하였소. 나는 바로 걸·주를 친 것이지,
내가 모시고 있는 임금을 친 것이 아니오!"

이 말을 듣고 문후는 이렇게 말하였다.

"풀어 주어라. 이는 나의 잘못이다. 그리고 그 거문고를 성문에 달아매어 두어라. 나의 잘못을 고치는 부표符標로 삼으리라. 또 부서진 내 관冠의 술을 고치지 말아라. 나의 잘못을 고치는 계戒로 삼으리라!"

師經鼓琴, 魏文侯起舞, 賦曰：「使我言而無見違.」

師經援琴而撞文侯不中, 中旒潰之, 文侯謂左右曰：「爲人臣而撞其君, 其罪如何?」

左右曰：「罪當烹.」

提師經下堂一等.

師經曰：「臣可一言而死乎?」

文侯曰：「可.」

師經曰：「昔堯舜之爲君也, 唯恐言而人不違; 桀紂之爲君也, 唯恐言而人違之. 臣撞桀紂, 非撞吾君也.」

文侯曰：「釋之! 是寡人之過也, 懸琴於城門, 以爲寡人符, 不補旒, 以爲寡人戒.」

【師經】 위문후의 신하로 樂官이었던 듯함.
【魏文侯】 전국시대 위나라의 영명한 군주로 개혁정책을 처음으로 펴서 칠웅 중에 최초로 부국강병을 꾀함. B.C.445~396년까지 50년간 재위함. 이름은 '斯'이며 《史記》에는 '都'로 되어 있다. 그는 卜子夏·段干木·田子方 등을 보필로 삼았음.
【賦】 문학의 한 장르. 여기서는 노래가사.
【旒】 왕관이나 모자에 장식으로 늘어뜨린 술.
【烹】 삶아 죽임.
【堯舜】 古代의 성인.
【桀】 夏의 末王. 湯에게 망함.
【紂】 殷(商)의 末王. 周文王에게 망함.

참고 및 관련 자료

1.《韓非子》難一

晉平公與群臣飮, 飮酣, 乃喟然嘆曰:「莫樂爲人君! 惟其言而莫之違.」師曠侍坐於前,
援琴撞之, 公披衽而避, 琴壞於壁. 公曰:「太師誰撞?」師曠曰:「今者有小人言於側者,
故撞之.」公曰:「寡人也.」師曠曰:「啞! 是非君人者之言也.」左右淸除之. 公曰:
「釋之, 以爲寡人戒.」

2.《淮南子》齊俗訓

晉平公出言而不當, 師曠擧琴而撞之, 跌衽宮壁, 左右欲塗之, 平公:「舍之, 以此
爲寡人失.」

039(1-39) 齊景公游於蔞
안자의 시신에 통곡한 경공

제齊 경공景公이 누蔞 땅에 유람갔다가 갑자기 재상 안자晏子가
죽었다는 소식을 듣게 되었다. 이에 경공은 소복을 입고 수레를 타고
재촉하여 돌아오면서 스스로 너무 느리다고 여겨 수레에서 내려 뛰었으며,
뛰는 것이 느리다고 여기면 수레에 올랐다. 이렇게 도성에 이르도록
네 번이나 내려 뛰어오면서 게다가 울음을 그치지 않고 달려왔다.
안자의 주검에 이르자, 그 주검에 엎드려 이렇게 울부짖으며 곡을
하였다.

"그대 대부께서는 밤낮으로 나를 채찍질하여 촌척寸尺의 빠뜨림도
없이 살펴 주었소. 그러나 과인은 오히려 음일淫泆하여 이를 충분히
받아들이지 못하여 백성에게 원망과 큰 죄를 쌓아 놓았소. 지금 하늘
이 이 제나라에 화를 내리면서 나에게 그 죄를 내리지 않고 대부에게
내렸으니, 이 제나라 사직社稷이 위험하게 되었소. 백성들이 장차 그
누구를 믿고 하소연한단 말이오?"

齊景公游於蔞, 聞晏子卒, 公乘輿素服, 驛而驅之, 自以爲遲,
下車而趨, 知不若車之速, 則又乘, 比至於國者, 四下而趨, 行哭
而往矣.

至伏屍而號曰:「子大夫日夜責寡人, 不遺尺寸, 寡人猶且淫泆而不收, 怨罪重積於百姓. 今天降禍於齊國, 不加寡人, 而加夫子, 齊國之社稷, 危矣, 百姓將誰告矣?」

【景公】戰國時代 제나라의 영명한 군주(B.C.547~490년까지 58년간 재위함). 晏子를 재상으로 삼아 나라를 부흥시킴.
【莒】땅 이름.
【晏子】平仲. 이름은 嬰. 管仲과 더불어 齊나라의 二大名相.

참고 및 관련 자료

1.《韓非子》外儲說左上

齊景公游少海, 傳騎從中來謁曰:「嬰疾甚, 且死, 恐公後之.」景公遽起, 傳騎又至. 景公曰:「趨駕煩且之乘, 使騶子韓樞御之.」行數百步, 以騶爲不疾, 奪轡代之, 御可數百步, 以馬爲不進, 盡釋車而走. 以煩且之良, 而騶子韓樞之巧, 而以爲不如下走也.

2.《晏子春秋》外篇

景公游於莒, 聞晏子死, 公乘侈輿服繁馹驅之. 而因爲遲, 下車而趨; 知不若車之遬, 則又乘. 比至於國者, 四下而趨, 行哭而往, 伏尸而號, 曰:「子大夫日夜責寡人, 不遺尺寸, 寡人猶且淫泆而不收, 怨罪重積於百姓. 今天降禍於齊, 不加於寡人, 而加於夫子, 齊國之社稷危矣, 百姓將誰告夫!」

040(1-40) 晏子沒十有七年
안자가 죽은 뒤

안자晏子가 죽은 지 17년 되는 어느 날이었다. 경공景公이 여러 대부들을 모아 주연을 베풀고 있었다. 그때 경공이 활쏘기에서 멋지게 과녁을 맞히자 당상堂上의 모든 신하가 훌륭하다고 소리를 질렀다. 그 소리는 마치 한 입에서 나온 듯 똑같았다.

경공은 얼굴빛을 바꾸며 크게 탄식을 하고는 들고 있던 궁시弓矢를 내던져 버렸다. 현장弦章이 이를 보고 다가오자 경공은 이렇게 말하였다.

"현장! 내 안자를 잃은 지 이미 17년이 되도록 아직 나의 과실이나 옳지 못한 것을 책하는 신하를 보지 못하였다. 지금 내가 활을 쏘아 과녁을 맞히었다고 해서 모두가 칭찬하는 말이 어찌 한 입에 나오는 것처럼 저리도 같은가?"

그러자 현장이 이렇게 대답하였다.

"이는 여러 신하들이 불초하기 때문입니다. 지혜로는 임금의 잘못을 알기에 부족하고, 용기는 임금의 안색을 범하기에 부족합니다. 그러나 한 가지는 있습니다. 제가 들으니 임금이 좋아하는 것이 있으면 신하는 그를 따르고, 임금이 즐기는 음식이 있으면 신하도 따라서 먹습니다. 무릇 자벌레란 놈은 누런 잎을 먹으면 누렇게 되고, 파란 잎을 먹으면 몸이 파랗게 됩니다. 임금께서는 오히려 다른 사람이 그렇게 빠지도록 말씀하고 계시지는 않습니까?"

이에 경공은 이렇게 말하였다.

"좋다. 오늘 한 말은 그대가 임금 같고 내가 신하 같구나!"

이때 마침 어부가 물고기를 헌상해 왔다. 경공은 50승의 수레를 현장에게 내렸다. 현장이 돌아오면서 보니 물고기를 실은 수레가 길을 메우고 있었다. 현장은 그 마부의 손을 잡으면서 이렇게 말하였다.

"아까 임금이 잘하였다고 합창하던 자들은 모두 이 고기를 얻고 싶어한 것이다. 지난날 안자는 그에게 상을 내리고자 할 때 이를 사양하면서 임금의 잘못을 바로잡았다. 그래서 임금의 잘못이 드러난 것이다. 그런데 지금 여러 신하들은 어떻게 해서든 아첨으로라도 이익을 얻으려 하니, 그 까닭으로 임금이 과녁을 맞히자 한결같이 칭찬의 말만 한 것이다. 나는 지금 임금 곁에서 보좌한다고 하면서 남에게 드러나지도 못하고 물고기만 하사받다니, 이는 안자의 의義에는 어긋나면서 아첨의 욕심에는 순응하는 것과 같다."

그리고는 물고기를 사양하고 받지 않았다. 이를 듣고 어떤 군자君子가 이렇게 말하였다.

"현장의 청렴함은 바로 안자가 끼친 유훈이로다!"

晏子沒十有七年, 景公飲諸大夫酒, 公射出質, 堂上唱善, 若出一口, 公作色太息, 播弓矢.

弦章入, 公曰:「章, 自吾失晏子, 於今十有七年, 未嘗聞吾過不善, 今射出質而唱善者, 若出一口.」

弦章對曰:「此諸臣之不肖也, 知不足以知君之善, 勇不足以犯君之顏色. 然而有一焉, 臣聞之: 君好之, 則臣服之; 君嗜之, 則臣食之. 夫尺蠖食黃, 則其身黃, 食蒼則其身蒼; 君其猶有陷人言乎?」

公曰:「善. 今日之言, 章爲君, 我爲臣.」

是時海人入魚, 公以五十乘賜, 弦章歸, 魚乘塞塗, 撫其御之手, 曰:「囊之唱善者, 皆欲若魚者也. 昔者, 晏子辭賞以正君, 故過

失不掩, 今諸臣諂諫以干利, 故出質而唱善, 如出一口, 今所輔
於君, 未見於衆而受若魚, 是反晏子之義, 而順諂諫之欲也, 固辭
魚不受.」

君子曰:「弦章之廉, 乃晏子之遺行也!」

【晏子】齊景公의 賢相.
【景公】제나라 임금.
【弦章】제경공의 신하.

1. 《晏子春秋》外篇

晏子沒十有七年, 景公飮諸大夫酒. 公射出質, 堂上唱善, 若出一口. 公作色太息,
播弓矢. 弦章入, 公曰:「章! 自晏子沒後, 不復聞不善之事.」弦章對曰:「君好之,
則臣服之; 君嗜之, 則臣食之. 尺蠖食黃則黃, 食蒼則蒼是也.」公曰:「善. 吾不食諸
人以言也.」以魚五十乘賜弦章. 章歸, 魚車塞塗, 撫其御之手, 曰:「昔者晏子辭黨以
正君, 故過失不掩之. 今諸臣諫以干利, 吾若受魚, 是反晏子之義, 而順諂諫之欲.」
固辭魚不受. 君子曰:「弦章之廉, 晏子之遺行也.」

사람은 임금을 위해 태어난 것이 아니다

무릇 하늘이 사람을 내림에 대개 임금을 위해서 내린 것은 아니다. 또 하늘이 임금을 세운 것은 그 자리를 위해서 한 것도 아니다.

무릇 임금이 되어 그 행동이 사욕私欲만을 위하고 남을 돌아보지 않는다면, 이는 하늘의 뜻을 잘 받들지 못하는 것이 되며, 오히려 자신의 그 지위에서 마땅히 해야 할 일을 망각한 것이 된다.

이러한 자는 《춘추春秋》에 그를 임금君이라 하지 않고, 그를 이적夷狄의 오랑캐와 같이 여기고 있다. 정백鄭伯이 한 사람을 미워하여 그의 스승까지 버리자 이적불군夷狄不君의 말이 생기게 된 것이다.

남의 지도자가 되어 이로써 스스로 반성하지 않으면 이미 그 진실을 잃고도 마음속으로 어찌 그것을 알아낼 수 있겠는가? 그래서 "나라를 가진 자는 춘추를 배우지 아니하면 안 된다"라 하였으니 바로 이를 두고 한 말이다.

夫天之生人也, 蓋非以爲君也; 天之立君也, 蓋非以爲位也. 夫爲人君行其私欲, 而不顧其人, 是不承天意忘其位之所以宜事也, 如此者, 春秋不予能君而夷狄之, 鄭伯惡一人而兼棄其師, 故有夷狄不君之辭, 人主不以此自省, 惟旣以失實, 心奚因知之.

故曰:「有國者, 不可以不學春秋.」

此之謂也.

【春秋】孔子가 편한 책. 魯나라 紀를 중심으로 春秋시대의 일을 '褒貶毁譽'의 방법으로 씀. '微言大義'를 살렸으며 名分과 褒貶을 중시함. 지금은 《春秋左氏傳》·《春秋穀梁傳》·《春秋公羊傳》 등으로 三傳이 전해지며 모두 十三經에 列入됨.

【鄭伯】《春秋左傳》隱公 元年 夏五月 "鄭伯克段于鄢"의 내용을 말함.

【夷狄不君】이적의 오랑캐와 같아 임금이라 볼 수 없다는 뜻.

042(1-42) 齊人弑其君
신하가 감히 임금을 죽이다니

제齊나라 신하가 그 임금을 죽이자 노魯나라 양공襄公이 창을 들고 일어나 소리쳤다.

"신하된 자가 어찌 감히 그 임금을 죽인단 말인가?"

그러자 곁에 있던 사구師懼가 이렇게 말하였다.

"무릇 제나라 임금은 다스림도 옳지 못하거니와 신하를 쓸 때에도 불초한 자를 끌어들이며, 자기 하고 싶은 대로 방종하게 굴어 만백성을 학대한 자입니다. 이는 하늘이 임금을 세운 뜻에 어긋날 뿐 아니라 그 스스로가 죽음을 자초한 일입니다. 그런데 지금 임금께서는 만백성의 생명은 아깝게 여기지 아니하고 오히려 한 사람 죽은 것은 슬퍼하시니 어찌 그리 잘못 알고 계신지요. 그 제나라 신하가 이미 도를 어그러뜨렸다면 그 제나라 임금 역시 아까워할 일이 아닙니다."

齊人弑其君, 魯襄公援戈而起曰:「孰臣而敢殺其君乎?」
師懼曰:「夫齊君治之不能, 任之不肖, 縱一人之欲, 以虐萬夫之性, 非所以立君也, 其身死自取之也; 今君不愛萬夫之命, 而傷一人之死, 奚其過也, 其臣已無道矣, 其君亦不足惜也.」

【魯襄公】《春秋》의 襄公. B.C.572~542년간 재위.《左傳》襄公 31년 및 昭公 7년, 25년 참조.
【師懼】양공의 신하

043(1-43) 孔子曰文王似元年
지극히 성스러운 임금들

공자孔子가 말하였다.

"문왕文王은 해로 따지면 원년元年과 같고, 무왕武王은 1년의 춘왕春王과 같으며, 주공周公은 바로 정월正月과 같다. 문왕은 그 아버지가 왕계王季이며 어머니는 태임太任, 그리고 그 비妃는 태사太姒, 그 아들은 바로 무왕武王과 주공周公이다. 그리고 그 신하는 태전泰顚·굉요閎夭이다. 이처럼 그 출신 근본이 아름답다.

한편 무왕武王은 그 몸을 바르게 함으로써 그 나라를 바르게 하였으며, 그 나라를 바르게 함으로써 천하를 바로잡았다. 그래서 무도無道한 나라를 치고, 죄 있는 자에게 벌을 내려 한 번 움직여 천하가 바로잡혔으니, 그의 일은 정당한 것이었다. 봄이 그 시기에 이르러 만물이 모두 솟아나듯이 임금이 그 도를 행함에 만인이 모두 다스림을 입었다. 또 주공은 스스로를 높여 천하가 이를 따르니 그 정성이 지극하다 이를 것이다."

孔子曰:「文王似元年, 武王似春王, 周公似正月, 文王以王季爲父, 以太任爲母, 以太姒爲妃, 以武王周公爲子, 以泰顚閎夭爲臣, 其本美矣. 武王正其身以正其國, 正其國以正天下, 伐無道, 刑有罪, 一動天下正, 其事正矣. 春致其時, 萬物皆及生, 君致其道, 萬人皆及治, 周公戴己而天下順之, 其誠至矣.」

【文王】 周를 발흥시킨 임금. 성인으로 여김. 西伯, 姬昌.

【武王】 文王의 아들. 紂王을 쳐 없앰. 姬發. 周公旦의 형.

【周公】 文王의 아들이며 武王의 아우. 姬旦.

【元年】 紀元의 뜻. 문왕이 周紀의 元年을 이룬다는 뜻. 春王은 봄을 맞아 만물을
소생케 하는 일로 文王을 비유. 正月은 주공이 제도 문물을 완비하여 주나라의
새로운 시작을 열어주어 이에 비유한 것.

【王季】 周나라 太公(太王, 즉 古公亶父)의 아들. 文王의 아버지. 季歷.

【太任】 太妊으로도 쓰며 季歷의 아내로 文王을 낳음.

【太姒】 武王의 아내로 文王・周公・召公을 낳음.

【泰顚】 文王의 신하.《書經》君奭에는 太顚이라 되어 있음.

【閎夭】 역시 문왕의 신하.

참고 및 관련 자료

1.《史記》周本紀에 의하면 周나라의 계보는 다음과 같다.

堯임금 때 后稷(이름은 棄) 이후 그 아들 不窋이 戎狄 사이로 갔다가 鞠, 公劉에
이르러 지도력을 다시 발휘하여 漆, 沮를 지나 渭水를 건너오게 된다. 그 뒤
古公亶父에 이르러서는 豳(빈) 땅을 버리고 岐山 아래에 터를 잡아 나라를 중흥시
키게 된다. 이때 古公亶父(뒤에 太王, 太公으로 추존됨)는 아내 太姜 사이에 세
아들, 즉 太伯・虞仲・季歷이 있었는데 그 중 季歷의 아들(季歷과 太妊 사이에
남)인 昌이 똑똑한 것을 보고 왕위를 그에게 물려주고 싶어하였다. 그러자면 당연히
우선 季歷이 이어야 하므로 이를 안 太伯은 吳 땅으로 도망가고 우중도 도망가
버렸다(太伯은 뒤에 오나라의 시조가 됨). 결국 왕위는 昌(뒤에 武王, 西伯昌)을 거쳐
發(文王)에게 이어져 주나라를 일으키게 된다. 한편 昌은 그 아내 太姒 사이에
發(文王)・周公旦(魯나라의 시조가 됨)・召公奭(뒤에 燕나라의 시조가 됨)을 낳았고
文王의 아들은 成王이 된다. 한편 殷末周初의 人物로는 姜太公望(太公인 고공단보가
기다리던 인물이란 뜻이 인명처럼 불림. 呂尙, 子牙. 齊나라의 시조가 됨), 그리고 箕子・
伯夷・叔齊・微子 등이 있다.

2.《孔子家語》致思篇

孔子曰: 王者有似春秋. 文王以王季爲父, 以太任爲母, 以太姒爲妃, 以武王・周公爲子, 以太顚·閎夭爲臣, 其本美矣. 武王正其身以正其國, 正其國以正天下, 伐無道, 刑有罪, 一動而天下正, 其事成矣. 春秋致其時而萬物皆及, 王者致其道而萬民皆治. 周公載己行化而天下順之, 其誠至矣.

044(1-44) 尊君卑臣者
임금이 높은 이유

임금을 높이고 신하를 낮추게 되는 것은 권세가 그렇게 만든 것이다. 무릇 그 세력을 잃게 되면 그 권위가 기울게 된다. 따라서 천자天子가 도를 잃으면 제후諸侯가 높아지게 되며, 제후가 정치를 실패하면 대부大夫가 일어서게 된다. 또 그 대부가 그 관직을 잃으면 서민이 흥하게 된다.

이로 말미암아 보건대, 윗사람이 자기 직분을 잃지 않았는데도 아랫사람이 윗사람을 가벼이 여기는 마음을 갖게 되는 경우란 있을 수가 없는 것이다.

尊君卑臣者, 以勢使之也, 夫勢失, 則權傾, 故天子失道, 則諸侯尊矣; 諸侯失政, 則大夫起矣; 大夫失官, 則庶人興矣. 由是觀之, 上不失而下得者, 未嘗有也.

【天子】周의 封建制度에서 宗主國, 즉 周나라의 왕.
【諸侯】종주국이 봉건으로 세운 나라. 춘추말기부터 이들은 모두 王을 칭함. 원래는 公・侯・伯・子・男의 관직임.
【大夫】제후국의 卿・大夫. 뒤에 이들은 다시 爵位를 받아 公・侯 ……君 등이 됨.

045(1-45) 孔子曰夏道不亡
권세는 두 가지가 양립할 수 없다

공자孔子가 말하였다.

"하도夏道가 망하지 않았더라면 상商이 일어설 수 없었고, 상나라의 덕이 사라지지 않았다면 주周나라가 일어설 수 없었을 것이며, 주덕周德이 사라지지 않았다면 춘추春秋시대가 나타날 수 없었으리라. 춘추시대가 일어서자 군자君子는 주도周道가 망한 줄 알게 되었다. 그래서 상하가 서로 허물어뜨림이 마치 물과 불이 서로를 멸하는 것 같았다. 그래서 인군人君은 신하의 권세가 커졌을 때를 잘 살피지 않으면 안 되나니, 신하가 커지면 사문私門은 성하고, 공가公家는 훼멸되고 말기 때문이다. 임금이 이를 잘 살피지 않으면 국가는 위험에 빠지게 된다."

또 관자筦子는 이렇게 말하였다.

"권세는 둘이 양립할 수 없고, 정치는 문이 둘일 수 없다. 그러므로 종아리가 허벅지보다 크면 걸을 수 없고, 손가락이 팔뚝보다 크면 물건을 잡을 수 없다. 이처럼 근본이 작고 말末이 크면 서로 부릴 수가 없느니라."

孔子曰:「夏道不亡, 商德不作; 商德不亡, 周德不作; 周德不亡, 春秋不作; 春秋作而後君子知周道亡也. 故上下相虧也, 猶水火之相滅也, 人君不可不察, 而大盛其臣下, 此私門盛, 而公家毀也, 人君不察焉, 則國家危殆矣.」

筦子曰:「權不兩錯, 政不二門. 故曰: 脛大於股者, 難以步,
指大於臂者, 難以把, 本小末大, 不能相使也.」

【夏】始祖는 禹. 末王은 桀.

【商】시조는 湯. 末王은 紂.

【周】文·武王이 일으켜 幽·厲 때 襃姒의 일로 나라를 망침(西周). 뒤에 平王이
洛邑으로 옮겨 東周가 시작됨. 이 東周의 전반부는 春秋, 후반부는 戰國시대가 됨.

【筦子】管仲. '筦'자는 '管'과 같음.

046(1-46) 司城子罕相宋
제가 악역을 담당하지요

사성자한司城子罕이 송나라 재상이 되어 임금에게 이렇게 말하였다.

"국가의 위험과 안정, 백성의 치세와 혼란 등은 모두 임금이 상벌을 어떻게 내리느냐에 달렸습니다. 상 줄 자에게 바르게 상을 주면 어진 이들이 이를 장려할 것이요, 벌 받을 자에게 마땅히 벌을 주면 간사한 자들이 줄어들게 됩니다. 마찬가지로 상벌이 부당하게 행해지면 어진 이의 권장도, 간사한 사람의 줄어듦도 없게 됩니다. 간사한 놈과 작당을 짓기 좋아하는 놈들은 위로 임금을 속이고 은폐하여 자신의 봉록을 다투게 되니 조심하지 않으면 안 됩니다. 무릇 상을 내려 주는 자는 누구나 그를 좋아합니다. 따라서 이 일은 임금께서 스스로 행하십시오. 형벌을 내려 사람을 죽이는 자는 누구나 그런 임무를 맡은 자를 싫어하지요. 이는 제가 맡아서 하겠습니다."

이 말을 듣자 왕은 기뻐하며 이렇게 허락하였다.

"옳거니. 그대는 악역을 맡고 나는 선역善役을 맡는다. 그러면 제후들도 비웃지 못할 것이다."

이에 송나라 임금은 상을 내리는 일을 맡고, 자한은 형벌을 내리는 일을 맡게 되었다. 나라 사람들은 형벌의 위협과 그것이 오로지 자한에 의해서 이루어진다는 것을 알게 되자, 대신들이 자한에게 빌붙기 시작하였고, 백성도 그의 명령만 따르게 되었다.

1년이 지나자, 자한은 그 위세를 믿고 임금을 내쫓은 다음 그 정치를 독점해 버렸다. 그래서 "약한 임금이 없으면 강한 대부가 나타날 수 없다"라 한 것이다.

노자老子가 "물고기는 물을 떠나서 살 수 없다. 나라의 이기利器는 남에게 빌려 주어서는 안 된다"라 하였으니 바로 이를 두고 한 말이다.

司城子罕相宋, 謂宋君曰:「國家之危定, 百姓之治亂, 在君行之賞罰也; 賞當則賢人勸, 罰得則姦人止; 賞罰不當, 則賢人不勸, 姦人不止, 姦邪比周, 欺上蔽主, 以爭爵祿, 不可不愼也. 夫賞賜讓與者, 人之所好也, 君自行之; 刑罰殺戮者, 人之所惡也, 臣請當之.」

君曰:「善. 子主其惡, 寡人行其善, 吾知不爲諸侯笑矣.」

於是宋君行賞賜, 而與子罕刑罰, 國人知刑戮之威, 專在子罕也, 大臣親之, 百姓附之. 居期年, 子罕逐其君, 而專其政.

故曰:『無弱君而彊大夫.』

老子曰:『魚不可脫於淵, 國之利器, 不可以借人.』此之謂也.

【司城子罕】 司城은 司寇(형법을 맡음)이다. 武公의 이름을 諱하여 고친 것. 《左傳》 襄公 6년, 15년, 29년 참조. 子罕은 이름. 성은 樂, 이름은 喜, 즉 樂喜. 宋 戴公의 아들인 樂父(術)의 후예.

【比周】《論語》 爲政篇에 "君子周而不比, 小人比而不周"라 하였고, 孔安國은 "忠信爲周, 阿黨爲比"라 하였으며 邢昺은 疏에서 "言君子常行忠信, 而不私相阿黨"이라 함.

1. 《韓非子》二柄篇

子罕謂宋君曰:「夫慶賞賜予者, 民之所喜也, 君自行之; 殺戮刑罰者, 民之所惡也, 臣請當之.」於是宋君失刑而子罕用之, 故宋君見劫.

2. 《韓非子》外儲說右下

司城子罕謂宋君曰:「慶賞賜與, 民之所喜也, 君自行之. 殺戮誅罰, 民之所惡也, 臣請當之.」宋君曰:「諾.」於是出威令, 誅大臣, 君曰「問子罕」也. 於是大臣畏之, 細民歸之. 處期年, 子罕殺宋君而奪政. 故子罕爲出彘以奪其君國.

3. 《韓非子》外儲說右下

一曰: 司城子罕謂宋君曰:「慶賞賜予者, 民之所好也, 君自行之. 誅罰殺戮者, 民之所惡也, 臣請當之.」於是戮細民而誅大臣, 君曰:「與子罕議之」. 居期年, 民知殺生之命制於子罕也, 故一國歸焉. 故子罕劫宋君而奪其政, 法不能禁也.

4. 《韓詩外傳》卷7

昔者司城子罕相宋, 謂宋君曰:「夫國家之安危, 百姓之治亂, 在君之行賞罰. 夫爵賞賜與, 人之所好也, 君自行. 殺戮刑罰, 民之所惡也, 臣請當之.」君曰:「善, 寡人當其美, 子受其惡, 寡人自知不爲諸侯笑矣.」國人知殺戮之刑專在子罕也, 大臣親之, 百姓畏之. 居不期年, 子罕遂劫宋君而專其政. 故老子曰:「魚不可脫於淵, 國之利器不可以示人.」詩曰:『胡爲我作, 不卽我謀.』

5. 《老子》36장

將欲歙之, 必固張之. 將欲弱之, 必固强之. 將欲廢之, 必固擧之. 將欲奪之, 必固與之. 是謂微明. 柔弱勝剛强. 魚不可脫於淵, 國之利器不可以示人.

6. 《史記》李斯列傳

昔者, 司城子罕相宋, 身行刑罰, 以威行之, 朞年遂劫其君. 田常爲簡公臣, 爵列無敵於國, 私家之富與公家均, 布惠施德, 下得百姓, 上得羣臣, 陰取齊國, 殺宰予於庭, 卽弑簡公於朝, 遂有齊國. 此天下所明知也.

7. 《淮南子》道應訓

昔者, 司城子罕相宋, 謂宋君曰:「夫國家之安危, 百姓之治亂, 在君行賞罰; 夫爵賞賜予, 民之所好也, 君自行之; 殺戮刑罰, 民之所怨也, 臣請當之.」宋君曰:「善,寡人當其美, 子受其怨; 寡人自知不爲諸侯笑矣.」國人皆知殺戮之專制在子罕也, 大臣親之, 百姓畏之. 居不至期年, 子罕遂却宋君, 而專其政. 故老子曰:「魚不可脫于淵, 國之利器, 不可以示人.」

卷二. 신술편 臣術篇

"신술臣術"이란 신하된 자로서 임금을 바르게 모시며 스스로 옳게 처신하는 방법과 도리를 뜻한다. 본 권은 이에 관한 고사와 일화를 모은 것이다.

모두 25장(047~071)이다.

047(2-1) 人臣之術
신하된 자의 처신술

남의 신하가 된 자로서의 처세술은 순종順從하면서 복명復命하되 감히 전횡을 부리지 않으며, 의義를 구차스럽게 합리화시키지 않으며, 지위를 구차스럽게 높이지 않아야 한다. 그렇게 하면 반드시 나라에 이익이 있고, 임금에게 보필함이 있게 된다. 따라서 그 자신은 존귀해지고 자손들도 이를 보존하게 된다.

이에 남의 신하된 자로서의 행동에는 육정六正과 육사六邪가 있으니, 육정을 바르게 실천하면 영화를 볼 것이요, 육사를 범하면 욕辱을 입게 된다.

무릇 영욕榮辱이란 바로 화복禍福의 문이다.

그러면 육정, 육사란 무엇인가? 우선 육정이란 다음 여섯 가지이다.

첫째, 어떤 일의 싹이 태동하기 전에, 또 형태나 조짐이 아직 보이기도 전에 환하게 그 존망存亡의 기幾와 득실得失의 요체를 남보다 미리 알고, 그러한 일이 나타나기 전에 이를 미리 막아 임금으로 하여금 초연히 현영顯榮한 위치에 서게 하여, 천하가 모두 진충盡忠하다고 칭함을 듣는 것이다. 이와 같이 하는 자는 성신聖臣이다.

둘째, 마음을 비우고 그 뜻을 깨끗이 하여 선善으로 나가 도道에 통하며, 임금을 예의禮誼로 면려勉勵하여 옳은 몸가짐을 갖도록 하고, 임금을 깨우쳐 장구한 계책을 세우도록 하며, 그 미덕은 순종토록 하고 그 악은 고쳐 구제해 주어 공을 세우고 일을 성취시키되 그 공을 모두 임금에게 미루며, 감히 자신의 노고를 자랑하지 않는 것이다.

이와 같이 하는 자는 양신良臣이다.

셋째, 몸을 낮추고 겸손히 하여 아침 일찍 일어나 밤늦게 잠자리에 들며, 어진 이 추천하기에 게으르지 않으며, 자주 옛일의 덕행 고사를 임금에게 들려주어 그를 면려시켜 이익이 있도록 이끌어 주어 국가의 사직과 종묘를 편안히 해주는 것이다. 이와 같은 자는 충신忠臣이다.

넷째, 드러나지 않은 부분을 밝게 살펴 성패成敗를 보기를 남보다 빨리 하여, 이를 미리 막아 구해 내고 끌어내어 복구시킨다. 또 그 이간을 막고 그 화의 근원은 근절시키며 화를 돌려 복이 되도록 하여, 임금으로 하여금 끝내 근심이 없도록 하는 것이다. 이와 같이 하는 자는 지신智臣이다.

다섯째, 법을 잘 지켜 받들어 자기 맡은 일에 충실하되 녹祿이나 상을 사양하며, 선물·증송贈送·뇌물을 받지 아니하며, 의복은 단정히, 음식은 절약, 검소하게 하는 것이다. 이와 같이 하는 자는 정신貞臣이다.

여섯째, 국가가 혼란하고 임금의 정치가 도에 어긋날 때 감히 임금의 얼굴을 붉히도록 범하며, 임금의 과실을 지적하되 죽음도 불사하며, 그 몸이 죽더라도 국가만 편안하면 된다고 여겨 자기가 한 일에 대해 후회하지 않는 것이다. 이와 같이 하는 자는 직신直臣이다.

다음으로 육사六邪는 다음의 여섯 가지이다.

첫째, 관직에는 안일하며 녹을 탐하고, 사사로운 자기 집안일은 열심히 하되 공사公事에는 힘을 쏟지 않고, 자신의 지혜나 능력을 공익에는 쓰지 않으려 하며, 임금에게 바칠 논책論策을 궁색·기갈飢渴하며, 그 절조節操를 다하지 않고 오히려 세상의 부침浮沈에 놀아나되 임금 좌우를 관망觀望하는 것이다. 이와 같이 하는 자는 구신具臣이다.

둘째, 임금이 하는 말은 무조건 옳다하고 임금이 하는 일은 무조건 가可하다 하며, 숨어서 임금이 좋아하는 것을 구해 이를 바쳐 그의 이목耳目을 즐겁게 하며, 억지로 임금의 뜻에 맞추어 그를 즐겁게 만들어 주되 그 뒤에 닥쳐올 해악害惡은 돌아보지도 않는 것이다. 이와 같이 하는 자는 유신諛臣이다.

셋째, 속이 진실로 자못 험악하면서 밖으로는 소심하고 근엄한 척하여 교언영색巧言令色하며, 또한 마음속으로 어진 이를 질투하여 자신이 나가고 싶으면 그 아름다움을 극구 칭찬하되 자신의 단점은 끝까지 은폐하고, 남을 물러나게 하고자 할 때에는 그 단점을 들추어내고 그 장점은 숨기는 것이다. 그리하여 임금으로 하여금 망령된 행동과 잘못된 등용을 하도록 하고, 상벌도 부당하게 내리도록 만들며, 법령도 제대로 실행되지 못하게 하고 마는 것이다. 이와 같이 하는 자는 간신姦臣이다.

넷째, 지혜는 족히 그 잘못도 변호하여 옳은 듯이 느끼게 하며, 언변도 풍족하여 남을 혹하게 하며, 뒤집으면 쉬운 말인데도 이를 위대한 문장처럼 떠벌리며, 안으로는 골육지친骨肉之親을 이간시키고, 밖으로는 조정朝廷에 질투와 혼란의 풍조를 만드는 것이다. 이와 같이 하는 자는 참신讒臣이다.

다섯째, 권세를 전단專斷하여 국가의 대사를 빌미로 나라는 가벼이 여기고 자신의 사리사욕은 중히 여기며, 당을 조직하여 자기 집을 부유하게 한다. 또 그 권세를 더욱 높여 임금의 명령을 제멋대로 비틀어 자신이 현귀顯貴하도록 꾸미는 것이다. 이와 같이 하는 자는 적신賊臣이다.

여섯째, 사악한 도리를 가지고 아첨하며 임금의 의義를 추락시키고, 작당비주作黨比周하여 임금의 명철을 가로막아 들어와서는 변언호사辯言好辭로 자신을 보호하며, 밖으로는 다른 말로 혹하게 하여 흑백을 구분하지 못하도록 하고, 시비를 가릴 수 없도록 한다. 눈치로 일을 추진하여 세력 있는 곳이면 빌붙어, 임금으로 하여금 나라 안에 악명惡名이 퍼지게 하고, 사방 이웃나라에까지 그 소문이 나도록 하는 것이다. 이와 같이 하는 자는 망국지신亡國之臣이다.

이상 여섯 가지가 바로 육사이다.

따라서 현신賢臣은 육정지도六正之道로 처신하여 육사지술六邪之術을 배격해야 한다. 그렇게 하면 위는 편안하고 아래는 잘 다스려져서 살아서는 즐거운 것을 볼 것이요, 죽어서도 사모함을 받을 것이니라. 이것이 바로 신하된 자의 도리와 처신술이다.

人臣之術, 順從而復命, 無所敢專, 義不苟合, 位不苟尊; 必有益於國, 必有補於君; 故其身尊而子孫保之. 故人臣之行有六正六邪, 行六正則榮, 犯六邪則辱, 夫榮辱者, 禍福之門也. 何謂六正六邪? 六正者: 一曰萌芽未動, 形兆未見, 昭然獨見存亡之幾, 得失之要, 預禁乎不然之前, 使主超然立乎顯榮之處, 天下稱孝焉, 如此者聖臣也. 二曰虛心白意, 進善通道, 勉主以禮誼, 諭主以長策, 將順其美, 匡救其惡, 功成事立, 歸善於君, 不敢獨伐其勞, 如此者良臣也. 三曰卑身賤體, 夙興夜寐, 進賢不解, 數稱於往古之德行, 事以屬主意, 庶幾有益, 以安國家社稷宗廟, 如此者忠臣也. 四曰明察幽, 見成敗, 早防而救之, 引而復之, 塞其間, 絶其源, 轉禍以爲福, 使君終以無憂, 如此者智臣也. 五曰守文奉法, 任官職事, 辭祿讓賜, 不受贈遺, 衣服端齊, 飲食節儉, 如此者貞臣也. 六曰國家昏亂, 所爲不道, 然而敢犯主之顏面, 言主之過失, 不辭其誅, 身死國安, 不悔所行, 如此者直臣也, 是爲六正也. 六邪者: 一曰安官貪祿, 營於私家, 不務公事, 懷其智, 藏其能, 主飢於論, 渴於策, 猶不肯盡節, 容容乎與世沈浮上下, 左右觀望, 如此者具臣也. 二曰主所言皆曰善, 主所爲皆曰可, 隱而求主之所好卽進之, 以快主耳目, 偸合苟容與主爲樂, 不顧其後害, 如此者諛臣也. 三曰中實頗險, 外容貌小謹, 巧言令色, 又心嫉賢, 所欲進則明其美而隱其惡, 所欲退則明其過而匿其美, 使主妄行過任, 賞罰不當, 號令不行, 如此者姦臣也. 四曰智足以飾非, 辯足以行說, 反言易辭而成文章, 內離骨肉之親, 外妬亂朝廷, 如此者讒臣也. 五曰專權擅勢, 持招國事, 以爲輕, 重於私門, 成黨以富其家, 又復增加威勢, 擅矯主命以

自貴顯, 如此者賊臣也. 六曰諂言以邪, 墜主不義, 朋黨比周,
以蔽主明, 入則辯言好辭, 出則更復異其言語, 使白黑無別, 是非
無間, 伺候可推, 因而附然, 使主惡布於境內, 聞於四鄰, 如此者
亡國之臣也, 是謂六邪. 賢臣處六正之道, 不行六邪之術, 故上
安而下治, 生則見樂, 死則見思, 此人臣之術也.

【復命】 명령을 수행한 후에 이를 보고하는 것.
【其臣】 머리 수나 갖추어야 할 정도의 신하.
【巧言令色】《論語》 爲政篇에 "巧言令色, 鮮矣仁"이라 함.
【比周】《論語》 爲政篇에 "君子周而不比, 小人比而不周"라 함.

각 직분의 차이점

탕湯**임금**이 이윤伊尹에게 물었다.

"삼공三公·구경九卿·대부大夫, 그리고 여러 사士 들 사이에는 어떤 차이가 있습니까?"

이윤은 이렇게 설명하였다.

"삼공이란, 대도大道에 통달하여 변화에 대처함이 무궁하며 만물의 사정을 능히 풀어낼 수 있어 천도天道에 통하는 자입니다. 그들의 언사는 족히 음양陰陽을 조화롭게 하고, 사시四時를 바르게 하며, 풍우風雨를 절도 있게 합니다. 이러한 자라면 가히 삼공으로 삼을 수 있습니다. 그 까닭으로 삼공의 임무는 늘 도道에 근거해야 하는 것입니다.

다음으로 구경이란, 사시를 잃지 않고 물길을 소통시키며 제방을 잘 수축修築하고 오곡五穀을 때맞게 심을 줄 알아 지리地理에 통하는 자입니다. 그리하여 통하지 못하는 것을 능히 통하게 하며, 이롭지 못한 것을 능히 이로운 것으로 고쳐 나갑니다. 이러한 인물이라면 구경으로 천거할 수 있지요. 따라서 구경의 임무는 늘 덕德에 근거해야 하는 것입니다.

다음 대부란 모든 행동에 여민동중與民同衆하며, 취하고 버리는 것도 역시 백성과 같이 이익을 생각하고 인사人事에 통달하여 행동거지行動擧止도 먹줄로 잰 듯 정확해야 합니다. 또 말로 남을 상해하는 일이 없으며, 세상의 비방으로 인해 자신을 그르치는 일도 없어야 합니다. 국경의 거래에 통달하여 나라의 재정을 살찌우는 일도 그들의 임무입니다.

이와 같이 하는 자는 대부로 천거할 만합니다. 따라서 대부의 임무는 항상 인仁에 근거해야 합니다.

다음 선비들이란 의를 알아 자신의 마음을 잃지 않고 일에 공을 세우되 그 상賞을 독점하지 않으며, 정치에는 충실하고 간언諫言에는 강경하여 간사姦詐함이 없어야 합니다. 또 사私를 버리고 공公을 앞세우며 언어에는 법도가 있어야 합니다. 이와 같이 하는 자는 사士의 반열에 천거할 수 있습니다. 따라서 선비의 임무란 항상 의義에 바탕을 두어야 합니다.

그러므로 도道·덕德·인仁·의義가 바르게 정해지면 천하가 바르게 되는 것이니, 이 네 가지야말로 명철한 왕으로서 신하이면서도 신하로 여겨서는 안 되는 것입니다."

이에 탕湯이 다시 물었다.

"신하이면서 신하로 여기면 안 된다는 뜻은 무엇입니까?"

이윤이 다시 대답하였다.

"임금이 신하라는 이름을 붙여서는 안 되는 경우가 네 가지입니다. 아버지와 같은 항렬의 숙부·백부는 신하이되 신하라는 이름을 붙일 수 없으며 왕과 같은 항렬의 여러 형님들, 그리고 선왕先王께서 거느렸던 신하, 덕을 풍성히 갖춘 선비도 역시 신하이되 신하란 이름을 쓸 수 없습니다. 이것이 바로 큰 순리입니다."

湯問伊尹曰:「三公, 九卿, 大夫, 列士, 其相去何如?」

伊尹對曰:「三公者, 知通於大道, 應變而不窮, 辯於萬物之情, 通於天道者也; 其言足以調陰陽, 正四時, 節風雨, 如是者擧以爲三公, 故三公之事, 常在於道也. 九卿者, 不失四時, 通於溝渠, 修隄防, 樹五穀, 通於地里者也; 能通不能通, 能利不能利, 如此者擧以爲九卿, 故九卿之事, 常在於德也. 大夫者, 出入與民同衆,

取去與民同利, 通於人事, 行猶擧繩, 不傷於言, 言之於世, 不害
於身, 通於關梁, 實於府庫, 如是者擧以爲大夫, 故大夫之事,
常在於仁也. 列士者, 知義而不失其心, 事功而不獨專其賞, 忠政
彊諫而無有姦詐, 去私立公而言有法度, 如是者擧以爲列士,
故列士之事, 常在於義也. 故道德仁義定而天下正, 凡此四者
明王臣而不臣.」

　　湯曰:「何謂臣而不臣?」

　　伊尹對曰:「君之所不名臣者四: 諸父, 臣而不名, 諸兄, 臣而
不名, 先王之臣, 臣而不名, 盛德之士, 臣而不名, 是謂大順也.」

【湯】 商(殷)의 시조.
【伊尹】 湯을 도운 名相.
【關梁】 국경의 관문이나 국경의 다리의 關市를 말하는 것으로 봄. 《孟子》梁惠王
　篇의 關市 참조.
【諸父·諸兄】 바로 뒤의 "臣而不臣"과 바로 뒤이은 "臣而不名"은 서로 순통하게
　연결되지 않음.

049(2-3) 湯問伊尹曰古者所以立三公九卿
각 직분을 세운 이유

탕湯임금이 이윤伊尹에게 물었다.

"옛날에 삼공三公·구경九卿·대부大夫·열사列士의 직위를 설립한 것은 무슨 이유에서입니까?"

이윤은 이렇게 대답하였다.

"삼공이란 바로 임금의 일에 참여하는 자이며, 구경은 삼공의 일에 참여하고, 대부는 구경의 일에 참여하며, 열사는 대부의 일에 참여하는 것입니다. 따라서 이처럼 서로가 위쪽의 일을 참여하여 꼬리를 무는 것을 사종事宗이라 일컫습니다. 이 사종이 그 근본을 잃지 않아야 내외가 하나처럼 움직입니다."

湯問伊尹曰:「古者所以立三公, 九卿, 大夫, 列士者, 何也?」

伊尹對曰:「三公者, 所以參五事也; 九卿者, 所以參三公也; 大夫者, 所以參九卿也; 列士者, 所以參大夫也. 故參而有參, 是謂事宗; 事宗不失, 外內若一.」

【以參五事】 이 구절의 '五'는 '王'의 잘못으로 봄.
【事宗】 일의 줄기나 중점. 근본, 대강을 알기 위한 일로 봄.

050(2-4) 子貢問孔子今之人臣孰爲賢
역대 가장 어질었던 신하

자공子貢이 공자孔子에게 여쭈었다.

"지금의 신하들 중에 누가 가장 어질다고 보십니까?"

이에 공자는 이렇게 대답하였다.

"나는 아직 잘 모르겠다. 지난날에는 제齊나라의 포숙鮑叔, 그리고 정鄭나라의 자피子皮를 어진 인물이라 보았었지!"

그러자 자공이 다시 여쭈었다.

"그렇다면 제나라의 관중管仲과 정나라의 자산子産은 어찌하여 거명하지 않으십니까?"

공자가 이렇게 깨우쳐 주었다.

"사賜(자공의 이름)야! 너는 하나만 알고 둘은 모르는구나. 너는 어진 이를 추천하는 것이 어진 일이라 들었느냐, 아니면 자기 힘을 다 쏟는 것이 어질다고 들었느냐?"

자공은 당연하다는 듯이 말하였다.

"어진 이를 추천하는 것이 진정 어진 것이지요!"

그제야 공자는 결론을 내려주었다.

子貢

"아무렴! 그렇다면 나는 포숙이 관중을 추천하고 자피가 자산을 추천하였다는 소리는 들었지만, 관중이나 자산이 누군가를 추천하였다는 말은 들어본 적이 없다."

子貢問孔子曰:「今之人臣孰爲賢?」

孔子曰:「吾未識也, 往者齊有鮑叔, 鄭有子皮, 賢者也.」

子貢曰:「然則齊無筦仲, 鄭無子産乎?」

子曰:「賜, 汝徒知其一, 不知其二, 汝聞進賢爲賢耶? 用力爲賢耶?」

子貢曰:「進賢爲賢.」

子曰:「然, 吾聞鮑叔之進筦仲也, 聞子皮之進子産也, 未聞筦仲子産有所進也.」

【子貢】 孔子의 제자. 춘추 때 衛나라 사람. 성은 端木, 이름은 賜.

【鮑叔】 춘추 때 齊나라 小白(뒤에 桓公)을 모셔, 糾를 모셨던 친구 관중을 추천하여 桓公이 패자가 되게 한 인물. 《史記》 참조.

【子皮】 이름은 罕虎. 鄭나라의 名臣. 《左傳》 襄公 30년 참조.

【筦仲】 포숙의 추천으로 桓公을 모셔 태자로 만듦. 晏子와 더불어 제나라의 二大名相. 《史記》 管晏列傳 및 齊太公世家 참조.

【子産】 정나라 簡公을 도와 國泰民安시킨 유명한 재상.

參考 및 關聯 資料

1. 《韓詩外傳》 卷7

子貢問大臣, 子曰:「齊有鮑叔, 鄭有子皮.」 子貢曰:「否. 齊有管仲, 鄭有東里子産.」

孔子曰:「然. 吾聞鮑叔之薦管仲也, 子皮之薦子産也, 未聞管仲·子産有所薦也.」

子貢曰:「然則薦賢賢於賢.」曰:「知賢, 智也; 推賢, 仁也; 引賢, 義也. 有此三者, 又何加焉?」

2.《孔子家語》賢君篇

子貢問於孔子曰:「今之人臣孰爲賢?」孔子曰:「吾未識也, 往者齊有鮑叔, 鄭有子皮, 則賢者矣.」子貢曰:「齊無管仲, 鄭無子産乎?」子曰:「賜, 汝徒知其一, 未知其二也. 汝聞用力爲賢乎? 進賢爲賢乎?」子貢曰:「進賢賢哉!」子曰:「然, 吾聞鮑叔達管仲, 子皮達子産, 未聞二子之達賢己之才者也..」

3.《孔子集語》臣術篇

子貢問大臣, 子曰:「齊有鮑叔, 鄭有子皮.」子貢曰:「否. 齊有管仲, 鄭有東里子産.」孔子曰:「産薦也.」子貢曰:「然則薦賢賢於賢.」曰:「知賢, 智也; 推賢, 仁也; 引賢, 義也. 有此三者, 又何加焉?」

4. 기타 참고자료

《新論》(劉晝) 薦賢篇

051(2-5) 魏文侯且置相
재상 결정의 요건

위魏 **문후**文侯가 장차 재상을 임명하려고 먼저 이극李克을 불러 자문을 구하였다.

"과인이 장차 재상을 고르려 하는데 계성자季成子와 적촉翟觸 중에 누구를 선택함이 옳겠습니까?"

이극은 이에 이렇게 대답하였다.

"제가 듣건대 천한 사람은 귀한 이의 일에 끼어들지 않으며 국외자局外者는 내부의 일에 나서지 않으며, 또 관계가 먼 자는 친한 사람끼리의 모임에 참여하지 않는다 하더이다. 저는 관계가 멀고 천한 직위로 감히 이 일에 의견을 내놓고 싶지 않습니다."

그러자 문후는 간곡히 부탁을 하였다.

"이는 나라의 중대한 일이요. 원컨대 선생께서는 일이 이렇게 임박하였는데 사양치 마시고 말해주시오!"

이극은 마지못해 입을 열었다.

"임금께서는 그 두 사람을 평소 잘 관찰해 놓지 않으셔서 지금 망설이고 있음을 저는 알고 있습니다. 귀할 때는 그가 누구를 천거하는가를 보시고, 부유해졌을 때는 그가 어떻게 남에게 베푸는가를 보실 것이며, 가난할 때엔 그가 무엇을 얻고자 하는지를 보시고, 궁할 때에 그가 무엇을 하는가를 보셔야 합니다. 이로 말미암아 기준을 세우시면 가히 알 수 있습니다."

임금은 이 말을 깨닫고 만족해하였다.

"알았소. 선생은 물러가도 좋소. 내 이미 재상을 결정하였소!"

이극은 물러나서 적황(翟黃 즉, 翟觸)의 집을 경과하게 되었다. 적황이 물었다.

"내 듣기로 임금께서 재상의 임명에 대하여 그대에게 자문을 구하였다면서요? 그래 누가 재상으로 발탁되었소?"

이극은 한마디로 말하였다.

"계성자가 재상이 되었소!"

적황은 얼굴을 붉히며 실망한 표정으로 이렇게 말하였다.

"내 선생께 실망하였소이다!"

이에 이극은 이렇게 설명하였다.

"그대는 어찌 그리 내게 실망부터 퍼부음이 급하오? 내가 그대를 임금 앞에서 어찌 마치 우리 둘이 작당比周이나 한 듯이 큰 관직을 주라고 할 수 있었겠소? 임금이 내게 묻기에 나는 이렇게 대답하였을 뿐이오. 즉, '임금께서 잘 살펴보지 않았기 때문에 망설인다. 사람을 판단할 때는 그가 귀해졌을 때는 누구를 추천하는가를 보고, 부유해졌을 때는 무엇을 베푸는가를 보며, 가난할 때는 무엇을 어떻게 취하는가를 볼 것이며, 궁해졌을 때는 무슨 짓을 하는가를 보라. 이를 보면 누구를 재상으로 앉혀야 할 것인지를 알 수 있다'라고요. 그랬더니 임금께서 내게 '나가라. 내 이미 재상을 결정하였다'라 하더군요. 이로써 나는 계성자가 재상이 되었음을 알았소이다."

그래도 적황은 화를 풀지 못하고 이렇게 말하였다.

"내가 어찌 재상이 될 수 없단 말입니까? 서하西河를 지켜낸 것도 나의 공입니다. 또 이 나라 안의 일도 내가 계책을 세워 안정시켰소. 왕께서 중산中山을 공격하려 하였을 때 내가 악양樂羊을 추천하여 성공하였고, 나라에 믿을 만한 신하가 없다고 하였을 때에는 바로 내가 선생을 추천하였소. 그리고 왕자를 가르칠 마땅한 스승이 없을 때 내가 굴후부屈侯附를 추천해 올렸소. 그런 내가 어찌 계성자만 못하다는 말이오?"

이극은 이렇게 말하였다.

"당신은 계성자만 못합니다. 계성자는 그의 식읍食邑에서 천종千鍾의 소출을 그 중 9할은 밖에 나누어 주고 1할만 그 안에서 씁니다. 그래서 동쪽으로는 복자하卜子夏·전자방田子方·단간목段干木을 얻어 이들을 임금에게 추천하여 지금 모두 임금의 스승들이 되어 있습니다. 그러나 당신이 추천한 인물들은 그저 남의 신하로서의 재주밖에 가지고 있지 않은 자들입니다."

그러자 적황이 급히 일어나 부끄러운 기색을 하며 말하였다.

"제가 선생에게 큰 과실을 범하였군요. 청컨대 스스로 수양하고 더 배우겠습니다."

그 말을 마치기도 전에 좌우 사람들이 계성자가 재상이 되었다고 알려왔다. 적황은 이에 아무 말도 못하고 부끄러워하며 석 달 간이나 집 밖에 나오지를 못하였다.

魏文侯且置相, 召李克而問焉, 曰:「寡人將置相, 置於季成子與翟觸, 我孰置而可?」

李克曰:「臣聞之: 賤不謀貴, 外不謀內, 疎不謀親, 臣者疎賤, 不敢聞命.」

文侯曰:「此國事也, 願與先生臨事而勿辭.」

李克曰:「君不察故也, 可知矣, 貴視其所擧, 富視其所與, 貧視其所不取, 窮視其所不爲, 由此觀之, 可知矣.」

文侯曰:「先生出矣, 寡人之相定矣.」

李克出, 過翟黃, 翟黃問曰:「吾聞君問相於先生, 未知果孰爲相?」

李克曰:「季成子爲相.」

翟黃作色不說曰:「觸失望於先生.」

李克曰:「子何遽失望於我, 我於子之君也, 豈與我比周而求大官哉? 君問相於我, 臣對曰:『君不察故也, 貴視其所擧, 富視其所與, 貧視其所不取, 窮視其所不爲, 由此觀之可知也.』君曰:『出矣, 寡人之相定矣.』以是知季成子爲相.」

翟黃不說曰:「觸何遽不爲相乎? 西河之守, 觸所任也; 計事內史, 觸所任也; 王欲攻中山, 吾進樂羊; 無使治之臣, 吾進先生; 無使傅其子, 吾進屈侯附. 觸何負於季成子?」

李克曰:「不如季成子, 季成子食采千鍾, 什九居外一居中; 是以東得卜子夏, 田子方, 段干木, 彼其所擧人主之師也, 子之所擧, 人臣之才也.」

翟黃迡然而慚曰:「觸失對於先生, 請自修, 然後學.」

言未卒, 而左右言季成子立爲相矣, 於是翟黃黙然變色內慚, 不敢出, 三月也.

【魏文侯】 전국 초기 많은 인재를 초치하여 나라를 부흥시킨 영명한 임금. 그의 휘하에 吳起·李克·西門豹·翟璜·樂羊·子夏·田子方·段干木 등 뛰어난 인물들이 모여들었다. 재위 50년(B.C.445~396).

【李克】 戰國 초기 魏나라 정치가.《漢書》藝文志 儒家에《李克》7편이 있으나 일실되었다. 淸代 馬國翰의 輯佚本이 있음. 일설에는 李悝가 곧 李克이 아닌가 한다.《新序》에는 里克·李克으로 되어 있다.

【季成子】 魏 文侯의 아우. 翟黃과 친하였다.

【翟觸】 翟黃, 翟璜.《史記》魏世家에는 翟璜.《呂氏春秋》·《新序》·《韓詩外傳》에는 翟黃. 본《說苑》에는 翟觸과 翟黃을 같이 쓰고 있음. 전국시대 사람으로 西門豹를 文侯에게 추천하였다.

【西河】 魏나라의 서쪽 변방.

【中山】 전국시대 지금의 河北省 定縣에 있던 나라.《戰國策》中山策 참조.

【樂羊】 魏나라 장군.《史記》甘茂列傳 및《戰國策》참조.

【屈侯附】屈侯附라고도 쓰며, 翟黃에 의해 魏 文侯에게 추천되었다.
【千鍾】들이의 단위. 1鍾은 6斛4斗라 한다.
【卜子夏】卜商. 衛나라 사람. 공자의 제자인 子夏.
【田子方】전국시대 위나라 사람으로 文侯의 스승.
【段干木】전국시대 芮城人. 魏文侯의 스승.

참고 및 관련 자료

1.《呂氏春秋》舉難篇

魏文侯弟曰季成, 友曰翟璜, 文侯欲相之而未能決, 以問李克. 李克對曰:「君欲置相, 則問樂騰與王孫苟端孰賢」文侯曰:「善.」以王孫苟端爲不肖, 翟璜進之; 以樂騰爲賢, 季成進之. 故相季成.

2.《呂氏春秋》論人篇

凡論人, 通則觀其所禮, 貴則觀其所進, 富則觀其所養, 聽則觀其所行, 止則觀其所好, 習則觀其所言, 窮則觀其所不受, 賤則觀其所不爲.

3.《韓詩外傳》卷3

魏文侯欲置相, 召李克問曰:「寡人欲置相, 非翟黃則魏成子, 願卜之於先生.」李克避席而辭曰:「臣聞之:『卑不謀尊, 疏不間親.』臣外居者也, 不敢當命.」文侯曰:「先生臨事勿讓.」李克曰:「夫觀士也, 居則視其所親, 富則視其所與, 達則視其所舉, 窮則視其所不爲, 貧則視其所不取. 此五者足以觀矣.」文侯曰:「請先生就舍, 寡人之相定矣.」李克出, 遇翟黃, 翟黃曰:「今日聞君召先生而卜相, 果誰爲之?」李克曰:「魏成子爲之.」翟黃悖然作色曰:「吾何負於魏成子? 西河之守, 吾所進也; 君以鄴爲憂, 吾進西門豹; 君欲伐中山, 吾進樂羊, 中山旣拔, 無守之者, 吾進先生. 君欲置太子傅, 吾進趙蒼唐. 皆有成功就事, 吾何負於魏成子?」克曰:「子之言克於子之君也, 豈比周以求大官哉? 君問置相, 非成則黃, 二子何如? 臣對曰:『君不察故也, 居則視其所親, 富則視其所與, 達則視其所舉, 窮則視其所不爲, 貧則視其所不取. 五者足以定矣, 何待克哉!』是以知魏成子爲相也. 且子焉得與魏成子比乎? 魏成子食祿千鍾, 什一在內, 九在外, 以聘約天下之士. 是以東得卜子夏·田子方·段干木, 此三人, 君皆師友之. 子之所進君皆臣之, 子焉得與魏成子比乎?」翟黃逡巡再拜曰:「鄙人固陋, 失對於夫子.」詩曰:『明昭有周, 式序在位.』

4.《淮南子》氾論訓(《文子》上義篇도 같음)

故論人之道, 貴則觀其所擧, 富則觀其所施, 窮則觀其所不受, 賤則觀其所不爲, 貧則觀其所不取.

5.《史記》魏世家

魏文侯謂李克曰:「先生嘗敎寡人曰『家貧則思良妻, 國亂則思良相』. 今所置非成則璜, 二子何如?」李克對曰:「臣聞之, 卑不謀尊, 疏不謀戚, 臣在闕門之外, 不敢當命.」文侯曰:「先生臨事勿讓.」李克曰:「君不察故也, 居視其所親, 富視其所與, 達視其所擧, 窮視其所不爲, 貧視其所不取, 五者足以定之矣, 何待克哉!」文侯曰:「先生就舍, 寡人之相定矣.」李克趨而出, 過翟璜之家, 翟璜曰:「今者聞君召先生而卜相, 果誰爲之?」李克曰:「魏成子爲相矣.」翟璜忿然作色曰:「以耳目之所覩記, 臣何負於魏成子. 西河之守, 臣之所進也, 君內以鄴爲憂, 臣進西門豹; 君謀欲伐中山, 臣進樂羊; 中山已拔, 無使守之, 臣進先生; 君之子無傅, 臣進屈侯鮒. 臣何以負於魏成子!」李克曰:「且子之言克於子之君者, 豈將比周以求大官哉? 君問而置相『非成則璜, 二子何如?』克對曰:『君不察故也, 居視其所親, 富視其所與, 達視其所擧, 窮視其所不爲, 貧視其所不取, 五者足以定之矣, 何待克哉?』是以知魏成子之爲相也. 且子安得與魏成子比乎? 魏成子以食祿千鍾, 什九在外, 什一在內, 是以東得卜子夏·田子方·段干木, 此三人者, 君皆師之. 子之所進五人者, 君皆臣之, 子惡得與魏成子比也.」翟璜逡巡再拜曰:「璜, 鄙人也, 失對, 願卒爲弟子.」

6.《新序》雜事(四)

魏文侯弟曰季成, 友曰翟黃. 文侯欲相之而未能決, 以問李克, 克對曰:「君若置相, 則問樂商與王孫苟端孰賢?」文侯曰:「善.」以王孫苟端爲不肖, 翟黃進之, 樂商爲賢, 季成進之, 故相季成.

7.《十八史略》卷1

文侯謂李克曰:「先生嘗敎寡人. 家貧思良妻. 國亂思良相. 今所相. 非魏成則翟璜. 二子何如?」克曰:「居視其所親. 富親其所與. 達視其所擧. 窮視其所不爲. 貧視其所不取. 五者足以定之矣. 子夏·田子方·段干木, 成所擧也, 乃相成.」

052(2-6) 楚令尹死
누가 재상이 될까

초楚**나라의 영윤**令尹이 죽자 경공景公이란 자가 성공건成公乾을 만나 이렇게 물었다.

"영윤의 자리가 누구에게 돌아갈 것 같소?"

그러자 성공건이 대답하였다.

"거의 굴춘屈春으로 결정이 나지 않을까요?"

이에 경공은 화를 내며 이렇게 서운해 하였다.

"온 나라 사람들은 내가 영윤이 될 것으로 알고 있는데!"

이에 성공건은 이렇게 설명하였다.

"그대는 자품資品이 적고 굴춘은 자품이 뛰어납니다. 그대는 무엇이든지 얻는 것을 의義로 여기고 있으면서도 마치 천하의 가장 큰 근심을 혼자 지고 있는 듯이 하고 있습니다. 또 그대가 친구로 여기고 있는 것은 우는 학과 짚으로 만든 개 모습의 장난감입니다. 거기서 얻을 지혜란 아주 적은 것입니다. 그런데도 그대는 그것을 놀잇감으로 즐기고 있습니다.

그러나 치이자피鴟夷子皮의 말에 의하면, 굴춘을 모시면서 보니 그는 손파損頗를 친구로 삼고 있다 합니다. 자피나 손파만의 지혜로도 두 사람은 충분히 영윤이 될 만한데, 그들은 감히 자신들의 지혜를 믿고 제멋대로 하는 것이 아니라 오히려 굴춘에게 모든 것을 위임하고 있다 합니다. 그 때문에 정치의 권한이 굴춘에게 귀속될 것이라 말한 것입니다!"

楚令尹死. 景公遇成公乾曰:「令尹將焉歸?」

成公乾曰:「殆於屈春乎!」

景公怒曰:「國人以爲歸於我.」

成公乾曰:「子資少, 屈春資多, 子義獲, 天下之至憂也, 而子以爲友, 鳴鶴與芻狗, 其知甚少, 而子玩之; 鴟夷子皮曰:『侍於屈春, 損頗爲友, 二人者之智, 足以爲令尹, 不敢專其智而委之屈春.』故曰政其歸於屈春乎!」

【令尹】 춘추시대 楚나라의 최고 관직. 다른 나라의 相國, 재상에 해당한다.
【景公】 人名. 楚나라 대부인 듯하다. 齊나라의 임금인 景公은 아니다.
【成公乾】 역시 人名. 자세히는 알 수 없다. 楚나라 大夫인 듯하다.
【屈春】 人名. 楚나라 大夫로 여겨진다.
【鴟夷子皮】 원래 越나라 范蠡가 이름을 鴟夷子皮로 바꾸었으나, 여기서는 그와 동일인이 아닌 것으로 여겨진다.
【損頗】 역시 人名으로 보인다.

053(2-7) 田子方渡西河
난 그대가 임금인 줄 알았소

전자방田子方이 서하西河를 건너 적황翟黃을 방문하러 나섰다.
이때 마침 적황은 수레에 화려한 덮개와 황금장식을 하고, 훌륭한
자리를 갖추어 앉아 있었다. 더구나 그렇게 꾸민, 네 필 말이 끄는
수레가 자그마치 80승이나 되었다. 전자방이 이를 멀리서 보고 임금의
행렬이라 여겨 길이 좁은지라 스스로는 수레에서 내려 기다리고 있었다.
적황이 다가와 그가 전자방임을 알고는 얼른 수레에서 내려 달려와
스스로 꿇어 낮은 태도를 취하면서 말하였다.

"나요, 나. 적촉翟觸(翟黃)이오!"

전자방도 놀랐다.

"아, 그대였구려! 내 방금 멀리서 그대 행차를 보고 임금인가 하였더니,

吳起

지금 그대가 이르러 보니 신하였구려!
그런데 어찌 이토록 성대하오?"

이에 적황은 이렇게 대답하였다.

"이는 모두가 임금이 내게 하사한
거라오. 30년 동안 열심히 모셨더니
이렇게 되었소. 시간이 한가하여 들
에 나왔다가 마침 선생을 만났구려!"

그러나 전자방은 의아해서 다시
물었다.

"임금이 어찌 그대에게 이런 수레까지 후하게 내려주셨소?"

다시 적황은 이렇게 설명하였다.

"일찍이 서하西河 땅을 지킬 마땅한 인물이 없음을 보고 제가 오기吳起를 추천하였고, 다음 서하 밖의 영업寧鄴 땅에 수령이 없을 때 제가 서문표西門豹를 추천하였지요. 그리하여 우리 위나라에게 조趙나라에 대한 근심을 없애 버렸습니다. 또 산조酸棗 땅을 지킬 만한 사람이 필요할 때 제가 다시 북문가北門可를 추천하여 제齊나라 침입의 근심을 없애 버렸습니다. 그런가 하면 임금이 중산中山을 치고자 하였을 때 제가 악양樂羊을 추천하여 중산을 함락시켰습니다. 또 조정에 훌륭한 신하가 없다고 하였을 때 제가 이극李克을 추천하여 나라가 크게 다스려졌습니다. 이처럼 제가 다섯 명의 대부를 추천하자 임금이 저의 작록爵祿을 두 배나 높여 주어 지금 이런 영화를 누리지요!"

이 말을 듣고 전자방이 이렇게 말하였다.

"그럴 만하군요. 그대는 더욱 열심히 힘쓰세요. 위나라의 재상 자리는 그대를 제외하고 다른 사람에게 갈 리가 없겠군요!"

그러자 적황이 이렇게 대답하였다.

"지금 임금과 동모제同母弟인 공손씨公孫氏 계성자季成子가 있습니다. 그가 자하子夏를 추천하자 임금께서는 그 자하를 스승으로 모셨고, 다시 단간목段干木을 추천하자 그를 친구로 삼았으며, 선생(전자방)을 추천하자 임금이 지극히 공경해 모시고 있습니다. 그 계성자가 추천한 인물은 모두 스승이 되고 친구가 되고 공경하는 자가 되었습니다. 그러나 내가 추천한 자들은 겨우 수직수록守職守祿하는 하찮은 신하들뿐입니다. 그러니 내가 어찌 위나라의 재상에 오를 수 있겠습니까?"

이 말에 전자방은 이렇게 일러 주었다.

"제가 듣건대 스스로가 어진 자는 물론 어진 이이고, 능히 어진 이를 추천하는 자 역시 어질다 하였습니다. 그대가 추천한 다섯 명은 모두가 어진 이들입니다. 그대가 열심히 노력하면 마침내 그 다음 차례는 된다는 뜻이지요!"

田子方渡西河, 造翟黃, 翟黃乘軒車, 載華蓋黃金之勒, 約鎭簟席, 如此者其駟八十乘, 子方望之以爲人君也, 道狹下抵車而待之, 翟黃至而睹其子方也.

下車而趨, 自投下風, 曰:「觸.」

田子方曰:「子與! 吾嚮者望子疑以爲人君也, 子至而人臣也, 將何以至此乎?」

翟黃對曰:「此皆君之所以賜臣也, 積三十歲故至於此, 時以閒暇祖之曠野, 正逢先生.」

子方曰:「何子賜車譽之厚也?」

翟黃對曰:「昔者西河無守, 臣進吳起; 而西河之外, 寧鄴無令, 臣進西門豹; 而魏無趙患, 酸棗無令, 臣進北門可; 而魏無齊憂, 魏欲攻中山, 臣進樂羊而中山拔; 魏無使治之臣, 臣進李克而魏國大治. 是以進此五大夫者, 爵祿倍以故至於此.」

子方曰:「可, 子勉之矣, 魏國之相不去子而之他矣.」

翟黃對曰:「君母弟有公孫季成者, 進子夏而君師之, 進段干木而君友之, 進先生而君敬之, 彼其所進, 師也, 友也, 所敬者也, 臣之所進者, 皆守職守祿之臣也, 何以至魏國相乎?」

子方曰:「吾聞身賢者賢也, 能進賢者亦賢也, 子之五擧者盡賢, 子勉之矣, 子終其次矣.」

【田子方】魏 文侯의 신하이며 스승.
【西河】魏나라의 서쪽 변방. 지금의 陝西지역. 黃河의 서쪽.
【翟黃】翟觸, 翟璜으로도 씀. 앞의 51장 注 참조.
【祖之曠野】이 구절의 '祖'는 '徂'의 오기로 봄.

【吳起】전국시대 衛나라 사람. 처음 魯나라에 벼슬하였다가 魏文侯가 어질다는 소문을 듣고 魏나라로 갔다. 文侯는 그를 장군으로 삼았다. 吳起는 뒤에 다시 楚나라로 가서 재상이 되었다가 대신들의 미움을 받아 참살당하였다. 兵法家. 《史記》孫子吳起列傳 참조.

【寧翟】지금의 河南 臨漳縣 서쪽.

【西門豹】魏文侯의 개혁정치에 적극 참여하여 令이 된 후, 그곳에서 수재를 빌미로 河神에게 처녀를 바치며 백성을 괴롭히던 지방 토호를 물리치고 관개사업을 벌인 일로 유명하다. 《史記》滑稽列傳 참조.

【酸棗】地名. 지금의 河南省 延津縣 북쪽.

【北門可】北門은 姓氏, 可는 이름.

【中山】전국시대까지 지금의 河北省 定縣에 있던 나라. 《戰國策》中山策 참조.

【樂羊】魏나라 장군. 中山을 쳐서 멸하였다. 《史記》甘茂列傳 및 《戰國策》참조.

【李克】魏文侯의 名臣. 《史記》魏世家 및 본 《說苑》51장 참조.

【季成子】《史記》에는 魏成子. 魏文侯의 동생. 재상이 됨. 51장 참조.

【子夏】卜子夏・卜商. 孔子의 제자. 魏文侯의 신하.

【段干木】魏文侯의 신하. 51장 참조.

(참고 및 관련 자료)

1. 《韓非子》外儲說左下

田子方從齊之魏, 望翟黃乘軒騎駕出, 方以爲文侯也, 移車異路而避之, 則徒翟黃也, 方問曰:「子奚乘是車也?」曰:「君謀欲伐中山, 臣薦翟角而謀得果. 且伐之, 臣薦樂羊而中山拔. 得中山, 憂欲治之, 臣薦李克而中山治. 是以君賜此車.」方曰:「寵之稱功尙薄.」

054(2-8) 齊威王遊於瑤臺
사치스러운 신하의 차림새

　　제齊 **위왕**威王이 요대瑤臺에서 놀고 있을 때 성후경成侯卿이 보고할 일이 있어 그곳에 오고 있었다. 그는 많은 수행원을 거느렸는데, 그들의 차림이 온통 비단으로 뒤덮여 대단히 사치스러웠다. 왕이 이 모습을 바라보다가 좌우에게 물었다.

　　"저기 오는 행렬이 누구인가?"

　　좌우가 성후경의 무리라고 하자, 왕이 못마땅하게 여기며 이렇게 말하였다.

　　"지금 나라가 이렇게 가난한데 어찌 저런 화려한 차림으로 다니는가?"

　　그러자 좌우가 말하였다.

　　"남에게 무엇인가를 베푼 사람은 준 만큼의 책임을 지우려 하고, 남으로부터 무엇인가 받은 사람은 그만큼 되돌려 주어야 할 의무가 있습니다."

　　왕은 이 말에 성후경을 시험해 보고자 하였다.

　　성후경이 이르러 고하였다.

　　"저 기忌(鄒忌) 왔습니다."

　　그러나 위왕은 못들은 척하였다.

　　그가 재차 알렸다.

　　"기가 왔습니다."

　　그래도 임금은 역시 들은 척도 하지 않았다.

　　세 번째 다시 알렸다.

　　"저 기가 왔습니다."

왕은 그제야 이렇게 묻는 것이었다.

"나라가 지극히 가난한데 어찌 그리 화려하게 꾸미고 다니는가?"

이에 성후경은 이렇게 말하였다.

"죽을죄를 용서해 주시면 한 말씀드리겠습니다."

왕이 허락하자, 그는 이렇게 말하였다.

"제가 전거자田居子를 서하西河에 추천해 보내자 그쪽의 진秦과 양梁, 魏나라가 약해졌고, 전해자田解子를 남성南城에 추천하여 보내자 초楚나라 사람들이 비단을 싸들고 우리나라에 조공해 오고 있습니다. 또 검탁자黔涿子를 명주冥州에 보내자 연燕나라 사람들이 가축을 바쳐 오고, 조趙나라는 많은 재물을 바쳐왔습니다. 그런가 하면 전종수자田種首子를 즉묵卽墨에 보내자 이 제나라가 아주 풍족하게 되었고, 북곽 조발자北郭刁勃子를 대사大士로 추천해 일을 맡기자 구족九族이 더욱 친해 지고 백성은 더욱 부유하게 되었습니다. 이 몇 명의 뛰어난 인물들을 제가 추천해 올렸기 때문에 왕께서는 베개를 높이 베고 누울 수 있는 것입니다. 그런데 어찌 나라가 가난해질 것을 걱정하십니까?"

齊威王遊於瑤臺, 成侯卿來奏事, 從車羅綺甚衆, 王望之謂 左右曰:「來者何爲者也?」

左右曰:「成侯卿也.」

王曰:「國之貧也, 何出之盛也?」

左右曰:「與人者有以責之也, 受人者有以易之也.」

王試問其說, 成侯卿至, 上謁曰:「忌也.」

王不應.

又曰:「忌也.」

王不應.

又曰:「忌也.」

王曰:「國之貧也, 何出之盛也?」

成侯卿曰:「赦其死罪, 使臣得言其說.」

王曰:「諾.」

對曰:「忌擧田居子爲西河而秦梁弱, 忌擧田解子爲南城, 而楚人抱羅綺而朝, 忌擧黔涿子爲冥州, 而燕人給牲, 趙人給盛, 忌擧田種首子爲卽墨, 而於齊足究, 忌擧北郭刁勃子爲大士, 而九族益親, 民益富, 擧此數良人者, 王枕而臥耳, 何患國之貧哉?」

【齊威王】 전국시대 田氏 齊의 왕. 재위 37년(B.C.356~320).

【瑤臺】 구슬·옥으로 장식한 멋진 누대. 瑤臺宮이라고도 한다.

【成侯卿】 齊王의 재상인 成侯 鄒忌. 陰陽家이기도 하다. 《戰國策》 齊策 참조.

【田居子】 齊 魏王의 신하. 田氏는 전국시대 齊나라의 王族 姓氏.

【西河】 黃河의 서쪽.

【梁】 전국시대 魏나라. 서울이 大梁이어서 흔히 梁이라고도 부른다. 《孟子》의 梁惠王은 곧 魏惠王.

【田解子】 齊 威王의 신하.

【南城】 楚나라와 국경지대의 地名. 지금의 江西省 豫章.

【黔涿子】 역시 齊 威王의 신하인 듯하다.

【冥州】 齊나라 서북쪽 燕·趙와 맞닿은 국경지역 地名.

【田種首子】 역시 齊 威王의 신하인 듯하다.

【卽墨】 지금의 山東省 동남쪽에 있던 地名.

【北郭刁勃子】 역시 齊 威王의 신하인 듯하다.

参고 및 관련 자료

1. 《韓詩外傳》 卷10

齊宣王與魏惠王會田於郊. 魏王曰:「亦有寶乎?」 齊王曰:「無有.」 魏王曰:「若寡人之小國也, 尙有徑寸之珠, 照車前後十二乘者十枚, 奈何以萬乘之國無寶乎?」 齊王曰:

「寡人之所以爲寶與王異. 吾臣有檀子者, 使之守南城, 則楚人不敢爲冠, 泗水上有十二諸候皆來朝. 吾臣有盼子者, 使之守高唐, 則趙人不敢東漁於河. 吾臣有黔夫者, 使之守徐州, 則燕人祭北門, 趙人祭西門, 從而歸之者十千餘家. 吾臣有種首者, 使之備盜賊, 而道不拾遺, 吾將以照千里之外, 豈特十二乘哉!」魏王慙, 不懌而去. 詩曰: 『辭之懌矣, 民之莫矣.』

2. 《史記》田敬仲完世家

威王二十三年, 與趙王會平陸. 二十四年, 與魏王會田於郊. 魏王問曰:「王亦有寶乎?」威王曰:「無有.」梁王曰:「若寡人國小也, 尚有徑寸之珠照車前後各十二乘者十枚, 奈何以萬乘之國而無寶乎?」威王曰:「寡人之所以爲寶與王異. 吾臣有檀子者, 使守南城, 則楚人不敢爲寇東取, 泗水上有十二諸候皆來朝. 吾臣有盼子者, 使守高唐, 則趙人不敢東漁於河 吾吏有黔夫者, 使守徐州, 則燕人祭北門, 趙人祭西門, 徒而從者七千餘家. 吾臣有種首者, 使備盜賊, 則道不拾遺. 將以照千里, 豈特十二乘哉!」梁惠王慙, 不懌而去.

소금 운반

진秦 목공穆公이 상인을 시켜 소금을 운반하려고 여러 상인 중에
알맞은 자를 구해 오도록 하였다. 그 상인은 백리해百里奚를 다섯 마리의
검은 양가죽으로 사서 고용하고, 그에게 수레를 몰고 목공의 말대로
소금을 진나라로 옮기도록 시켰다. 진 목공이 운반해 온 소금을 보다가
백리해가 몰고 온 소가 살이 오른 것을 발견하고 물었다.

〈百里奚牧牛圖〉

"짐은 무겁고 길은 멀며 험한
데 무거운 수레를 끌고 온 소가
어찌 이렇게 살이 찔 수 있는가?"
이에 백리해는 이렇게 대답
하였다.

"제가 때맞게 먹이를 주고,
그를 부릴 때에도 난폭하게 하지
않았으며, 험한 곳이 나타나면
제가 먼저 가서 길을 살펴본
다음에 몰았지요. 그래서 소가
살이 올라 있는 것입니다."

목공은 백리해가 군자君子
임을 알아차리고, 그에게 목욕
을 하고 의관을 갖추도록 한
다음 마주 앉아 이야기를 나누어

보았다. 목공은 대단히 흡족해하였다.

다음 날, 공손지公孫支가 크게 불안한 기색을 하면서 목공에게 이렇게 말하였다.

"임금께서는 눈귀가 총명하시고 사려가 깊으시니 성인聖人 같은 보필을 얻으셨군요!"

이에 목공은 이렇게 말하였다.

"그렇소! 내 백리해의 말을 듣고 너무 기뻤소! 그는 마치 성인같은 인물이오!"

공손지는 드디어 물러나 축하표시로 기러기 한 마리를 가지고 와서 다시 이렇게 말하였다.

"임금께서 사직社稷의 성신聖臣을 얻으셨으니 감히 사직의 복福으로 축하드립니다."

이에 목공은 사양하지 않고 재배하며 축하의 기러기를 받았다.

다음 날, 공손지는 자신의 상경上卿자리를 백리해에게 양보하겠노라며 임금에게 이렇게 말하였다.

"우리 진秦나라는 편벽한 곳에 처해 있고, 백성은 누추하여 어리석고 무지합니다. 이는 바로 위망危亡의 근본입니다. 저는 스스로 높은 자리에 처할 인물이 못 된다는 것을 알고 있습니다. 자리를 양보하고자 합니다."

그러나 목공은 허락하지 않았다. 공손지는 재차 이렇게 말하였다.

"임금께서는 빈상賓相을 하지 않고도 사직의 성신聖臣을 얻으셨으니 이는 임금의 복록福祿이요, 저는 어진 이를 만나 자리를 양보할 수 있으니 이는 저의 복입니다. 지금 임금께서는 그 복을 이미 얻으셨는데, 저만 그 복을 잃어서야 되겠습니까? 청컨대 끝내 사직하겠습니다."

그래도 목공은 허락하지 않았다. 그러자 공손지가 다시 설득하였다.

"저처럼 불초한 자가 높은 자리에 있는 것은 바로 임금으로 하여금 윤상倫常을 잃게 하는 것입니다. 불초와 실륜失倫은 모두 저의 과실입니다. 어진 이를 앞서게 하고 불초한 자를 물러나게 하는 것은 임금의 명철明哲입니다. 지금 저를 높은 데에 있게 함은 임금의 덕을 어그러뜨리고, 제 자신도 역행逆行을 하게 하는 일이니 저는 장차 도망가겠습니다."

목공은 할 수 없이 허락하였다.

그리하여 백리해는 상경上卿으로 정사를 제어하게 하고, 공손지는 차경次卿이 되어 이를 보좌하게 되었다.

秦穆公使賈人載鹽, 徵諸賈人, 賈人買百里奚以五羖羊之皮, 使將車之秦, 秦穆公觀鹽, 見百里奚牛肥, 曰:「任重道遠以險, 而牛何以肥也?」

對曰:「臣飮食以時, 使之不以暴; 有險, 先後之以身, 是以肥也.」

穆公知其君子也, 令有司具沐浴爲衣冠與坐, 公大悅.

異日與公孫支論政, 公孫支大不寧曰:「君耳目聰明, 思慮審察, 君其得聖人乎!」

公曰:「然, 吾悅夫奚之言, 彼類聖人也.」

公孫支遂歸取鴈以賀曰:「君得社稷之聖臣, 敢賀社稷之福.」

公不辭, 再拜而受.

明日, 公孫支乃致上卿以讓百里奚曰:「秦國處僻民陋以愚無知, 危亡之本也, 臣自知不足以處其上, 請以讓之.」

公不許. 公孫支曰:「君不用賓相而得社稷之聖臣, 君之祿也; 臣見賢而讓之, 臣之祿也. 今君旣得其祿矣, 而使臣失祿可乎? 請終致之!」

公不許. 公孫支曰:「臣不肖而處上位是君失倫也, 不肖失倫, 臣之過, 進賢而退不肖, 君之明也, 今臣處位, 廢君之德而逆臣之行也, 臣將逃.」

公乃受之. 故百里奚爲上卿以制之, 公孫支爲次卿以佐之也.

【秦穆公】춘추오패의 하나. 이름은 任好. 百里奚·蹇叔을 등용하여 패자가 됨. 《史記》秦本紀 참고. 재위는 39년(B.C.659~621).

【百里奚】처음 虞公을 섬겼다. 7년 동안 그 정치가 그른 것을 보고 낙담하다가 晉이 虞를 쳐 포로가 되어 秦으로 가는 길에 도망하여 楚나라로 가서 목동이 되었다. 秦 穆公에게 발탁되어 그를 패자로 만들었다. 穆公이 그를 楚나라에서 다섯 마리 검은 양가죽 값으로 샀기 때문에 '五羖大夫'라고 부른다. 《史記》 秦本紀에 그의 일화가 되어 있다.

【公孫支】春秋時代 衛나라 출신.《左傳》僖公 9年에는 '公孫枝'로 되어 있다.

【賓相】재상을 구한다고 널리 광고를 내는 일.

참고 및 관련 자료

1.《呂氏春秋》愼人篇

百里奚之未遇時也. 亡虢而虜晉. 飯牛於秦傳鬻以五半之皮. 公孫枝得而說之. 獻諸穆公. 三日. 請屬事焉. 穆公曰: 買之五半之皮. 而屬事焉. 無乃天下笑乎. 公孫枝對曰: 信賢而任之. 君之明也. 讓賢而下之. 臣之忠也. 君爲明君. 臣爲忠臣. 彼信賢. 境內將服. 敵國且畏. 夫誰暇笑哉. 穆公逐用之. 謀無不當. 擧必有功. 非加賢也. 使百里奚雖賢. 無得穆公. 必無此名矣. 今焉知世之無百里奚哉. 故人主之欲求士者. 不可不務博也.

056(2-10) 趙簡子從晉陽之邯鄲
삼군의 행렬을 멈추고

조간자趙簡子가 진양晉陽으로부터 자신의 근거지 한단邯鄲으로 가는 길이었다. 한참 행렬이 가고 있을 때 간자가 멈추어 서도록 하였다. 수레를 모는 관리가 들어와 간주에게 행렬을 멈춘 이유를 물었다. 간주는 이에 이렇게 말하였다.

"동안우董安于가 아직 따라오지 못하기 때문이다."

이에 그 관리는 이렇게 물었다.

"이 행렬은 삼군三軍을 움직이는 일입니다. 그대는 어찌하여 한 사람을 위해 삼군의 행렬을 멈추십니까?"

그러자 간주는 수긍하였다.

"그렇구나."

그리고는 1백 보쯤 가다가 또다시 멈추도록 하였다. 관리가 다시 들어와 간언하려 할 때 마침 동안우가 다다랐다. 간주가 말하였다.

"진秦나라와 우리 진晉나라가 교차되는 곳을 막아야 하는데 내 깜빡 잊고 시키지 못하였구나!"

이에 동안우는 이렇게 이유를 설명하였다.

"제가 바로 그 일 때문에 늦었습니다."

다시 간주가 말하였다.

"관官의 보물과 구슬을 옮기면서 깜빡 잊고 다른 사람의 수레에 실었구나!"

역시 동안우는 이렇게 말하였다.

"제가 그 일을 처리하느라 늦었습니다."

이번에는 간주가 이렇게 말하였다.

"행인行人 촉과燭過는 이미 나이가 많은 분이다. 그의 말은 어느 하나 진晉나라 법으로 삼을 만하지 않은 것이 없다. 내 떠나면서 그에게 인사드리고 초빙해 모시겠다는 말씀을 전하려 하였는데 그만 깜빡 잊었구나!"

동안우는 이번에도 역시 이렇게 말하였다.

"제가 그 일 때문에 늦었습니다."

간주는 가히 안을 잘 살피고 밖을 명철히 아는 사람이라 할 수 있다. 이에 어사대부御史大夫인 주창周昌이라는 사람이 이렇게 말하였다.

"남의 임금이 되어 진실로 능히 조간주趙簡主 같이만 한다면, 그 나라 조정은 절대로 위험하지 않을 것이다!"

趙簡主從晉陽之邯鄲, 中路而止, 引車吏進問何爲止, 簡主曰: 「董安于在後.」

吏曰: 「此三軍之事也, 君奈何以一人留三軍也?」

簡主曰: 「諾.」

驅之百步又止, 吏將進諫, 董安于適至, 簡主曰: 「秦道之與晉國交者, 吾忘令人塞之.」

董安于曰: 「此安于之所爲後也.」

簡主曰: 「官之寶璧吾忘令人載之.」

對曰: 「此安于之所爲後也.」

簡主曰: 「行人燭過年長矣, 言未嘗不爲晉國法也. 五行忘令人辭且聘焉.」

對曰: 「此安于之所爲後也.」

簡主可謂內省外知人矣哉!

故身佚國安, 御史大夫周昌曰:「人主誠能如趙簡主, 朝不危矣.」

【趙簡主】 趙孟. 簡子. 晉나라(春秋 末期) 大夫로서 智氏·魏氏·韓氏·范氏·中行氏 등과 다투어 전국시대 趙나라의 기운을 틔운 지도자. 당시는 정식으로 나라를 세우지 못하였다.

【晉陽】 晉나라의 서울. 지금의 山西省 太原.

【邯鄲】 趙나라의 근거지. 뒤에 趙나라의 서울이 되었다.

【董安于】 趙孟을 섬겼던 荀盈이란 인물. 매우 영특하여 趙나라를 위해 자살하자 사당을 세워 주었다.《左傳》定公 13年·14年 및《史記》趙世家 참조.

【三軍】 諸侯의 군대.

【行人】 관직 이름. 외교와 조빙의 임무를 관장함.

【燭過】 人名. 晉나라 行人 벼슬.

【周昌】 어느 때의 인물인지 확실치 않다.

057(2-11) 晏子侍於景公
재상은 임금 잔심부름꾼이 아니오

안자晏子가 경공景公을 곁에 모시고 있을 때였다. 아침이라 날이 춥자, 경공은 안자에게 따뜻한 음식을 가져다 달라고 청하였다.

그러자 안자가 거절하였다.

"나 안영晏嬰은 주방에서 음식 만드는 신하가 아닙니다."

경공이 다시 이렇게 부탁하였다.

"그럼 추우니 가죽 외투 좀 갖다 주시오!"

다시 안자는 그것도 거절하였다.

"나는 사냥이나 고기잡는 신하가 아니오! 감히 거부합니다."

경공은 이에 화를 내며 이렇게 물었다.

"그렇다면 선생께서는 제게 도대체 무슨 사람이오?"

안자는 간단히 대답하였다.

"사직지신社稷之臣이지요!"

경공은 물었다.

"사직지신이란 게 뭐요?"

안자는 이렇게 대답하였다.

"사직지신이란 능히 사직을 바로 세우고, 상하의 마땅함을 변별하여 그 이치에 맞도록 하지요. 그리고 백관百官의 질서를 제정하여 각기 마땅함을 얻도록 해 주며, 법령을 마련하여 이것이 사방에 널리 퍼지도록 하는 것입니다."

이로부터 경공은 예가 아닌 것으로는 감히 안자를 부르거나 시키지 않았다.

晏子侍於景公, 朝寒請進熱食, 對曰:「嬰非君之廚養臣也, 敢辭.」

公曰:「請進服裘.」

對曰:「嬰非田澤之臣也, 敢辭.」

公曰:「然, 夫子於寡人奚爲者也?」

對曰:「社稷之臣也.」

公曰:「何謂社稷之臣?」

對曰:「社稷之臣, 能立社稷, 辨上下之宜, 使得其理; 制百官之序, 使得其宜; 作爲辭令, 可分布於四方.」

自是之後, 君不以禮不見晏子也.

【晏子】景公의 名相. 平仲. 이름이 嬰.

【景公】齊나라 景公. 晏子를 재상으로 하여 선정을 베풂. 재위 58년(B.C.547~490).

【田澤】田은 畋. 사냥이나 고기를 잡아 그 가죽으로 외투를 만든다는 뜻.

참고 및 관련 자료

1.《晏子春秋》雜上

晏子侍于景公, 朝寒, 公曰:「請進暖食.」晏子對曰:「嬰非君奉餽之臣也, 敢辭.」公曰:「請進服裘.」對曰:「嬰非君茵席之臣也, 敢辭.」公曰:「然夫子之於寡人, 何爲者也?」對曰:「嬰, 社稷之臣也.」公曰:「何謂社稷之臣?」對曰:「夫社稷之臣, 能立社稷. 別上下之義, 使當其理; 制百官之序, 使得其宜; 作爲辭令, 可分布於四方.」自是之後, 君不以禮不見晏子.

058(2-12) 齊侯問於晏子
임금을 따라 죽지 않아야 충신

제후齊侯(景公)가 안자晏子에게 물었다.

"충신이 그 임금을 섬김은 어떠해야 합니까?"

그러자 안자는 간단하게 대답하였다.

"임금이 난難을 만나도 따라 죽지 않고, 임금이 도망갈 때 그를 따라가 주지 않는 것이지요!"

경공이 의아해서 물었다.

"땅을 떼어 봉해 주고 작위를 나누어 귀하게 해 준 신하인데, 왕이 어려움에 빠져도 같이 죽지 않고, 왕이 도망갈 수밖에 없을 때에도 이를 따라 주지 않는다니, 어찌 이를 충忠이라 할 수 있소?"

그러자 안자는 이렇게 설명하였다.

"신하로서 좋은 말을 해서 임금에게 건의가 받아들여지는 나라에는 종신토록 환난이 없을 것이니, 신하가 죽을 일이 어디 있겠습니까? 또 계책을 일러 주어 그것이 채택되면 그런 나라에는 임금이 도망할 일이 없을 텐데, 신하가 같이 따라가 줄 일이 무엇이 있겠습니까? 또 좋은 말을 해 주었는데 임금이 받아 주지 않아 환난이 생겼을 때 죽는 것은 헛된 죽음, 즉 망사妄死일 뿐이며, 잘못을 바로잡을 간언을 해 주어도 듣지 않다가 임금이 도망가는 꼴이 생겼을 때 이를 따라가는 것은 속임수에 불과한 것입니다. 그래서 충신이란 능히 좋은 말을 임금이 듣도록 해 주는 자이지 임금을 환난에 빠뜨리는 자가 아닙니다."

齊侯問於晏子曰:「忠臣之事其君, 何若?」

對曰:「有難不死, 出亡不送.」

君曰:「裂地而封之, 疏爵而貴之; 吾有難不死, 出亡不送, 可謂忠乎?」

對曰:「言而見用, 終身無難, 臣何死焉; 謀而見從, 終身不亡, 臣何送焉. 若言不見用, 有難而死之, 是妄死也; 諫而不見從, 出亡而送, 是詐爲也. 故忠臣者, 能納善於君, 而不能與君陷難者也.」

【齊侯】齊 景公을 말한다. 안자가 모셨던 임금.
【晏子】晏平仲. 晏嬰.

[참고 및 관련 자료]

1.《晏子春秋》問上

景公問于晏子曰:「忠臣之事君也, 何若?」晏子對曰:「有難不死, 出亡不送.」公不說, 曰:「君裂地而封之, 疏爵而貴之, 君有難不死, 出亡不送, 其說何也?」對曰:「言而見用, 終身無難, 臣奚死焉? 謀而見從, 終身不出, 臣奚送焉? 若言不用, 有難而死之, 是妄死也; 謀而不見從, 出亡而送之, 是詐僞也. 故忠臣也者, 能納善于君, 不能與君陷於難.」

2.《新序》雜事(五)

齊侯問於晏子曰:「忠臣之事君也, 何若?」對曰:「有難不死, 出亡不送.」君曰:「列地而與之, 疏爵而貴之, 君有難不死, 出亡不送, 可謂忠乎?」對曰:「言而見用, 終身無難, 臣奚死焉; 諫而見從, 終身不亡, 臣奚送焉. 若言不見用, 有難而死, 是妄死也; 諫不見從, 出亡而送, 是詐爲也. 故忠臣也者, 能盡善與君, 而不能與陷於難.」

3. 《論衡》定賢篇

齊詹問於晏子曰：「忠臣之事其君也，何若？」對曰：「有難不死，出亡不送.」詹曰：「列地而予之，疏爵而貴之，君有難不死，出亡不送，何謂忠也？」對曰：「言而見用，臣奚死焉？諫而見從，終身不亡，臣奚送焉？若言不見用，有難而死，是妄死也；諫而不見從，出亡而送，是詐偽也. 故忠臣者，能盡善於君，不能與陷於難.」

059(2-13) 晏子朝乘弊車駕駑馬
낡은 수레에 만족한 안자

안자晏子가 조회에 참석하면서, 그 수레는 다 낡은 것에 수레를 끄는 말은 말라비틀어진 노마駑馬였다. 경공景公이 이를 보고 말하였다.

"아! 선생의 봉록이 너무 적은 모양이구려. 어찌 선생의 수레가 이렇게 그 직분에 맞지 않는 것이오?"

그러자 안자가 말하였다.

"임금의 은사恩賜에 힘 입어 저의 삼족三族이 모두 수를 누리고, 나라 안의 친구들도 모두 잘 살아가고 있습니다. 저 또한 따뜻이 입고 배불리 먹고 있으며, 낡은 수레 늙은 말만으로도 저 한 몸 타고 다니기에 아주 족합니다."

안자가 나가자, 경공은 양구거梁丘據를 시켜 안자에게 노거輅車와 수레를 끌 좋은 말을 보내 주도록 하였다. 그러나 안자는 세 번이나 되돌려 보내면서 끝내 받지 않았다.

경공은 슬며시 화가 나서 급히 안자를 불렀다.

안자가 다다르자, 경공이 이렇게 말하였다.

"선생께서 받지 않으니 과인 역시 수레를 타지 않겠소!"

그러자 안자는 이렇게 설득하였다.

"임금께서 저를 백관百官의 관리를 관장하게 하시기에 저는 의복과 음식을 절약하여 받들며, 이 제齊나라 사람의 앞장에 서서 모범을 보이고 있는 것입니다. 그런데도 오히려 제가 너무 사치하여 내 행동을 돌아보지 못하고 있지나 않나 하고 늘 근심합니다. 지금 좋은 수레와 말을 보내 주셔서, 위로는 임금도 그 좋은 것을 타고 다니고, 아래로는 이 신하 역시 그 좋은 것을 타고 다닌다고 해 보십시오. 백성들은 의義를 지키려 하지 않을 것입니다. 게다가 백성이 그 의식衣食에 사치를 부리고 자기 행동을 반성하지 못하는 자가 있다 해도, 제가 더 이상 금지시킬 수 없게 됩니다.”

이렇게 끝까지 사양하며 받지 않았다.

晏子朝, 乘弊車, 駕駑馬, 景公見之曰:「嘻! 夫子之祿寡耶! 何乘不任之甚也!」

晏子對曰:「賴君之賜, 得以壽三族及國交游皆得生焉, 臣得暖衣飽食, 敝車駑馬, 以奉其身, 於臣足矣.」

晏子出, 公使梁丘據遺之輅車乘馬, 三返不受, 公不悅, 趣召晏子, 晏子至, 公曰:「夫子不受, 寡人亦不乘.」

晏子對曰:「君使臣臨百官之吏, 節其衣服飲食之養, 以先齊國之人, 然猶恐其侈靡而不顧其行也; 今輅車乘馬, 君乘之上, 臣亦乘之下, 民之無義, 侈其衣食而不顧其行者, 臣無以禁之.」

遂讓不受也.

【晏子】晏嬰. 平仲.

【景公】齊景公.

【三族】三族에 대한 해석은 여러 가지이다. 우선 父系·母系·妻系를 가장 일반적으로 보며, 그 외에 父母·兄弟·妻子 또 父·子·孫을 말하기도 한다.

【梁丘據】당시 景公의 신하.

【輅車】크고 좋은 수레.

1.《晏子春秋》内篇 雜下

晏子朝, 乘弊車, 駕駑馬. 景公見之曰:「嘻! 夫子之祿寡耶? 何乘不任之甚也?」晏子
對曰:「賴君之賜, 得以壽三族, 及國游士皆得生焉. 臣得煖衣飽食, 弊車駑馬, 以奉其身,
於臣足矣.」晏子出, 公使梁丘據遺之輅車乘馬, 三返不受. 公不說, 趣召晏子. 晏子至,
公曰:「夫子不受, 寡人亦不乘.」晏子對曰:「君使臣臨百官之吏, 臣節其衣服飲食之養,
以先齊國之民, 然猶恐其侈靡, 而不顧其行也. 今輅車乘馬, 君乘之上. 而臣亦乘之下,
民之無義, 侈其衣服飲食, 而不顧其行者, 臣無以禁之.」遂讓不受.

060(2-14) 景公飲酒
벌주를 내리시오

경공景公이 술을 마시고 있을 때, 진환자陳桓子가 곁에 모시고 있다가 멀리 안자晏子가 오는 것을 보고 경공에게 이렇게 제의하였다.

"청컨대 안자에게 벌주를 내리시지요!"

경공이 물었다.

"무슨 연고로?"

진환자가 대답하였다.

"안자는 보잘것없는 검은 옷이나 값싼 사슴 가죽의 외투를 걸치고 나무하는 데에나 쓸 수레를 타고 다니며 늙은 말이 끄는 수레로 조회에 나타나니, 이는 바로 임금의 은사恩賜를 은폐시키는 행위이기 때문입니다."

경공이 허락하였다.

"좋다!"

이렇게 말을 끝내자 안자가 자리에 앉게 되었다. 술 따르는 자가 술잔을 안자에게 바치며 이렇게 말하였다.

"임금께서 벌주를 내리시는 것입니다."

안자가 의아해서 물었다.

"무슨 까닭입니까?"

그러자 진환자가 나서서 설명하였다.

"임금께서 그대에게 작위를 내려 그 몸을 높여 주고, 너무 사랑하여 1백만百萬을 내려 집을 부유하게 해 주어 여러 신하들 중 그 누구도 그대보다 높지 않게 하며, 봉록도 그대보다 후한 자가 없게 해 주셨건만, 그대는 포의布衣나 낡은 사슴 가죽 외투나 입으며 나뭇짐이나 실을 수레에 늙은 말이 끌도록 하여 조회에 나오시니, 이는 임금의 은사를 은폐시키는 행위입니다. 그래서 벌주를 내리는 것입니다."

이 말에 안자는 자리를 옮겨 앉으면서 이렇게 물었다.

"벌주를 마신 다음에 말씀을 드릴까요, 아니면 먼저 말씀을 드리고 나서 벌주를 마실까요?"

경공이 말하였다.

"말을 먼저 하고 나중에 마시시오!"

안자는 이렇게 설명하였다.

"임금께서 높은 작위를 내려 제 몸을 현달하게 해 주겠다는데 이를 저 안영이 감히 받아 현달하지 않는 것은 임금의 법령을 잘 실행하기 위함이요, 저를 사랑하여 1백 만금을 내려 집을 부자가 되게 해 주시겠다는데, 저 안영이 이를 받아 부유하게 아니하겠다는 것은 임금의 은사를 널리 통하게 하기 위함입니다. 제가 듣건대, 옛날의 어진 신하는 임금이 내리는 후사厚賜를 받으면서 국족國族을 돌아보지 않는 것을 과실이라 여겼으며, 일에 임하여 그 직무를 능히 감당해 내지 못하는 것도 과실이라 여겼다 합니다. 만약 임금의 측근이나 저의 부형父兄이 서로 흩어져서 들판을 헤매게 된다면, 이는 바로 저의 죄가 됩니다. 또 임금의 먼 친척이나 저의 맡은 바들이 제자리를 못 찾고 사방에 흩어진다면, 이 역시 저의 죄가 됩니다. 무기가 잘 완비되지 못하거나 전차戰車가 정비되지 못한다면 이 역시 바로 저의 죄가 됩니다. 그러나 낡은 수레에 노마를 타고 임금에게 조회하러 오는 것은 저의 죄가 될 수 없습니다.

또 신은 임금께서 내려주신 은사로 인해 이 나라에 제 친가親家의 식구들은 수레를 타지 않는 자가 없으며, 제 외가外家의 식구들은 의식衣食에 부족한 자가 없으며, 저의 처가妻家의 식구들은 굶주림과 추위에 떠는 자가 없습니다. 나라의 간사簡士들도 저를 기다려 나라에 임용된 후에 밥을 먹고 살게 된 집이 수백 가구나 됩니다. 이와 같은 것이 결국 임금의 은사를 감추는 행위입니까? 아니면 임금의 은사를 드러내어 밝히는 행위입니까?"

이 말에 경공은 이렇게 명하였다.

"훌륭하오. 나를 위해 환자桓子 그대가 벌주를 드시오!"

景公飲酒, 陳桓子侍, 望見晏子而復於公曰:「請浮晏子.」

公曰:「何故也?」

對曰:「晏子衣緇布之衣, 麋鹿之裘, 棧軫之車, 而駕駑馬以朝, 是隱君之賜也.」

公曰:「諾.」

酌者奉觴而進之曰:「君命浮子.」

晏子曰:「何故也?」

陳桓子曰:「君賜之卿位以尊其身, 寵之百萬以富其家, 群臣之爵, 莫尊於子, 祿莫厚於子; 今子衣緇布之衣, 麋鹿之裘, 棧軫之車而駕駑馬以朝, 則是隱君之賜也, 故浮子.」

晏子避席曰:「請飲而後辭乎? 其辭而後飲乎?」

公曰:「辭然後飲.」

晏子曰:「君賜卿位以顯其身, 嬰不敢爲顯受也, 爲行君令也; 寵之百萬以富其家, 嬰不敢爲富受也, 爲通君賜也; 臣聞古之賢臣有受厚賜而不顧其國族, 則過之; 臨事守職, 不勝其任, 則過之; 君之內隸, 臣之父兄, 若有離散在於野鄙者, 此臣之罪也; 君之外隸, 臣之所職, 若有播亡在四方者, 此臣之罪也; 兵革不完, 戰車不修, 此臣之罪也. 若夫敝車駑馬以朝主者, 非臣之罪也, 且臣以君之賜, 臣父之黨無不乘車者, 母之黨無不足於衣食者,

妻之黨無凍餒者, 國之簡士待臣而後擧火者數百家, 如此爲隱
君之賜乎? 彰君之賜乎?」

公曰:「善, 爲我浮桓子也.」

【景公】齊 景公.
【陳桓子】사적은 자세히 알 수 없다. '田無宇'라는 인물로 보인다.
【晏子】晏嬰. 平仲.
【浮】罰酒로 풀이하였다.
【桓子】《說苑疏證》에는 蘇時學의 《爻山筆話》에 의해 "無宇"로 바뀌어 있다.
"無宇, 原作桓子, 從蘇時學爻山筆話改"라 하였다.

참고 및 관련 자료

1.《晏子春秋》內篇 雜下

景公飲酒, 田桓子侍, 望見晏子, 而復于公曰:「請浮晏子.」公曰:「何故也?」無宇對曰:
「晏子衣緇布之衣, 麋鹿之裘, 棧軫之車, 而駕駑馬以朝, 是隱君之賜也.」公曰:「諾.」
晏子坐, 酌者奉觴進之, 曰:「君命浮子.」晏子曰:「何故也?」田桓子曰:「君賜之卿位,
以尊其身, 寵之百萬以富其家. 羣臣之爵, 莫尊于子, 祿莫重于子. 今子衣緇布之衣,
麋鹿之裘, 棧軫之車, 而駕駑馬以朝, 則是隱君之賜也, 故浮子.」晏子避席曰:「請飲
而後辭乎, 其辭然後飲乎?」公曰:「辭然後飲.」晏子曰:「君之賜卿位, 以顯其身,
嬰不敢爲顯受也, 爲行君令也; 寵之百萬, 以富其家, 嬰非敢爲富受也, 爲通君賜也.
臣聞古之賢臣, 有受厚賜, 而不顧其國族, 則過之; 臨事守職, 不勝其任, 則過之.
君之內隷, 臣之父兄, 若有離散, 在于野鄙, 此臣之罪也. 君之外隷, 臣之所職, 若有
播亡, 在于四方, 此臣之罪也. 兵革之不完, 戰車之不修, 此臣之罪也. 若夫弊車駑馬
以朝, 意者非臣之罪乎? 且臣以君之賜, 父之黨無不乘車者, 母之黨無不足于衣食者,
妻之黨無凍餒者, 國之簡士, 待臣而後擧火者, 數百家. 如此者, 爲彰君賜乎? 爲隱
君賜乎?」公曰:「善! 爲我浮無宇也.」

061(2-15) 晏子方食
안자의 거친 밥상

안자晏子가 마침 식사를 하고 있을 때 임금의 심부름꾼이 왔다. 안자는 그 음식을 나누어 같이 먹게 되었다. 결국 안자는 배불리 먹지 못하였다.

그 사자使者가 돌아가 이 사실을 경공景公에게 알리자, 경공은 이렇게 탄식하였다.

"아! 안자의 집이 그처럼 가난한 줄은 과인이 모르고 있었구나! 이는 나의 과실이다."

그리하여 천가千家의 현縣 하나를 안자에게 떼어 주도록 하였다. 그러자 안자는 재배하며 사양하였다.

"저의 집은 가난하지 않습니다. 임금의 은사로써 삼족三族이 혜택을 입고 있으며, 나아가 친구에게까지 미치고 백성에게까지 널리 퍼지고 있습니다. 임금의 은사는 너무 후하십니다. 저의 집은 가난하지 않습니다. 제가 듣건대, 임금에게 후하게 취하여 이를 널리 많은 사람에게 베풀면서 임금을 대신하여 임금노릇 하는 것을 충신忠臣은 하지 않는다 합니다. 또 임금으로부터 후하게 받아 이를 저장하는 것은 바로 광주리나 할 일이지 인자仁者가 할 일은 아닌 줄 압니다. 그런가 하면 임금으로부터 후하게 받아 이를 남에게 나누어 주지도 않는 것은 몸이 죽으면 그 재산도 사라지는 것, 이것은 지자智者가 할 일이 못 됩니다. 저 안영晏嬰이 듣기에 신하가 되어 조정에 나가서는 윗사람의 눈치를 보지 않는 것이 충忠이며, 물러나서는 아랫사람에게 손해를 끼치지 않는 것이 염廉이라 하였습니다. 저는 8승升 정도의 포布와 1두豆 정도의 양식만 있으면 족합니다."

그리고 심부름꾼을 세 번이나 되돌려보내면서 끝내 사양하고 받지 않았다.

晏子方食, 君之使者至, 分食而食之, 晏子不飽, 使者返言之景公, 景公曰:「嘻, 夫子之家若是其貧也, 寡人不知也, 是寡人之過也.」

令吏致千家之縣一於晏子, 晏子再拜而辭曰:「嬰之家不貧, 以君之賜, 澤覆三族, 延及交游, 以振百姓, 君之賜也厚矣, 嬰之家不貧也! 嬰聞之, 厚取之君而厚施之人, 代君爲君也, 忠臣不爲也; 厚取之君而藏之, 是筐篋存也, 仁人不爲也; 厚取之君而無所施之, 身死而財遷, 智者不爲也. 嬰也聞爲人臣進不事上以爲忠, 退不克下以爲廉, 八升之布, 一豆之食, 足矣.」

使者三返, 遂辭不受也.

【晏子】晏嬰.
【景公】春秋 때 齊나라 임금.
【不事上以爲忠】임금의 비위를 맞추기보다 백성을 먼저 위하는 것을 '忠'으로 여긴다는 뜻.
【豆】古代 나무로 만든 곡식을 되는 기구.

1.《晏子春秋》內篇 雜下

晏子方食, 景公使使者至. 分食食之, 使者不飽, 晏子亦不飽. 使者返, 言之公. 公曰: 「嘻, 晏子之家, 若是其貧也. 寡人不知, 是寡人之過也.」使吏致千金與市租, 請以奉賓客. 晏子辭, 三致之, 終再拜而辭曰:「嬰之家不貧. 以君之賜, 澤覆三族, 延及交游, 以振百姓, 君之賜也厚矣! 嬰之家不貧也. 嬰聞之, 夫厚取之君, 而施之民, 是臣代君君民也, 忠臣不爲也; 厚取之君, 而不施于民, 是爲筐篋之藏也, 仁人不爲也; 進取於君, 退得罪於士, 身死而財遷于它人, 是爲宰藏也, 智者不爲也. 夫十總之布, 一豆之食, 足于中免矣.」景公謂晏子曰:「昔吾先君桓公, 以書社五百封管仲, 不辭而受, 子辭之何也?」晏子曰:「嬰聞之, 聖人千慮, 必有一失; 愚人千慮, 必有一得. 意者, 管仲之失, 而嬰之得者耶? 故再拜而不敢受命.」

062(2-16) 陳成子謂鴟夷子皮
임금이 망해도 나몰라라

진성자陳成子가 치이자피鴟夷子皮에게 물었다.
"어떻게 하는 것이 상도常道에 가깝다고 볼 수 있습니까?"
치이자피는 이렇게 대답하였다.
"임금이 죽어도 나는 죽지 않고, 임금이 망해도 나는 망하지 않는 것이지요!"
진성자가 의아해서 다시 물었다.
"그렇다면 그대는 어떻게 하여 상도와 같이 합니까?"
이 물음에 치이자피는 이렇게 설명해 주었다.
"죽음이 오기도 전에 그 자리를 떠나 버리고, 망함이 오기 전에 망할 자리를 떠나 버린다면 어찌 그 사死와 망亡이라는 것이 있겠습니까?"

陳成子謂鴟夷子皮曰:「何與常也?」
對曰:「君死吾不死, 君亡吾不亡.」
陳成子曰:「然子何以與常?」
對曰:「未死去死, 未亡去亡, 其有何死亡矣!」

【陳成子】齊나라 大夫인 陳成恒. 齊나라 闔公을 弑害하였다.《史記》에는 田常
이라 하였는데, 이름을 常이라 한 것은 漢나라 文帝의 이름인 劉恒의 恒을
피하고자 한 것.
【鴟夷子皮】春秋 말기 越나라 名臣인 范蠡가 越을 떠나 陶 땅으로 가면서 바꾸
었던 이름.《史記》越王勾踐世家 참조. 여기서는 동일 인물인지 확실치 않다.

1. 〈四庫全書本〉 및 〈四部備要本〉에는 본 장이 다음 장과 연결되어 있다.

063(2-17) 從命利君爲之順
충고를 듣지 않으면

명령에 순종하여 임금을 이롭게 하는 것을 순順이라 하고, 명령에 순종하되 임금을 병들게 하는 것을 유諛라 하며, 명령을 거역하고 임금을 이롭게 하는 것을 충忠, 그리고 명령을 거역하고 임금을 병들게 하는 것을 난亂이라 한다. 임금에게 과실이 있는데도 간쟁諫諍하지 아니하면 국가와 사직이 위태롭게 되고, 능력을 가지고 임금에게 진언盡言으로 하여 이것이 채택되면 머물러 처리하고, 채택되지 않으면 떠나야 한다. 이를 일컬어 간諫이라 한다.

또 채택되면 가히 살 수 있고, 채택되지 아니하면 죽음이 되는 것, 이것을 쟁諍이라 한다.

그런가 하면 능력을 가지고 서로 화합하고 힘을 모아 여러 무리를 거느리고, 억지로라도 임금을 고쳐 임금이 비록 편하지 않더라도 듣지 않을 수 없게 만들어야, 비로소 국가의 대환大患이 해소되고 나라의 큰 해가 없어지며 존군안국尊君安國의 상태를 얻게 된다. 이를 일컬어 보輔라 한다.

또 옳은 말로 임금의 명령 중에 잘못을 지적하고, 임금의 잘못된 일을 반대하여 암암리에 임금으로 하여금 국가의 안위를 중히 여기도록 하고, 임금이 공벌攻伐로 욕을 먹지 않도록 해 주어 국가의 대리大利를 이루도록 하는 것, 이를 일컬어 필弼이라 한다.

따라서 간諫·쟁諍·보輔·필弼의 신하는 바로 사직지신社稷之臣이라 할 수 있는 것이다. 명군明君이 예禮로써 높이는 바를 암군暗君은 오히려 그것을 자신의 적賊이라 보는 경우가 있다. 그 때문에 명군에게는 상을 받을 일이 암군에게는 사형을 받는 일이 되기도 한다. 명군은 아랫사람에게 묻기를 좋아하지만, 암군은 무슨 일이건 독단으로 처리하기를 즐긴다.

명군이 어진 이를 높이며 능한 이를 부려 그 공功을 향유하는 데 반해, 암군은 어진 이를 두려워하고 능한 이를 질투하며, 그 업적이 줄어들도록 하여 그들의 충성을 벌로 갚아 버리고, 오히려 도적에게 상을 내리게 된다. 이러한 것을 일컬어 지암至暗이라 하며, 걸桀・주紂가 망한 이유가 바로 여기에 있다.

그러므로《시詩》에 "일찍이 남의 충고를 듣지 않았기 때문에 국가의 대명大命이 기울었도다"라 하였으니 바로 이를 두고 한 말이다.

從命利君爲之順, 從命病君謂之諛, 逆命利君謂之忠, 逆命病君謂之亂, 君有過不諫諍, 將危國殞社稷也, 有能盡言於君, 用則留之, 不用則去之, 謂之諫; 用則可生, 不用則死, 謂之諍; 有能比和同力, 率群下相與彊矯君, 君雖不安, 不能不聽, 遂解國之大患, 除國之大害, 成於尊君安國謂之輔; 有能亢君之之命, 反君之事, 竊君之重, 以安國之危, 除主之辱攻伐足, 以成國之大利, 謂之弼. 故諫諍輔弼之人, 社稷之臣也, 明君之所尊禮, 而闇君以爲己賊; 故明君之所賞, 闇君之所殺也. 明君好問, 闇君好獨, 明君上賢使能, 而享其功; 闇君畏賢妬能, 而滅其業, 罰其忠, 而賞其賊, 夫是之謂至闇, 桀紂之所以亡也.

詩云:『曾是莫聽, 大命以傾.』此之謂也.

【明君】명철한 임금.

【暗君】어둡고 사리판단을 못하는 군주.

【賊】害賊함.

【桀】夏의 末王. 湯에게 망하였다.

【紂】殷의 末王. 武王에게 망하였다.

【詩云】《詩經》大雅 湯의 구절. 鄭玄의 箋에 “莫, 無也, 朝廷君臣皆任喜怒, 曾無用典刑治事者, 以至誅滅”이라 함.

참고 및 관련 자료

1. 〈四庫全書本〉과 〈四部備要本〉에는 본 장이 앞장과 연결되어 鴟夷子皮가 말한 것으로 되어 있다.

2. 《荀子》臣道篇

從命而利君謂之順, 從命而不利君謂之諂; 逆命而利君謂之忠, 逆命而不利君謂之篡; 不卹君之榮辱, 不卹國之臧否, 偸合苟容以持祿養交而已耳, 謂之國賊. 君有過謀過事, 將危國家, 殞社稷之懼也, 大臣父兄, 有能進言於君, 用則可, 不用則去, 謂之諫; 有能進言於君, 用則可, 不用則死, 謂之爭; 有能比知同力, 率羣臣百吏而相與强君矯君, 君雖不安, 不能不德, 遂以解國之大患, 除國之大害, 成於尊君安國, 謂之輔; 有能抗君之命, 竊君之重, 反君之事, 以安國之危, 除君之辱, 功伐足以成國之大利, 謂之拂. 故諫爭輔拂之人, 社稷之臣也, 國君之寶也, 明君所尊厚, 而闇主惑君以爲己賊也. 故明君之所賞, 闇君之所罰也; 闇君之所賞, 明君之所殺也. 伊尹·箕子可謂諫矣, 比干·子胥可謂爭矣, 平原君之於趙可謂輔矣, 信陵君之於魏可謂拂矣. 傳曰「從道不從君.」此之謂也. 故正義之臣設, 則朝廷不頗; 諫爭輔拂之人信, 則君過不遠; 爪牙之士施, 則仇讐不作; 邊境之臣處, 則疆垂不喪. 故明主好同而闇主好獨. 明主尙賢使能而饗其盛, 闇主妬賢畏能而滅其功. 罰其忠, 賞其賊, 夫是之謂之闇, 桀·紂所以滅也.

064(2-18) 簡子有臣尹綽赦厥
내 잘못을 지적하지 않는 자

조간자趙簡子에게는 윤작尹綽과 사궐赦厥이라는 두 신하가 있었다. 간자가 이렇게 불평하였다.

"사궐은 나를 사랑하기 때문에 나의 잘못을 여러 사람이 보는 앞에서는 절대로 지적하지 않는다. 그런데 윤작은 나를 사랑하지 않기 때문인지, 반드시 많은 사람이 보는 앞에서 내게 간언을 한다."

이 말을 들은 윤작이 나섰다.

"사궐은 임금이 창피해할까 봐 그러는 것일 뿐 임금의 과실을 즐겨 고쳐 주지 않는 인물입니다. 저는 임금의 과실을 고쳐 주는 것을 임금이 창피해하는 것보다 더 중요하게 여기기 때문에 감히 그런 짓을 하는 것입니다."

공자孔子는 이렇게 평하였다.

"군자로다, 윤작이여! 많은 사람 앞에서 잘못을 지적하면서 아첨이 없구나!"

簡子有臣尹綽赦厥. 簡子曰:「厥愛我, 諫我必不於衆人中; 綽也不愛我, 諫我必於衆人中.」

尹綽曰:「厥也, 愛君之醜, 而不愛君之過也, 臣愛君之過, 而不愛君之醜.」

孔子曰:「君子哉! 尹綽, 面訾不面譽也!」

【簡子】춘추시대 晉나라의 大夫.

【尹綽】簡子의 신하.

【赦厥】簡子의 신하.

【孔子】孔丘.

참고 및 관련 자료

1.《呂氏春秋》達鬱篇.

趙簡子曰:「厥也愛我, 鐸也不愛我. 厥之諫我也, 必於無人之所, 鐸之諫我也, 喜質我於人中, 必使我醜.」尹鐸對曰:「厥也愛君之醜也, 而不愛君之過也; 鐸也愛君之過也, 而不愛君之醜也.」

065(2-19)　高繚仕於晏子
부하를 축출하는 이유

고료高繚란 사람이 안자晏子 밑에서 일을 하고 있었다. 안자는 그를 축출하자, 안자의 좌우 사람들이 이렇게 간언을 하였다.

"고료가 선생님을 모신 지가 이미 3년이 되었는데, 일찍이 그에게 어떤 벼슬자리 하나 주지 않았으면서 도리어 그를 축출하다니, 그게 의義라 할 수 있습니까?"

그러자 안자는 이렇게 대답하였다.

"나 안영晏嬰은 비천한 사람이다. 사유四維를 생각한 연후에야 능히 곧아질 수 있는 사람이다. 그런데 고료란 인물은 나를 3년씩이나 따르면서, 일찍이 한 번도 나의 잘못을 지적하여 보필한 적이 없다. 이 까닭으로 나는 그를 축출한 것이다."

高繚仕於晏子, 晏子逐之, 左右諫曰:「高繚之事夫子, 三年曾無以爵位, 而逐之, 其義可乎?」

晏子曰:「嬰仄陋之人也, 四維之然後能直, 今此子事吾三年, 未嘗弼吾過, 是以逐之也.」

【高繚】晏子의 家臣. 본《說苑》君道 19장 참조.
【晏子】춘추시대 景公을 모신 名臣. 晏嬰. 平仲.《史記》管晏列傳 참조.

【四維】《管子》牧民篇 四維에 "何謂四維, 一曰禮, 二曰義, 三曰廉, 四曰恥" ……"國有四維, 一維絶則傾, 二維絶則危, 三維絶則覆, 四維絶則滅"이라 하였고 같은 牧民 國頌에는 "四維不張, 國乃滅亡"이라 하였다.

참고 및 관련 자료

1.《晏子春秋》外篇 雜上

高糾事晏子而見逐, 高糾曰:「臣事夫子三年, 無得, 而卒見逐, 其說何也?」晏子曰: 「嬰之家俗有三, 而子無一焉.」糾曰:「可得聞乎?」晏子曰:「嬰之家俗, 閒處從容不 談議, 則疏. 出不相揚美, 入不相削行, 則不與, 通國事無論, 驕士慢知者, 則不朝也. 此三者, 嬰之家俗, 今子是無一焉. 故嬰非持食餒之長也. 是而辭.」

2.《晏子春秋》外篇

晏子使高糾治家, 三年而辭焉. 僕者諫曰:「高糾之事夫子三年, 曾無以爵位而逐之, 敢請其罪.」晏子曰:「若夫方立之人, 維聖人而已. 如嬰者, 仄陋之人也. 若夫左嬰右 嬰之人不舉四維, 四維將不正. 今此子事吾三年, 未嘗弼吾過也. 吾是以辭之.」

066(2-20) 子貢問孔子
　　　　아랫사람으로서 도리

자공子貢이 공자孔子에게 여쭈었다.

"제가 남의 아랫사람이 되어 어떻게 해야 아랫사람으로서 도리를 다하는 것인지 알지 못하고 있습니다."

그러자 공자가 이렇게 깨우쳐 주었다.

"남의 아랫사람이라면 곧 흙과 같은 것이 아니겠느냐? 이에 씨를 뿌리면 오곡이 자라고, 파보면 단 샘물이 솟아 초목을 심고 금수禽獸를 기르며, 사람이 태어나서는 이를 밟고 서서 다니고, 죽어서는 그 속으로 묻히지 않느냐? 이렇게 큰 공적이 있으면서도 땅이 말하는 것을 보았느냐. 남을 위해 일한다는 것, 그것은 곧 땅과 같을진저!"

子貢問孔子曰:「賜爲人下, 而未知所以爲人下之道也.」

孔子曰:「爲人下者, 其猶土乎! 種之則五穀生焉, 掘之則甘泉出焉, 草木植焉, 禽獸育焉, 生人立焉, 死人入焉, 多其功而不言, 爲人下者, 其猶土乎!」

【子貢】端木賜. 衛나라 출신.
【孔子】孔丘. 仲尼.

1.《荀子》堯問篇

子貢問於孔子曰:「賜爲人下而未知也.」孔子曰:「爲人下者乎, 其猶土也. 深抇之而
得甘泉焉, 樹之而五穀蕃焉, 草木殖焉, 禽獸育焉; 生則立焉, 死者入焉; 多其功而不息.
爲人下者, 其猶土也?」

2.《韓詩外傳》卷7

孔子閒居, 子貢侍坐,「請問爲人下之道, 奈何?」孔子曰:「善哉! 爾之問也. 爲人下,
其猶土乎?」子貢未達. 孔子曰:「夫土者, 掘之得甘泉焉, 樹之得五穀焉, 草木植焉,
鳥獸魚鼈遂焉, 生則立焉, 死則入焉. 多功不言, 賞世不絶. 故曰: 能爲下者, 其惟土乎?」
子貢曰:「賜雖不敏, 請事斯語.」詩曰:『式禮莫愆.』

3.《孔子家語》困誓篇

子貢問於孔子曰:「賜旣爲人下矣, 而未知爲人下之道, 敢問之.」子曰:「爲人下者,
其猶土乎? 汨之之深則出泉, 樹其壤, 則百穀滋焉, 草木植焉, 禽獸育焉, 生則出焉,
死則入焉, 多其功而不意, 宏其志而無不容, 爲人下者, 以此也.」

4.《孔子集語》交道篇

孔子閒居, 子貢侍坐,「請問爲人下之道奈何?」孔子曰:「善哉! 爾之問也! 爲人下,
其猶土乎?」子貢未達, 孔子曰:「夫土者, 掘之得甘泉焉, 樹之得五穀焉, 草木植焉,
鳥獸魚鼈遂焉; 生則立焉, 死則入焉; 多功不言, 賞世不絶, 故曰: 能爲下者, 其惟
土乎?」子貢曰:「賜雖不敏, 請事斯語.」

067(2-21) 孫卿曰少事長賤事貴
천하의 통의

순자荀子가 이렇게 말하였다.

"어린 사람은 어른을 섬기며, 천한
이는 귀한 이를 섬기며, 불초不肖
한 자는 어진 이를 섬긴다. 이것은
천하의 통의通義이다. 사람이 귀해졌
으면서도 능히 윗사람다운 행동을
하지 못하고, 사람이 천하면서도
남의 아래 사람 되는 것을 부끄러이
여긴다면, 이는 간인지심姦人之心
이다. 몸이 간심姦心에서 떠나지 못
하고, 행동이 간도姦道에서 떠나지
못하면서 여러 사람으로부터 명예
를 구한다면, 이 역시 어려운 일이
아니겠는가?"

荀子

孫卿曰：「少事長, 賤事貴, 不肖事賢, 此天下之通義也. 有人
貴而不能爲人上, 賤而羞爲人下, 此姦人之心也, 身不離姦心,
而行不離姦道, 然而求見譽於衆, 不亦難乎?」

【孫卿】 荀卿. 漢나라 宣帝의 이름을 諱하여 孫卿이라 부렀다. 이름은 況.
《漢書》藝文志에 孫卿子 32篇과 賦 10篇이 실려 있다. 지금의《荀子》는 清
王先謙의 集解本이 가장 정밀한 正本으로 알려져 있다.

참고 및 관련 자료

1.《荀子》仲尼篇

少事長, 賤事貴, 不肖事賢, 是天下之通義也. 有人也, 勢不在人上, 而羞爲人下,
是姦人之心也. 志不免乎姦心, 行不免乎姦道, 而求有君子聖人之名, 辟之是猶伏而
咶天, 救經而引其足也, 說必不行矣, 兪務而兪遠. 故君子時詘則詘, 時伸則伸也.

068(2-22) 公叔文子問於史叟
총애를 받지 못해도

공숙문자公叔文子가 사수史叟에게 물었다.

"무자승武子勝이 조간자趙簡子를 섬긴 지가 이미 오래 됩니다. 그런데 조간자의 총애가 조금도 해이해지지 않는 것은 무슨 이유입니까?"

그러자 사수가 이렇게 설명하였다.

"무자승은 박문다능博聞多能하면서도 그 지위는 낮았다. 임금이 이를 친하여 가까이해도 그는 민첩하면서도 겸손하였다. 그리고 조간자가 그를 멸시하여 소원하게 대해도 오히려 공경하며 원망하는 기색이 없었다. 들어서는 국가의 일을 도모하고, 물러나와 그에 걸맞은 총애를 받지 못해도 그는 임금이 내린 녹祿에 대해 만족함을 알고 사양할 줄 알았다. 이 때문에 그는 능히 장구長久할 수 있었던 것이다."

公叔文子問於史叟曰:「武子勝事趙簡子久矣, 其寵不解, 奚也?」

史叟曰:「武子勝, 博聞多能而位賤, 君親而近之, 致敏以愻薆. 而疏之, 則恭而無怨色, 入與謀國家, 出不見其寵, 君賜之祿, 知足而辭, 故能久也.」

【公叔文子】衛나라 大夫. 衛 獻公의 孫子(혹은 아들). 公孫發. 시호는 貞惠文子.
【史叟】公叔文子의 친구나 手下인 듯하다.
【武子勝】趙簡子를 모신 신하.
【趙簡子】晉나라 大夫. 趙를 일으켰다.

069(2-23) 泰誓曰附下而罔上者死
남을 해치는 자

〈태서泰誓〉에 이렇게 쓰여 있다.

"아랫사람에게 빌붙어 윗사람을 속이는 자는 사형에 처할 것, 그리고 윗사람에게 붙어 아랫사람을 속이는 자는 형벌을 내릴 것. 국가 대사에 참여하여 듣고도 백성에게 유익함을 주지 못하는 자는 퇴임시킬 것, 높은 자리에 있으면서 어진 이를 진달進達시키지 못하는 사람은 축출할 것."

이는 바로 선善을 권장하고 악惡을 축출하기 위함이다.

그래서 〈전傳〉에는 이렇게 말하였던 것이다.

"어질고 능력 있는 사람을 상하게 하는 자는 나라의 잔해殘害이다. 또 선한 사람을 가려 은폐시키는 자는 국가의 참함讒陷이다. 무죄한 자를 공소控訴하는 자는 국가의 적賊이다."

泰誓曰:「附下而罔上者死, 附上而罔下者刑; 與聞國政, 而無益於民者退, 在上位, 而不能進賢者逐.」

此所以勸善而黜惡也.

故傳曰:「傷善者, 國之殘也, 蔽善者, 國之讒也, 愬無罪者, 國之賊也.」

【泰誓】《書經》의 편명.
【罔】欺罔·欺誣의 뜻.
【傳】《書經》(尙書) 孔安國의 傳.

070(2-24) 王制曰假於鬼神時日卜筮
백성을 미혹하게 하는 자

〈왕제王制〉에는 이렇게 말하였다.

"귀신鬼神, 시일時日, 복서卜筮 등에 의탁하여 사람들을 의혹에 빠지게 하는 자는 죽인다."

王制曰:「假於鬼神時日卜筮, 以疑於衆者, 殺也.」

【王制】《禮記》의 篇名.
【時日】천기·천문의 변화.

(참고 및 관련 자료)

1.〈四庫全書本〉에는 본 장을 다음의 71장 "子路爲蒲令" 앞에 붙여 놓았고 〈四部備要本〉에는 반대로 앞장 69장 "泰誓曰"의 말미에 붙여 놓았다. 한편《說苑疏證》에는 "拾補云, 此段疑文不全"이라 하였다.

071(2-25) 子路爲蒲令
수로를 정비하다

　자로子路가 포蒲 땅의 수령守令이 되어 수재를 방비하기 위해 봄에 백성들과 수로를 정비하고 있었다. 백성들이 힘들어하자 매 사람마다 도시락 하나와 국그릇 하나의 음식을 제공하였다.

　공자孔子가 이를 듣고 자공子貢을 시켜 가서 중지토록 하였다. 자로는 화를 내며 불쾌한 표정을 짓고는 즉시 스스로 공자에게 달려갔다.

　"저 중유仲由(子路)는 장차 폭우가 쏟아지면 수재가 날까 두려워 백성들과 함께 수로를 정비하고 있었습니다. 그런데 백성들이 먹을 것이 떨어져 그 때문에 그들에게 도시락과 국물을 공급한 것입니다. 그런데 선생님께서 자공子貢(賜)을 시켜 이를 중지하라고 일러 오셨는데 무슨 이유입니까? 선생께서는 이 중유가 인을 베푸는 것을 중지시켰습니다. 이는 늘 인을 베풀라고 가르쳐 놓고 인을 베푸는 일을 지금에 와서는 금지시키시는 것이니 저는 받아들일 수가 없습니다."

　이런 항의에 공자는 이렇게 설명하였다.

　"너는 백성들이 굶주린다는 걸 알았을 때, 어째서 이를 임금에게

子路(仲由)

고하여 나라의 창고를 열어 그들을 먹여 주려고 하지 않느냐. 이는 네 스스로 사사롭게 백성을 먹여 주는 것으로, 곧 네가 임금의 은혜를 밝혀 주지 않고 너 개인의 덕을 보여 주려는 행위이다. 빨리 그만두면 모르겠으나 계속 그런 식으로 하다가는 네가 죄를 뒤집어쓸 날이 멀지 않으리라!"

　이 말에 자로는 마음으로 탄복하면서 물러섰다.

　子路爲蒲令, 備水災, 與民春修溝瀆, 爲人煩苦, 故予一簞食, 一壺漿, 孔子聞之, 使子貢復之, 子路忿然不悅, 往見夫子曰: 「由也以暴雨將至, 恐有水災, 故與人修溝瀆, 以備之, 而民多匱於食, 故與人一簞食一壺漿, 而夫子使賜止之, 何也? 夫子止由之行仁也, 夫子以仁敎, 而禁其行仁也, 由也不受.」

　子曰: 「爾以民爲餓, 何不告於君, 發倉廩以給食之; 而以爾私饋之, 是汝不明君之惠, 見汝之德義也, 速已則可矣, 否則爾之受罪, 不久矣.」

　子路心服而退也.

【子路】仲由. 孔子의 제자. 政事에 밝았다고 한다.
【蒲】地名. 지금의 河北省 長垣縣.
【子貢】端木賜. 孔子의 弟子.

　참고 및 관련 자료

1. 《韓非子》外儲說右上

　季孫相魯, 子路爲郈令. 魯以五月起衆爲長溝, 當此之時, 子路以其私秩粟爲漿飯, 要作溝者於五父之衢而飱之. 孔子聞之, 使子貢往覆其飯, 擊毁其器, 曰: 「魯君有民,子奚爲乃浚之?」子路怫然怒, 攘肱而入請曰:「夫子疾由之爲仁義乎? 所學於夫子者, 仁義也, 仁義者, 與天下共其所有, 而同其利者也. 今以由之秩粟而浚民, 不可何也?」孔子曰:「由之野也! 吾以女知之, 女徒未及也, 女故如是之不知禮也! 女之浚之, 爲愛之也. 夫禮, 天子愛天下, 諸侯愛境內, 大夫愛官職, 士愛其家, 過其所愛曰侵. 今魯君有民, 而子擅愛之, 是子侵也, 不亦誣乎!」言未卒, 而季孫使者至, 讓曰:「肥也, 起民而使之, 先生使弟子令徒役而浚之, 將奪肥之民耶?」孔子駕而去魯.

2. 《孔子家語》致思篇

子路爲蒲宰, 爲水備, 與其民修溝瀆. 以民之勞煩苦也, 人與之一簞食, 一壺漿. 孔子聞之, 使子貢止之. 子路忿不悅, 往見孔子, 曰:「由也以暴雨將至, 恐有水災, 故與民修溝洫以備之, 而民多匱餓者, 是以簞食壺漿而與之. 夫子使賜止之, 是夫子止由之行仁也, 夫子以仁教而禁其行, 由不受也.」孔子曰:「汝以民爲餓也? 何不白於君, 發倉廩以賑之, 而私以爾食饋之, 是汝明君之無惠而見己之德美矣. 汝速已則可, 否則汝之見罪必矣.」

卷三. 건본편建本篇

"건본建本"이란 근본을 바르게 세워야 한다는 뜻이다. 《논어論語》에 "본립이도생本立而道生"이라 하였다. 본권은 이에 관계된 일화와 고사 등을 모은 것이다.

모두 30장(072～101)이다.

본을 힘쓰면 도가 생긴다

공자孔子가 말하였다.

"군자는 본本에 힘쓸지니 본이 서면 도가 생긴다."

무릇 근본이 바르지 못한 것은 그 끝이 반드시 기울게 되고, 시작이 흥성하지 못하면 그 끝이 반드시 쇠갈衰竭하게 마련이다.

그래서 《시詩》에 "언덕이 평평하면 그 샘물도 흘러 맑기 마련일세!"라 하였던 것이다.

"본이 서면 길이 생긴다"라는 말은 《춘추春秋》의 의義이다.

봄에 씨 뿌려 농사를 지으면 가을에 거둘 것이 없어 어지러워지는 일이 없듯이, 임금의 도리를 바르게 지키는 자는 국가가 위험해질 리가 없다.

《역易》에는 이렇게 말하였다.

"그 근본을 바르게 세우면 만물이 이치대로 다스려진다. 그러나 이를 털끝만큼이라도 놓치면 그 결과와의 차이는 1천 리나 된다."

이 까닭으로 군자는 그 근본 세우기를 귀히 여기며, 그 시작 세우기를 중히 여긴다.

孔子曰:「君子務本, 本立而道生.」

夫本不正者末必倚, 始不盛者終必衰.

詩云:『原隰旣平, 泉流旣清.』

本立而道生, 春秋之義; 有正春者無亂秋, 有正君者無危國.
易曰:「建其本而萬物理, 失之毫釐, 差以千里.」
是故君子貴建本而重立始.

【孔子曰】《論語》學而篇의 구절.
【詩云】《詩經》小雅 黍苗章의 구절.
【易曰】《周易》지금의《周易》에는 실려 있지 않다. 佚文이다.

원년의 의미

위魏 **무후**武侯가 오자吳子에게 원년元年의 뜻에 대해 물었다. 그러자 오자는 이렇게 대답하였다.

"나라의 임금이 되어 반드시 조심스럽게 시작함을 말합니다."

"조심스러운 시작愼始이란 어떻게 하는 것입니까?"

"바르게正 하는 것이지요!"

"바르게 한다는 것은 어떻게 하는 것입니까?"

이에 오자는 이렇게 설명하였다.

"지혜를 밝게 하는 것입니다. 지혜가 밝지 않으면 어찌 바른 것을 볼 수 있겠습니까? 많이 듣고 선택하면 지혜를 밝힐 수 있는 것입니다. 이 까닭으로 옛날에 처음 임금으로 즉위하여 다스림을 보고받을 때 대부가 하는 한 마디, 선비가 들려주는 한 마디, 서민이 뵙고자 할 때 모두 들어 보며, 공족公族이 묻는 말에 반드시 대답해 주는 등 사방에서 오는 자들을 막지 않았습니다. 이로써 그들을 막거나 은폐시키지 않았다고 볼 수 있습니다. 그리고 나서 녹祿을 나누어 누구에게나 미치게 하며, 형벌은 틀림

《春秋經傳集解》(杜預)

없는 경우에만 쓰며, 임금은 마음을 인仁에 두고 그 생각은 백성의 이익에思君之利 두며, 백성의 피해를 어떻게 제거해 줄까 하면 가히 민중民衆을 잃지 않을 수 있습니다.

　임금은 그 행동을 반드시 정正에 두며, 가까운 측근은 선발하되 대부가 관직을 겸할 수 없도록 하고, 백성의 민원에 관계된 집정執政은 어떤 일족一族의 손에 독점되지 않도록 한다면 가히 권세權勢의 현상이 없어질 것입니다. 이것은 모두《춘추春秋》의 뜻이며, 원년元年의 본本인 것입니다."

魏武侯問元年於吳子, 吳子對曰:「言國君必愼始也.」
「愼始奈何?」
曰:「正之.」
「正之奈何?」
曰:「明智, 智不明何以見正? 多聞而擇焉, 所以明智也. 是故古者君始聽治, 大夫而一言, 士而一見, 庶人有謁必達, 公族請問必語, 四方至者勿距, 可謂不壅蔽矣; 分祿必及, 用刑必中, 君心必仁, 思君之利, 除民之害, 可謂不失民衆矣. 君身必正, 近臣必選, 大夫不兼官, 執民柄者不在一族, 可謂不權勢矣. 此皆春秋之意, 而元年之本也.」

【魏武侯】 魏나라 武侯. 재위 26년(B.C.395~370).
【元年】 임금이 처음 즉위한 해를 말하며, 군주로서 그때의 몸가짐과 해야 할 일을 말함.
【吳子】 병법가. 吳起.
【春秋】 역사의 바른 길 또는 사물의 바른 도리. 紀年의 바른 이치.

074(3-3) 孔子曰行身有六本
행동의 여섯 가지 근본

공자孔子가 말하였다.

"몸을 바로 세워 세상에 처신함에는 여섯 가지 근본이 있다. 근본이 세워진 다음에야 군자라고 할 수 있다. 몸을 일으켜 세우는 의義는 효孝를 근본으로 삼으며, 또 상喪을 당하여 갖추어야 할 예는 애哀가 그 근본이며, 전쟁에서 무리를 지어 싸울 때에는 용勇이 근본이다. 그리고 정치를 하여 다스림에는 농農이 근본이며, 나라에 벼슬을 하면서 갖추어야 할 예로는 사嗣가 근본이다. 또 재주 있는 인물이 나는 것은 때가 있으니, 스스로는 역力을 근본으로 삼아야 한다.

근본을 버려두고 공고히 하지 못하면서 끝만 풍성하게 하려 들지 말 것이며, 친척 사이를 먼저 화목하게 해놓지 못하였다면 바깥 사귐에 힘쓸 것이 아니며, 일의 종시終始를 제대로 파악하지 못하였다면 많은 사업을 벌이는 데 힘쓸 일이 아니다.

마찬가지로 듣고 기억한 것을 잘 전달할 수 없다면 쓸데없는 말을 많이 하고자 서둘지 말 것이며, 가까운 사람들과 제대로 화평하지 못하였을 때는 먼데 사람에게 인정받으려 덤비지 말 것이니라. 이 까닭으로 근본으로 돌아와 가까운 것부터 잘 닦는 것이 군자가 할 도리이니라."

孔子曰:「行身有六本, 本立焉, 然後爲君子. 立體有義矣, 而孝爲本; 處喪有禮矣, 而哀爲本; 戰陣有隊矣, 而勇爲本; 治政有理矣, 而農爲本, 居國有禮矣, 而嗣爲本; 生才有時矣, 而力爲本. 置本不固, 無務豐末; 親戚不悅, 無務外交; 事無終始, 無務多業; 聞記不言, 無務多談; 比近不說, 無務修遠. 是以反本修邇, 君子之道也.」

【六本】 원문의 내용대로 孝·哀·勇·農·嗣·力을 말한다. 단 農은 能의 잘못이 아닌가 한다.(朱駿聲)

【終始】《大學》에 "物有本末, 事有終始. 知所先後, 則近道矣"라 하였다.

> 참고 및 관련 자료

1.〈四庫全書本〉및〈四部備要本〉은 본 장이 다음의 "王之所生"과 연결되어 孔子의 말이 계속 이어지는 것으로 되어 있다.

2.《墨子》修身篇

君子戰雖有陳而勇爲本焉, 喪雖有禮而哀爲本焉; 士戰有學而行爲本焉. 是故置本不安者無務豐末; 近者不親, 無務求遠, 親戚不附, 無務外交; 事無終始, 無務多業; 擧物而闇, 無務博聞. 是故先生之治天下也, 必察邇來遠, 君子察邇而邇脩者也.

3.《孔子家語》六本篇

孔子曰:「行己有六本焉, 然後爲君子也. 立身有義矣, 而孝爲本; 喪紀有禮矣, 而哀爲本; 戰陣有列矣, 而勇爲本; 治政有理矣, 而農爲本; 居國有道矣, 而嗣爲本; 生財有時矣, 而力爲本. 置本不固, 無務農桑; 親戚不悅, 無務外交; 事不終始, 無務多業; 記聞而言, 無務多說; 比近不安, 無務求遠. 是故反本修邇, 君子之道也.」

075(3-4) 天之所生
하늘이 내린 생명

하늘이 내린 생명을 땅은 받아 기르지만 그 중에 인인지도人人之道보다 귀한 것이 없으며, 부자지친父子之親이나 군신지의君臣之義보다 큰 것이 없다. 아버지로서의 도道는 성聖이며, 자식 된 도리는 인仁이며, 임금의 도는 의義이며, 신하의 도는 충忠이다.

어진 아버지는 그 아들에 대해 자혜慈惠로써 이를 생육生育하며, 교회教誨로 이를 성장시켜 아들이 가진 의誼를 길러 주며, 그 잘못은 감추어 주고, 그 절도를 때맞게 알도록 해 주며, 그에게 사랑을 베풀 때도 신중히 한다.

그리고 그 아들이 일곱 살 이상이 되면, 아버지는 이를 위해 명사明師와 양우良友를 선택해 주어 악惡을 보지 않게 하고, 선善에 점차 조금씩 물들게 하여 교화教化에 적응하도록 해 준다.

따라서 어진 아들은 그 어버이를 섬김에 발언發言·진사陳辭·응대應對에 어버이의 귀에 거슬리지 않게 하며, 취주趣走·진퇴進退·용모容貌를 어버이 눈에 거슬리지 않게 하고, 비체천신卑體賤身하여 어버이 마음에 거슬리지 않게 하는 것이다.

한편 군자가 그 어버이를 섬김에는 적덕積德으로 하니, 자식은 바로 어버이의 근본이기 때문이다. 그래서 모시면서 그 명령을 거역하는 일이 없어야 하니, 만약 모시면서 어버이의 명령을 거역한다면 이는 오직 어버이를 해치는 경우가 되기 때문이다. 따라서 어버이가 편안히 여기는 일이면 자식은 모두 공급해 주어야 한다.

다음 어진 신하가 그 임금을 섬김을 보자.

관직을 받는 그 날부터 신하는 그 군주를 어버이로 여기며, 국가를 자기 가정처럼 여기고, 선비를 자신의 형제처럼 여겨야 한다.

그래서 진실로 국가를 안전하게 하고 백성을 이롭게 하는 일이라면 그 어떤 어려움도 피하지 않으며 그 노고를 꺼리지 않고, 그 의義를 성취시켜야 한다. 그리하여 그 임금 또한 그 덕德을 완수하는 데 도움을 주어야 한다.

무릇 임금과 신하는 그 백성과의 관계가 서로 상보相補함이 근본이니 마치 끊임없이 순환하는 원리와 같다.

또 선생님은 이렇게 말한다.

"사람의 행위 중에 효보다 큰 것은 없다. 효는 안으로는 성취를 이루고 밖으로는 좋은 이름을 퍼뜨리는 것이다. 이것이 소위 말하는 그 근본에 뿌리를 두니, 그것이 스스로 영화롭고 무성하다는 뜻이다. 그래서 임금은 신하로 근본을 삼고, 신하는 그 임금을 근본으로 삼으며, 아버지는 아들을 근본으로 삼고, 아들은 그 아버지를 근본으로 삼으니, 그 근본을 버리면 그 영화榮華도 시들고 마느니라!"

天之所生, 地之所養, 莫貴乎人人之道, 莫大乎父子之親, 君臣之義; 父道聖, 子道仁, 君道義, 臣道忠. 賢父之於子也, 慈惠以生之, 敎誨以成之, 養其誼, 藏其僞, 時其節, 愼其施; 子年七歲以上, 父爲之擇明師, 選良友, 勿使見惡, 少漸之以善, 使之早化. 故賢子之事親, 發言陳辭, 應對不悖乎耳; 趣走進退, 容貌不悖乎目; 卑體賤身, 不悖乎心. 君子之事親以積德, 子者親之本也, 無所推而不從命, 推而不從命者, 惟害親者也, 故親之所安, 子皆供之. 賢臣之事君也, 受官之日, 以主爲父, 以國爲家, 以士人爲兄弟; 故苟有可以安國家, 利人民者不避其難, 不憚其勞, 以成

其義; 故其君亦有助之以遂其德. 夫君臣之與百姓, 轉相爲本,
如循環無端.

夫子亦云:「人之行莫大於孝; 孝行成於內而嘉號布於外, 是謂
建之於本而榮華自茂矣. 君以臣爲本, 臣以君爲本; 父以子爲本,
子以父爲本, 棄其本, 榮華槁矣.」

【卑體賤身】어버이 앞에서 자신을 낮춤.
【夫子】古語에 '선생님'의 뜻.
【榮華】《爾雅》의 설명에 풀이 무성하여 잘 자라는 것을 華, 나무를 榮이라
한다.

짐은 무겁고 갈 길이 먼 사람

자로子路가 말하였다.

"짐은 무겁고 갈 길이 먼 사람은 땅을 가리지 않고 쉬는 법이요, 가난한 집에 늙은 어버이를 모신 자는 그 녹祿을 따지지 않고 벼슬을 해야 한다라고 하였는데, 나는 옛날 양친을 모시고 있을 때에 항상 스스로는 여곽지실藜藿之實 같은 거친 것을 먹으면서도 어버이를 위해서는 1백 리 밖에서 쌀을 짊어지고 오기도 하였다.

그러나 어버이가 돌아가신 뒤 내가 남쪽으로 초楚나라에 가서 성공한 끝에, 나를 따르는 차량이 백승百乘이나 될 정도이고, 쌓인 곡식도 만종萬鍾이나 되며, 자리를 겹쳐 깔고 앉아도 될 정도이며, 솥을 나란히 세워 걸어 놓고 밥을 해먹을 정도로 부유해졌다. 그러나 어버이를 위해 차라리 여곽을 먹고 쌀을 짊어지는 일을 하고 싶으나 다시는 되돌릴 수 없는 일이 되고 말았다.

메마른 물고기가 낚시줄만 물고 있으면, 그 몇이나 좀벌레에게 먹히지 않을 수 있으랴? 양친兩親의 수壽는 홀연하기가 마치 말이 지나가는 것을 문틈 사이로 보는 것처럼 빠르구나. 초목이 다시 더 자라고 싶으나 이미 서리와 이슬이 이를 가로막으며, 어진 이가 어버이를 더 섬기고자 하나 양친이 기다려 주지 않는구나. 그래서 '집이 가난하고 어버이가 연로하신 집안의 사람은, 그 녹을 가리지 않고 직업에 뛰어든다'라고 한 것이리라."

子路曰:「負重道遠者, 不擇地而休; 家貧親老者, 不擇祿而仕. 昔者由事二親之時, 常食藜藿之實而爲親負米百里之外, 親沒之後, 南遊於楚, 從車百乘, 積粟萬鍾, 累茵而坐, 列鼎而食, 願食藜藿負米之時不可復得也; 枯魚銜索, 幾何不蠹, 二親之壽, 忽如過隙, 草木欲長, 霜露不使, 賢者欲養, 二親不待, 故曰: 『家貧親老不擇祿而仕』也.」

【子路】孔子의 弟子. 仲由. 政事에 뛰어났던 인물.
【負重道遠者~不擇祿而仕】이 구절은《韓詩外傳》(1)에 "任重道遠者, 不擇地而息, 家貧親老者, 不擇官而仕"라 되어 있다. 한편《論語》泰伯篇에 "曾子曰 士不可以不弘毅, 任重而道遠, 仁以爲己任, 不亦重乎, 死而後已, 不亦遠乎"라 하였다.
【藜藿之實】콩대의 열매 등으로 거친 음식. 거친 곡식.
【乘】말 네 마리가 끄는 수레.
【鍾】고대 도량형으로 1鍾은 6斛4斗라 한다.
【枯魚銜索, 幾何不蠹】가난한 집에 늙은 어버이를 모시고 있으면서 배고픈 물고기처럼 낚시줄만 물고 있으면, 그 물고기가 결국 좀이 슬어 살이 썩게 되듯이 소용이 없다는 뜻. 또는 말린 물고기를 줄에 엮어 달아둔다 해도 그 몇이나 끝내 좀이 슬지 않겠는가. 즉 세월이 덧없이 흐름을 말하는 것으로 볼 수도 있다.
【忽如過隙】좁은 문틈 사이로 네 마리 빠른 말이 끄는 수레가 지나가는 것을 보고 있듯이 빠름을 말한다.

참고 및 관련 자료

1.《韓詩外傳》卷1
枯魚銜索, 幾何不蠹, 二親之壽, 忽如過客. 樹木欲茂, 霜露不使, 賢士欲成其名, 二親不待. 故曰: 家貧親老, 不擇官而仕也. 詩曰:『雖則如燬, 父母孔邇.』此之謂也.

2.《孔子家語》致思篇

子路見於孔子曰:「負重涉遠, 不擇地而休, 家貧親老, 不擇祿而仕. 昔者由也, 事二親之時, 常食藜藿之實, 爲親負米百里之外. 親沒之後, 南遊於楚, 從車百乘, 積粟萬鍾, 累茵而坐, 列鼎而食, 願食藜藿爲親負米, 不可復得也. 枯魚銜索, 幾何不蠹, 二親之壽, 忽如過隙.」孔子曰:「由也事親, 可謂生事盡力, 死事盡思者也.」

077(3-6) 伯禽與康叔封朝於成王
세 번씩의 질책과 태장

백금伯禽과 **강숙봉**康叔封이 성왕成王을 조현朝見하러 가는 길에 세 번이나 주공周公을 만나게 되었는데, 세 번 모두 질책의 태장笞杖을 맞았다. 강숙이 놀란 기색으로 백금에게 말하였다.

"무슨 이유인지 모르겠어. 상자商子란 분이 현인賢人이라니 우리 둘이 함께 그분을 찾아가서 여쭈어 보자."

이리하여 강숙봉은 백금과 함께 상자를 찾아가 물었다.

"저희들은 이러이러한 사람이온데, 어느 날 우리 둘이 성왕을 뵙고자 하여 주공 어른을 세 번이나 뵈었는데, 그때마다 그에게 태장만 맞았습니다. 무슨 이유인지 설명해 주시겠습니까?"

그러자 상자가 이렇게 일러 주었다.

"그대 두 사람은 어찌하여 남산의 남쪽 기슭에 있는 나무를 가서 보지 않습니까? 그 나무의 이름은 교橋라 합니다!"

두 사람은 다시 남산의 양지바른 남쪽 기슭에 가 보았다. 과연 키 큰 교목橋木이 높이 솟아 실하게 하늘을 보며 뻗쳐 있었다. 그래서 둘은 다시 상자에게 돌아와 고하자, 상자는 이렇게 일러 주었다.

"그 교목은 아버지의 도와 같은 것입니다."

그리고 나서 상자는 다시 두 사람에게 이렇게 말하였다.

"그대 두 사람은 어찌 그 남산의 북쪽에 가서 나무 하나를 보지 않습니까? 그 나무 이름은 자梓라 합니다!"

두 사람은 다시 남산의 북쪽에 가 보았다. 과연 자목梓木 하나가 아주 튼튼히 옆으로 무성한 덩치와 가지를 땅에 덮고 엎드려 있는 것을 볼 수 있었다.

돌아와 상자에게 보았다고 말하자, 상자는 이렇게 일러 주었다.

"자목은 아들의 도와 같습니다."

두 사람은 이튿날 다시 주공을 찾아갔다. 문을 들어서자마자 얼른 달려가 당_堂에 올라서는 무릎을 꿇었다.

그러자 주공은 그들의 머리를 쓰다듬으며 위로해 주고, 먹을 것까지 내주면서 물었다.

"너희들은 어느 군자를 뵙고 왔느냐?"

둘이 함께 대답하였다.

"상자란 분을 뵙고 왔습니다."

그러자 주공이 이렇게 말하였다.

"군자로다, 상자여!"

伯禽與康叔封朝於成王, 見周公三見而三笞, 康叔有駭色, 謂伯禽曰:「有商子者, 賢人也, 與子見之.」

康叔封與伯禽商子曰:「某某也, 日吾二子者朝乎成王, 見周公三見而三笞, 其說何也?」

商子曰:「二子盍相與觀乎南山之陽有木焉, 名曰橋.」

二子者往觀乎南山之陽, 見橋竦焉實而仰, 反以告乎商子, 商子曰:「橋者父道也.」

商子曰:「二子盍相與觀乎南山之陰有木焉, 名曰梓.」

二子者往觀乎南山之陰, 見梓勃焉實而俯, 反以告商子, 商子曰:「梓者, 子道也.」

二子者明日見乎周公, 入門而趨, 登堂而跪, 周公拂其首, 勞而食之曰:「安見君子?」

二子對曰:「見商子.」

周公曰:「君子哉! 商子也!」

【伯禽】周公 旦의 아들로 아버지를 이어 魯나라에 봉해졌다.

【康叔封】成王의 동생. 封은 이름. 즉 伯禽과 4촌간이며 周公의 조카.

【成王】武王(姬發)의 아들로 뒤를 이어 왕이 되었으나, 武王의 동생이며 자신의
삼촌인 周公(姬旦)으로부터 섭정을 받았다.

【周公】伯禽의 아버지, 文王의 아들, 武王의 아우, 成王의 삼촌.

【笞】버릇이 없다고 종아리나 궁둥이를 매로 때림.

【商子】당시의 高士. 賢人인 듯하다.

【橋】橋木. 키 큰 나무.

【梓】속음은 '재'. 가래나무의 일종이라 한다.

> ### 참고 및 관련 자료

1. 《尚書大傳》 梓材(《世說新語》 排調篇의 注에서 인용하였다.)

伯禽與康叔見周公, 三見而三笞之. 康叔有駭色, 謂伯禽曰:「有商子者, 賢人也,
與子見之.」乃見商子而問焉. 商子曰:「南山之陽有木焉, 名喬, 二三者往觀之.」
見喬實高高然而上, 反以告商子, 商子曰:「喬者, 父道也. 南山之陰有木焉, 名梓,
二三者復往觀焉.」見梓實晉晉然而俯. 反以告商子, 商子曰:「梓者, 子道也.」二三子者
明日見周公, 入門而趨, 登堂而跪, 周公迎, 拂其首, 勞而食之, 曰:「爾安見君子乎?」

2. 《尚書大傳》 梓材(《文選》 王文憲集序의 注에서 인용하였다.)

伯禽與康叔朝於成王, 見乎周公, 三見而三笞之. 二者有駭色, 乃問於商子曰:「吾二子
見於周公, 三見而三笞之, 何也?」商子曰:「南山之陽有木名橋, 南山之陰有木名梓,
二子盍往觀焉.」於是二子如其言而往觀之, 見橋木, 高而仰, 梓木, 晉而俯. 反以告
商子, 商子曰:「橋者, 父道也; 梓者, 子道也.」二子者明日復見, 入門而趨, 登堂而跪,
周公迎, 拂其首而勞之曰:「汝安見君子乎?」二子以實告. 公曰:「君子哉, 商子也!」

3. 《論衡》 譴告篇

慶叔伯禽失子弟之道, 見於周公, 拜起驕悖, 三見三笞. 往見商子, 商子令觀橋梓之
樹二見橋梓 心感覺悟而知父子之禮, 周公可隨爲驕, 商子可順爲慢, 必須加之捶杖;
教觀於物者, 冀二人之見異, 以奇自覺悟也, 夫人君之失政, 猶二子失道也, 天不告
以政道, 令其覺悟, 若二子觀見橋梓, 而顧隨刑賞之誤, 爲寒溫之報.

078(3-7) 曾子芸瓜而誤斬其根
아버지의 매를 맞고 혼절한 증자

증삼曾參이 오이밭을 매다가 잘못하여 그 뿌리를 자르고 말았다. 그러자 그의 아버지 증석曾晳이 노하여 큰 몽둥이로 증삼을 내려쳤다. 증삼은 그만 땅에 고꾸라져 한참 후에야 깨어났다. 그는 깨어나자마자 벌떡 일어나 아버지 앞으로 나아가 이렇게 말씀드렸다.

"방금 제가 아버님께 죄를 지었습니다. 그런데 아버님께서 힘써 저를 깨우쳐 주셨습니다. 마음 아파하지 마십시오."

그리고는 물러나서 병풍 뒤에서 거문고를 뜯으며 노래를 불렀다. 이는 아버지로 하여금 듣게 하여 자신이 노래를 부를 정도로 아주 평온하다는 것을 알려드리기 위함이었다.

공자孔子가 이 소문을 듣고 자기 문인門人들에게 이렇게 명하였다.

"증삼이 오거든 절대 들여보내지 마라!"

증삼은 이 말을 듣고 자신은 아무 죄도 진 것이 없다고 여겨 사람을 시켜 공자에게 항의토록 하였다.

그러자 공자는 이렇게 설명해 주었다.

"너는 고수瞽瞍에게 순舜이라는 아들이 있었다는 것을 들었겠지. 그 순임금이 그의 아버지를 섬길 때, 그 아버지가 그를 찾아 일을 시키고자 하였을 때는 단 한 번도 곁에 없었던 적이 없었다. 그러나 그를 불러 죽이려고 하였을 때는 아무리 찾아도 없었다. 작은 회초리로 꾸짖을 때는 곁에 있었지만, 죽이려고 때릴 때는 도망쳤던 것이다. 이는 아버지의

曾子(曾參)《三才圖會》

포악한 노기는 피해야 한다는 뜻이다. 그런데 지금 너는 몸을 맡겨 그 폭노 앞에 버티어 바로 서서 도망가지 않았으니 이는 네 몸을 죽여 아버지를 함정에 넣는 꼴이다. 그리하여 아버지의 불의不義와 아들로서의 불효不孝를 함께 지을 뻔하였으니 어느 것이 더 큰 죄이냐? 너는 천자天子의 백성이 아니더냐. 천자의 백성을 죽이게 되면, 그 죄가 어느 정도인지 알고 있겠지?"

증자같이 효성스러운 인물에 더 나아가 공자의 문인이면서도 죄에 대해서는 어떤 의義에 처해야 할지 모를 지경이니 의란 정말로 어렵도다!

曾子芸瓜而誤斬其根, 曾晢怒, 援大杖擊之, 曾子仆地; 有頃蘇, 蹶然而起, 進曰:「曩者參得罪於大人, 大人用力教參, 得無疾乎?」

退屛鼓琴而歌, 欲令曾晢聽其歌聲, 令知其平也.

孔子聞之, 告門人曰:「參來, 勿內也!」

曾子自以無罪, 使人謝孔子, 孔子曰:「汝聞瞽叟有子名曰舜, 舜之事父也, 索而使之, 未嘗不在側, 求而殺之, 未嘗可得; 小箠則待, 大箠則走, 以逃暴怒也. 今子委身以待暴怒, 立體而不去, 殺身以陷父, 不義不孝, 孰是大乎? 汝非天子之民邪? 殺天子之民罪奚如?」

以曾子之材, 又居孔子之門, 有罪不自知處義, 難乎!

【曾子】曾參. 孔子의 제자 중에 孝誠으로 이름난 인물. 曾參殺人의 고사를 남겼다. 武城人으로 字는 子輿.

【芸】耘과 같음, '김을 매다'의 뜻.

【曾晳】曾參의 아버지.

【瞽叟와 舜】瞽叟는 舜의 아버지로 장님이었다고 한다. 성격이 난폭하여 새로 얻은 아내의 말만 믿고 舜임금을 죽이려 하였다.《史記》五帝本紀에 "舜父瞽叟盲, 而舜母死, 瞽叟更娶妻而生象, 象傲, 瞽叟愛後妻子, 常欲殺舜, 舜避逃, 及有小過則受罪, 順事父及後母與弟, 日以篤謹, 匪有懈"라 하였다.

【殺天子之民】아버지가 본의 아니게 아들 曾參을 죽이게 되었을 때를 말한다.

참고 및 관련 자료

1.《韓詩外傳》卷8

曾子有過, 曾晳引杖擊之. 仆地, 有間乃蘇, 起曰:「先生得無病乎?」魯人賢曾子, 以告夫子. 夫子告門人:「參來, 汝不聞昔者舜爲人子乎? 小箠則待, 笞大杖則逃. 索而使之, 未嘗不在側, 索而殺之, 未嘗可得. 今汝委身以待暴怒, 拱立不去, 非王者之民? 其罪何如?」詩曰:『優哉游哉, 亦是戾矣.』又曰:『戴色戴笑, 匪怒伊教.』

2.《孔子家語》六本篇

曾子耘瓜, 誤斬其根. 曾晳怒, 建大杖以擊其背, 曾子仆地而不知人. 久之有頃, 乃蘇, 欣然而起, 進於曾晳曰:「嚮也參得罪於大人, 大人用力教參, 得無疾乎?」退而就房,援琴而歌, 欲令曾晳而聞之, 知其體康也. 孔子聞之而怒, 告門弟子曰:「參來, 勿內.」曾子自以爲無罪, 使人請於孔子, 子曰:「汝不聞乎! 昔瞽叟子曰舜, 舜之事瞽叟, 欲使之, 未嘗不在於側, 索而殺之, 未嘗可得. 小棰則待過, 大杖則逃走, 故瞽叟不犯不父之罪, 而舜不失烝烝之孝. 今參事父, 委身以待暴怒, 殪而不避, 旣身死而陷父於不義, 其不孝孰大焉. 汝非天子之民也, 殺天子之民, 其罪奚若?」曾參聞之曰:「參罪大矣!」遂告孔子而謝過.

3.《孔子集語》孝本篇

曾子有過, 曾晳引杖擊之, 仆地, 有間, 乃蘇. 起曰:「先生得無病乎?」魯人賢曾子, 以告夫子. 夫子告門人:「參來!」「汝不聞: 昔者, 舜爲人子乎? 小箠則待笞, 大杖則逃. 索而使之, 未嘗不在側; 索而殺之, 未嘗可得. 今汝委身以待暴怒, 拱立不去, 非王者之民, 其罪何如?」

079(3-8) 伯兪有過
팔의 힘이 없어진 어머니의 매

백유伯兪가 잘못을 저질러 그 어머니가 종아리를 쳤다. 그러자 백유가 흐느껴 울었다. 이상하게 느낀 어머니가 아들에게 물었다.

"다른 날에는 내가 너를 때려도 우는 것을 볼 수 없더니 지금은 무슨 연유로 우느냐?"

백유는 이렇게 대답하였다.

"지난날에는 제가 잘못하여 어머니에게 맞을 때에 아픔을 느끼겠더니, 지금은 어머니께서 힘이 달려 아픔을 느낄 수 없으니 이로 인해 우는 것입니다."

그래서 세상엔 이렇게 말하는 것이다.

"부모님이 노하였을 때에는 반항의 뜻도 나타내지 않으며, 얼굴빛도 나타내지 않으며, 그 죄를 마음 깊이 받아들여 슬퍼하며 뉘우치는 것이 최상이며, 부모가 노하였을 때는 뜻을 나타내지 않고 표정도 나타내지 않는 것이 그 차책次策이며, 부모가 노하였을 때 뜻을 나타내며 얼굴빛을 나타내는 것은 제일 낮은 행동이다."

伯兪有過, 其母笞之, 泣, 其母曰:「他日笞子未嘗見泣, 今泣何也?」

對曰:「他日兪得罪笞嘗痛, 今母之力不能使痛, 是以泣.」

故曰:「父母怒之, 不作於意, 不見於色, 深受其罪, 使可哀憐,
上也; 父母怒之, 不作於意, 不見於色, 其次也; 父母怒之, 作於意,
見於色, 下也.」

【伯兪】효성이 지극한 인물로서 韓伯兪로도 불린다. 이 이야기는 "伯兪泣杖"
혹은 "伯兪泣笞"의 성어로 널리 알려져 있다.

참고 및 관련 자료

1. 伯兪의 고사는 《蒙求》 舊注에 《韓詩外傳》에서 인용하였다고 하였으나 지금의
《韓詩外傳》에는 없다. 《說苑》의 이 문장을 잘못 인용한 것이 아닌가 한다.

2. 《蒙求》 卷下(208)

《說苑》曰: 伯瑜有過, 其母笞之, 泣. 母曰:「他日笞未嘗泣, 今泣何也?」
對曰:「他日得罪笞, 常痛. 今母之力不能痛, 是以泣.」

080(3-9) 成人有德
어른이 되어 갖추어야 할 덕

어른이 되어서는 덕을 갖추어야 하고, 어린아이일 때는 가르침이 있어야 한다. 이것이 대학大學의 교육이다.

어떤 일이 발생하기 전에 이를 막는 것을 예預라 하고, 그것이 발생하였을 때 가可하게 하는 것을 시時라 하며, 서로의 장점을 보고 착한 쪽으로 가는 것을 마磨라 하고, 배워서 절도를 넘지 않게 이를 베푸는 것을 순馴이라 한다.

발생한 연후에 막으려 들면 서로 싸움만 나서 이겨내지 못하고, 시기가 지난 이후에 배우는 것은 고생만 많을 뿐 성공하기 어려우며, 마구 베풀며 겸손하지 않으면 다스려지지 않고, 홀로 배워 친구가 없게 되면 고루하고 듣는 바가 적다.

벽옹辟雍에서 밝은 군자를 길러내고 반궁泮宮에서 어진 군자를 길러 여러 마을에 두루 다니며 엄숙한 위의威儀를 빛내게 하며, 이로써 서로 따라서 바탕을 지키며 문文으로써 그 족속을 이어가게 하는 것이다.

成人有德, 小子有造, 大學之教也; 時禁於其未發之日預, 當其可之曰時, 相觀而善之曰磨, 學不陵節而施之曰馴. 發然後禁, 則扞格而不勝; 時過然後學, 則勤苦而難成; 雜施而不遜, 則壞亂而不治; 獨學而無友, 則孤陋而寡聞. 故曰有昭辟雍, 有賢泮宮, 田里周行, 濟濟鏘鏘, 而相從執質, 有族以文.

【辟雍】周나라 때 天子의 都城에 세운 大學. 주위의 형상이 璧과 같으며 물이 둘려 있다.

【泮宮】周나라 때 諸侯의 都邑에 세운 大學. 주위의 반이 물로 둘려 있다.

【濟鏘鏘】濟濟는 威儀가 엄숙한 것, 鏘鏘은 玉소리가 맑게 울리는 것이나 빛나는 것을 뜻한다.

참고 및 관련 자료

1.《禮記》學記

大學之法, 禁於未發之謂豫, 當其可之謂時, 不陵節而施之謂孫, 相觀而善之謂摩, 此四者教之所由興也. 發然後禁, 則扞格而不勝; 時過然後學, 則勤苦而難成; 雜施而不孫, 則壞亂而不脩; 獨學而無友, 則孤陋而寡聞, 燕朋逆其師, 燕辟廢其學. 此六者教之所由廢也.

081(3-10) 周召公年十九
관례를 치를 때

주周 소공召公은 나이 열아홉에 바르게 관례冠禮를 받았다. 관례를 거쳐야 방백方伯이나 제후諸侯가 될 수 있는 것이다. 사람이 유치幼稚·동몽童蒙의 때에는 스승을 구해 정본正本을 가르치지 않으면 입신전성立身全性할 수가 없다.

무릇 어린이는 틀림없이 어리석으며, 어리석기 때문에 마구 행동할 수밖에 없어 몸을 제대로 보호하지 못한다.

맹자孟子는 이렇게 말하였다.

"사람은 모두 배고플 때는 밥 먹을 줄 알면서, 어리석음을 치료하기 위해 배워야 한다는 것은 모르고 있다."

따라서 착한 재질을 가진 어린이는 반드시 학문에 힘쓰게 하여 그 본성을 잘 닦도록 해야 한다.

지금의 사람들이 진실로 능히 그 타고 난 재능을 갈고 닦으며, 스스로 신명神明을 성실히 하며, 사물의 이치로 보고 응하며, 도의 요체에 통달하여 시작과 끝의 단서를 파악하고, 없는 그 밖의 경계까지 보고 사방이 없는 그 안에 소요하고, 티끌 밖에 방양仿佯하여 탁연독립卓然獨立하고 초연절세超然絶世할 수 있다면, 이는 바로 옛 성인이 말한 신선세계가 될 것이다.

그러나 만세지인晚世之人은 한거閒居에도 심사心思하지 못하며, 고금鼓琴·독서讀書 또는 상고上古시대를 추관追觀하거나 어진 대부를 친구로 삼는 일 등을 하지 못한다.

학문學問이나 강변講辯을 날마다 즐기고, 세상사에 멀리하여 이해를 분명히 하고, 득실을 준비하되 그 화복禍福을 살피며, 의義와 도度를 세워 이를 법식法式으로 삼아 본말本末을 궁추窮追하고, 일의 정황을 살펴 죽어서는 그 업적을 남기고 살아서는 영화로운 이름을 누리는 것, 이는 모두가 인재人材라면 능히 이룰 수 있는 일이다.

그런데도 능히 그렇게 하지 못하는 이유는, 바로 편안한 것만 생각하여 느리고 나태하며 한가하게 지내는 날이 너무 많기 때문이다.

이 때문에 근본을 잃고 이름도 놓치는 것이다. 무릇 배움이란 숭명입신崇名立身의 근본이다.

거기에다가 의표儀表를 가지런히 하여 외모를 단정히 하면 훌륭해 보일 것이며, 바탕과 성품을 같이 모아 학문에 힘쓰면 더욱 지혜가 늘어날 것이다.

이 까닭으로 칼이나 연장을 가는 숫돌은 금金이 아닌데도 오히려 그 쇠붙이 연장을 더욱 날카롭게 하고, 《시詩》·《서書》가 벽에 가득 쌓인 것이 내 스스로가 아닐진대 이것이 내 마음을 면려하게 되는 것이다.

무릇 묻고 배우는 선비는 밤낮으로 일찍 일어나 면려하는 중에 더욱 지식이 늘어 그 이치를 분별하게 되니, 이로써 처신이 온전하고 몸을 세워도 위태롭지 않게 된다. 선비란 진실로 심명박찰深明博察하여 그 영예로운 이름을 드리울지니라.

반면에 도를 묻기를 즐기지 않으면, 이는 지혜의 근본을 베어내고 지혜의 근원을 막아 버리는 것과 같으니 어찌 그 몸을 세울 수 있으리오!

기기驥驥라는 천리마는 비록 빠르나 백락伯樂을 만나지 못하면 천리마의 능력을 발휘할 수 없고, 간장干將이라는 명검名劍이 비록 날카로우나 사람의 힘을 빌리지 않으면 스스로는 아무것도 자를 수가 없다. 또한 오호烏號라는 활 역시 비록 훌륭하나 배경排檠이 없이는 그 임무를 발휘할 수 없다. 마찬가지로 어느 한 사람이 비록 뛰어난 재능을 가졌다 하더라도 배우지 않으면 성聖을 이룰 수 없다.

물이 모여 내를 이루어야 교룡蛟龍이 살 수 있고, 흙이 쌓여 산이 되어야 예장豫樟 같은 나무가 자랄 수 있으며, 사람도 배움을 쌓아 성聖을 이루어야 부귀富貴와 존현尊賢이 다가오는 것이다.

천금千金이나 되는 가죽 외투는 한 마리의 여우 가죽으로는 만들 수 없으며, 누대樓臺나 묘당廟堂의 서까래는 나무 하나의 가지로는 지을 수 없다. 마찬가지로 선왕先王의 법은 한 선비의 지혜로만 이루어진 것은 아니다. 그래서 묻는다는 것은 지혜의 근본이며, 깊이 생각한다는 것은 지혜의 길이다.

〈중용中庸〉에는 이렇게 말하였다.

"묻기를 좋아하는 것은 지혜에 가까우며 힘써 실천하는 것은 인仁에 가까우며, 부끄러움을 아는 것은 용勇에 가깝다."

적은 것을 쌓아 능히 클 수 있었던 이는 그 오직 중니仲尼인저!

학문이란 바로 감정을 반성하고 본성을 다스리며 자기 재능을 다하는 것이다.

그리하여 어진 이를 친하여 배우고 물어야 덕이 자랄 것이며, 친구와 토론하고 의견을 합해 보아야 서로 성공시킬 수 있는 것이다.

《시詩》에서 "자르듯이 다듬듯이 쪼듯이 갈 듯이!"라 하였으니 바로 이를 두고 한 말이다.

周召公年十九, 見正而冠, 冠則可以爲方伯諸侯矣. 人之幼稚童蒙之時, 非求師正本, 無以立身全性. 夫幼者必愚, 愚者妄行; 愚者妄行, 不能保身.

孟子曰:「人皆知以食愈飢, 莫知以學愈愚.」

故善材之幼者, 必勤於學問以修其性. 今人誠能砥礪其材, 自誠其神明, 睹物之應, 通道之要, 觀始卒之端, 覽無外之境, 逍遙乎無方之內, 彷徉乎塵埃之外, 卓然獨立, 超然絶世, 此上聖之所遊神也. 然晚世之人, 莫能閒居心思, 鼓琴讀書, 迫觀上古, 友賢大夫; 學問講辯日以自虞, 疏遠世事分明利害, 籌策得失, 以觀禍福. 設義立度, 以爲法式; 窮追本末, 究事之情, 死有遺業, 生有榮名; 此皆人材之所能建也, 然莫能爲者, 偸慢懈惰, 多暇日之故也, 是以失本而無名. 夫學者, 崇名立身之本也, 儀狀齊等而飾貌者好, 質性同倫而學問者智; 是故砥礪琢磨非金也, 而可以利金; 詩書辟立, 非我也, 而可以屬心. 夫問訊之士, 日夜興起, 屬中益知, 以分別理, 是故處身則全, 立身不殆, 士苟欲深明博察, 以垂榮名, 而不好問訊之道, 則是伐智本而塞智原也, 何以立軀也? 騏驥雖疾, 不遇伯樂, 不致千里; 干將雖利, 非人力不能自斷焉; 烏號之弓雖良, 不得排檠, 不能自任; 人才雖高, 不務學問, 不能致聖. 水積成川, 則蛟龍生焉; 土積成山, 則豫樟生焉; 學積成聖, 則富貴尊顯至焉. 千金之裘, 非一孤之皮; 臺廟之榱, 非一木之枝; 先王之法, 非一士之智也. 故曰: 訊問者智之本, 思慮者智之道也.

中庸曰:「好問近乎智, 力行近乎仁, 知恥近乎勇.」

積小之能大者, 其惟仲尼乎! 學者所以反情治性盡才者也, 親賢學問, 所以長德也; 論交合友, 所以相致也.

詩云:『如切如磋, 如琢如磨.』

此之謂也.

【召公】 文王의 庶子인 召公 奭. 燕의 始祖. 시호는 康.
【冠禮】《禮記》曲禮上에 "人生十年曰幼, 學, 二十曰弱, 冠"이라 하였다. 원래 스무 살에 관례를 치르는 것.

【方伯】 地方官.

【彷徉】 세속에 얽매이지 않고 늠름함. 첩운연면어.

【騏驥】 전설상의 名馬. 千里馬.

【伯樂】 伯樂은 원래 별 이름으로 天馬를 관장함. 흔히 知己·知人. 어떤 사물을 꼭 알아서 인정해 주는 사람으로 알려져 있다. 한편 秦 穆公 때 말에 대해서 잘 알던 사람인 孫陽을 일컫기도 한다. 《戰國策》에 伯樂一顧의 故事가 있다. “客有謂伯樂曰臣有駿馬欲賣之, 比三旦立於市, 人莫與言, 願子還而視之, 去而顧之, 臣請獻一朝之賈, 伯樂乃還而視之, 去而顧之, 一旦而馬價十倍.”(燕策) 또 韓愈의 〈雜說〉에는 “世有伯樂然後有千里馬, 千里馬常有, 而伯樂不常有, 故雖有 名馬祗辱於奴隷人之手, 騈死於槽櫪之間, 不以千里稱也”라 하였다.

【干將】 莫邪와 더불어 유명한 칼. 《吳越春秋》에 “干將吳人, 莫邪, 干將之妻, 干將作劍, 莫邪斷髮剪爪, 投於爐, 金鐵乃濡, 遂以成劍, 陽曰干將, 陰曰莫邪”라 하였다.

【烏號】 옛날의 이름난 활. 《史記》 封禪書에 “黃帝采首山銅, 鑄鼎於荊山下, 鼎旣成, 有龍垂胡髥, 下迎黃帝, 黃帝上騎, 群臣後宮從上者七十餘人, 龍乃上去, 餘小臣不得上, 乃悉持龍髥, 龍髥拔, 墮, 墮黃帝之弓, 百姓仰望黃帝旣上天, 乃抱 其弓與胡髥號, 故後世因名其處曰鼎湖, 其弓曰烏號”라 하였다.

【排檠】 활을 시험하고 바르게 잡는 기구.

【豫樟】 좋은 나무의 일종.

【中庸曰】 《中庸》 제20장의 구절. “子曰:「好學近乎知, 力行近乎仁, 知恥近乎勇, 知斯三者, 則知所以修身.」”이라 함.

【詩云】 《詩經》 衛風 淇澳의 구절. “瞻彼淇澳, 綠竹猗猗, 有斐君子, 如切如磋, 如琢如磨”라 함. 한편 《爾雅》 釋器에는 “骨謂之切, 象謂之磋, 玉謂之琢, 石謂 之磨”라 하였다.

> 참고 및 관련 자료

1. 《淮南子》 脩務訓

故弓待檠而後能調, 劍待砥而後能利, 玉見無敵, 鏤以爲獸, 首尾成形. 礛諸之功, 木直中繩, 楺以爲輪. 其曲中規, 檃括之力. 唐碧堅忍之類, 猶可刻鏤, 以成器用.

又況心意乎? 且夫精神滑淖纖微, 倏忽變化, 與物推移. 雲蒸風行, 在所設施. 君子
有能精搖摩監, 砥礪其才. 自試神明, 覽物之博, 通物之雍. 觀始卒之端, 見無外之境.
以逍遙彷徉於塵埃之外, 超然獨立, 卓然離世. 此聖人之所以游心若此. 而不能閒居
靜思, 鼓琴讀書, 追觀上古及賢大夫, 學問講辯, 日以自娛. 蘇援世事, 分白黑利害,
籌策得失, 以觀禍福, 設儀立度. 可以爲法則. 窮道本末, 究事之情, 立是廢非, 明示
後人. 死有遺業, 生有榮名. 如此者, 人材之所能逮, 然而莫能至焉者, 偸慢懈惰,
多不暇日之故.

농사를 지어 삶을 이어가듯이

지금은 무릇 땅을 개척하여 곡식을 심어 삶을 영위하고, 그 재물로 죽음에 대해 장례를 치른다. 또 금석을 갈고 여러 가지 풀을 섞어 약을 만들어 질병을 치료하며, 누구나 각자 집을 지어 더위와 비를 피하고, 대사臺榭를 지어 습기를 피하는 것을 알고 있다.

그리고 집 안에 들어와서는 그 어버이를 봉양할 줄 알며 나가서는 그 지도자를 높일 줄 알고, 집 안에서는 남녀의 구별이 있고 밖에서는 친구의 사귐이 있는 것도 안다. 이것은 모두가 성인의 덕교德教로서, 선비가 이를 받아 다시 후세에 전해 주어 뒷사람들을 가르치고 깨우친 때문에 이어지는 것이다.

그러나 지금 늦은 세상의 옳지 못한 사람들은 선비를 비방하여 '선비가 하는 일이 뭐람!'이라고 한다. 이런 자들은 그 근본을 모르는 사람으로, 비유컨대 음식을 먹고 옷을 입으면서 농사나 길쌈을 비방하는 것과 같다.

마찬가지로 수레나 배에 편안히 몸을 싣고 다니면서도 그것을 만든 장인匠人을 업신여기며, 솥이나 시루에 음식을 해먹으며 생활에 빠질 수 없는 그릇은 가지고 살면서 도공陶工이나 풀무질하는 이들을 업신여기는 것과 같다.

이런 자들은 그 정의情意에도 어긋날 뿐만 아니라 행동에는 마음의 몽매함을 깨우치지 못하는 이들이다. 또 그런 인간은 골육간에 친목할 리 없고, 뛰어난 선비와는 친교도 맺을 수 없다.

이는 삼대三代에도 포기하였던 백성으로 임금들도 그들을 용서해
주지 않았다.

그래서 《시詩》에 "그런 놈들은 승냥이나 호랑이의 입에 처넣어라.
승냥이나 호랑이가 더럽다고 먹지 않거든 저 북쪽 황무지에 버려라.
북쪽 동토凍土가 받지 않거든 저 하늘 밖으로 버려라!" 하였으니, 바로
이를 두고 한 말이다.

今夫辟地殖穀, 以養生送死, 銳金石, 雜草藥以攻疾, 各知構室
屋以避暑雨, 累臺榭以避潤濕, 入知親其親, 出知尊其君, 內有
男女之別, 外有朋友之際, 此聖人之德教, 儒者受之傳之, 以教誨
於後世. 今夫晚世之惡人, 反非儒者曰: 何以儒爲? 如此人者,
是非本也, 譬猶食穀衣絲, 而非耕織者也; 載於船車, 服而安之,
而非工匠者也; 食於釜甑, 須以生活, 而非陶冶者也; 此言違於
情而行曚於心者也. 如此人者, 骨肉不親也, 秀士不友也, 此三
代之棄民也, 人君之所不赦也.

故詩云:『投畀豺虎, 豺虎不食, 投畀有北, 有北不受, 投畀有昊.』
此之謂也.

【臺榭】 습기나 물을 피하기 위해 언덕에 지은 집이나 이층 이상의 건물.
【三代】 夏‧殷‧周. 태평시대에 모든 화합과 용서가 있었지만, 앞에 든 부류의
  사람들은 포기하고 용서해 주지 않았다는 뜻.
【詩云】 《詩經》 小雅 巷伯의 구절. 원문의 '有北'은 북쪽 동토를 말한다. 王嘉의
  《拾遺記》에 "軒轅去蚩尤之凶, 遷其民善者於鄒屠之地, 遷惡者於有北之鄉"이라
  하였다.

083(3-12) 孟子曰人知糞其田
마음에 거름을 주어라

맹자孟子가 말하였다.

"사람은 누구나 자기 밭에 거름을 주어 가꿀 줄은 알면서 자기 마음에 거름을 주어 가꿀 줄은 모른다."

밭을 가꾸는 것은, 싹이 잘 자라 수확을 많이 얻고자 함에 그 이상 더 나은 것이 없기 때문이다. 마음을 가꾸는 것도 마찬가지로 쉽게 행하여 얻고자 하는 바를 성취시키는 일이다.

그러면 '마음을 가꾼다'는 뜻은 무엇인가? 널리 배우고 많이 듣는다는 것이다. 또 '쉽게 행한다'는 무엇을 일컬음인가? 성품을 한결같이 지켜내어 음일淫逸을 막는 것이다.

孟子

孟子曰:「人知糞其田, 莫知糞其心.」

糞田莫過利苗得粟, 糞心易行而得其所欲. 何謂糞心? 博學多聞; 何謂易行? 一性止淫也.

【孟子】 전국시대 사상가 孟軻. 《孟子》 책을 남겼다.

【糞】 원래는 '人糞'. 여기서는 '거름을 주어 가꾸다'의 뜻으로 보았다.

참고 및 관련 자료

1. 지금의 《孟子》에는 이 구절이 없다.

2. 본 《說苑》 談叢篇 613(16-134)

人知糞田, 莫知糞心, 端身正行, 全以至今.

084(3-13) 子思曰學所以益才也
숫돌이 칼을 갈 듯이

자사子思가 말하였다.

"배움은 재지才智를 더하기 위해서이며, 숫돌질은 칼날을 세우기 위해서이다. 내가 일찍이 깊은 방에서 깊이 생각해 보았으나 배움보다 빠른 경우는 없었고, 또 일찍이 발뒤꿈치를 들고 멀리 보았으나 차라리 높은 곳에 올라 널리 보는 것만 못하였다."

따라서 바람결을 따라 소리치면 그 소리가 바람을 타고 빨리 갈 뿐만 아니라 듣는 이도 많으며, 언덕에 올라 손짓하면 팔을 멀리 늘여 휘젓지 않아도 먼데 사람까지 보인다. 그 때문에 물고기는 물결을 타고 이동하며, 나는 새는 바람을 이용해 떠다니고, 초목은 때를 잘 맞추어 자라는 것이다.

原憲(子思) 王立忠《精選中華文物石索》

子思曰:「學所以益才也, 礪所以致刃也, 吾嘗幽處而深思, 不若學之速; 吾嘗跂而望, 不若登高之博見.」

故順風而呼, 聲不加疾而聞者眾; 登丘而招, 臂不加長而見者遠. 故魚乘於水, 鳥乘於風, 草木乘於時.

【子思】孔子의 제자 原憲·原思라고도 한다.

【不若登高之博見】"깊은 방에서 홀로 생각하는 것보다 스승을 따라 배우는 편이 빠르다"의 뜻.

참고 및 관련 자료

1.《大戴禮記》勸學篇

孔子曰: 吾嘗終日思矣, 不如須臾之所學; 吾嘗跂而望之, 不如升高而博見也. 升高而招, 非臂之長也, 而見者遠; 順風於呼, 非聲加疾也, 而聞者著.

2.《荀子》勸學篇

吾嘗終日而思矣, 不如須臾之所學也; 吾嘗跂而望矣, 不如登高之博見也. 登高而招, 臂非加長也, 而見者遠; 順風而呼, 聲非加疾也, 而聞者彰.

085(3-14) 孔子曰可以與人終日而不倦者

종일 해도 피곤하지 않은 것

공자孔子가 말하였다.

"사람과 더불어 종일토록 같이 있어도 피곤하지 않은 것은 오직 배움뿐인저! 그의 몸은 볼 만한 것도 없고, 그의 용력勇力은 두렵지도 않으며, 그의 선조는 칭할 만한 이도 없고, 그의 족성族姓은 일컬을 만한 것도 없으되, 그러나 사방에 널리 소문이 나고 모든 제후들에게 밝게 알려진 것, 그것 역시 오직 배움뿐인저!"

《시詩》에 "잘못함도, 잊을 수도 없는 것은 모두가 옛 전장典章을 따름일세!"라 하였으니 이는 바로 배움을 두고 이른 말이다.

孔子曰:「可以與人終日而不倦者, 其惟學乎! 其身體不足觀也, 其勇力不足憚也, 其先祖不足稱也, 其族姓不足道也; 然而可以聞四方而昭於諸侯者, 其惟學乎!」

詩曰:『不愆不亡, 率由舊章.』

夫學之謂也.

【詩曰】《詩經》大雅 假樂의 구절.

1. 《韓詩外傳》卷6

孔子曰:「可與言終日而不倦者, 其惟學乎! 其身體不足觀也, 勇力不足憚也, 族姓不足稱也, 宗祖不足道也, 然而可以聞於四方, 而昭於諸侯者, 其惟學乎!」詩曰:『不愆不忘, 率由舊章.』夫學之謂也.

2. 《孔子家語》致思篇

孔子謂伯魚曰:「鯉乎, 吾聞可以與人終日不倦者, 其惟學焉! 其容體不足觀也, 其勇力不足憚也, 其先祖不足稱也, 其族姓不足道也, 終而有大名, 以顯聞四方, 流聲後裔者, 豈非學之效也.」

3. 《孔子集語》勸學篇

孔子曰:「可與言終日而不倦者, 其惟學乎! 身體不足觀也. 勇力不足憚也. 族姓不足稱也. 宗祖不足道也. 而可以聞於四方, 而昭於諸侯者, 其惟學乎!」

4. 기타 참고자료

《北堂書鈔》(83)·《尸子》·《意林》·《潛夫論》論榮篇

물가의 수초와 창포

공자孔子가 자신의 아들인 공리孔鯉에게 일렀다.

"이鯉야! 군자는 가히 배우지 않을 수 없다. 사람을 만날 때도 꾸미지
않을 수 없으니 꾸미지 않으면 뿌리가 없고, 뿌리가 없으면 이치를
잃게 되며, 이치를 잃게 되면 충忠을 놓치게 되고, 충忠을 놓치면 예禮를
잃으며, 예를 잃으면 바로 서지 못한다. 무릇 멀리 있으면서 빛이
나는 것은 꾸몄기 때문이며, 가까이 있으면 더욱 밝아 보이는 것은
배움이 있기 때문이다. 학문이란 비유컨대 탁한 연못과 같은 것이니
모든 물이 그리로 흘러들어간다. 그러나 거기에는 수초나 창포가
자라고 있지. 물길 위에서 보면, 그 연못이 결코 물의 근원이 아님을
알 수 있다."

孔子曰:「鯉, 君子不可以不學, 見人不可以不飾; 不飾則無根,
無根則失理; 失理則不忠, 不忠則失禮, 失禮則不立. 夫遠而有
光者, 飾也; 近而逾明者, 學也. 譬之如汚池, 水潦注焉, 菅蒲生之,
從上觀之, 知其非源也.」

【鯉】孔子의 아들. 子魚.
【飾】내면이 충실한 만큼 외양과 文飾에도 정성을 기울여야 한다는 뜻.《論語》

顔淵篇에 "文猶質也, 質猶文也"라 하였고, 또 雍也篇에는 "質勝文則野, 文勝質則史, 文質彬彬然後君子"라 하였다.

【知其非源也】다른 기록에는 "누가 물의 원천이 아님을 알겠느냐?"(誰知非源水也)로 되어 있다.

참고 및 관련 자료

1.《尚書大傳》略說

子曰:「君子不可以不學, 見人不可以不飾. 不飾無貌, 無貌不敬, 不敬無禮, 無禮不立. 夫遠而光者, 飾也, 近而逾明者, 學也. 譬之圬邪, 水潦集焉, 菅蒲生焉, 從上觀之, 誰知非源水也.」

2.《大戴禮記》勸學篇

孔子曰:「野哉! 君子不可以不學, 見人不可以不飾. 不飾無貌, 無貌不敬, 不敬無禮, 無禮不立. 夫遠而有光者, 飾也; 近而逾明者, 學也. 譬之如洿邪, 水潦灂焉, 莞蒲生焉, 從上觀之, 誰知其非源泉也.」

3.《孔子家語》致思篇

故君子不可以不學, 其容不可以不飾, 不飾無類, 無類失親, 失親不忠, 不忠失禮, 失禮不立. 夫遠而有光者, 飾也; 近而逾明者, 學也. 譬之汚池, 水潦注焉, 藋葦生焉, 雖或以觀之, 孰知其源乎.

087(3-16) 公扈子曰有國者不可以不學
배우지 않으면 안 된다

공호자公扈子가 말하였다.

"나라를 다스리는 자는 배우지 않으면 안 된다. 춘추春秋시대에는 태어나면서 존귀하였던 자는 교만하게 굴었고, 태어나면서부터 부유하였던 자도 오만하게 굴었다. 이처럼 태어나면서부터 부귀하였던 자라도, 거울을 보듯이 스스로 경계하고 살피지 않으면서 보전해 나간 자는 드물다. 춘추시대란 바로 나라의 거울이다. 춘추시대에는 그 임금을 죽인 사건이 서른여섯 번, 나라를 망친 경우가 쉰두 번, 제후로서 도망하여 자기의 사직社稷을 보전하지 못한 경우도 심히 많다. 그러면서 그런 사실을 먼저 보고도 뒤따라 똑같은 길을 가는 자들이 없지 않았다."

公扈子曰:「有國者不可以不學, 春秋, 生而尊者驕, 生而富者傲, 生而富貴, 又無鑑而自得者鮮矣. 春秋, 國之鑑也, 春秋之中, 弑君三十六, 亡國五十二, 諸侯奔走不得保其社稷者甚衆, 未有不先見而後從之者也.」

【公扈子】 자세한 사적을 알 수 없다.
【春秋】 東周의 前半期. B.C.770~475년. 天子國 周나라의 권위가 상실되자 제후들이 霸道政治로 이끌어 나갔다. 한편 孔子가 撰한 《春秋》는 魯隱公 元年 (B.C.722)부터 魯哀公 14年(B.C.481)까지 12公 242년간의 기록이다.

088(3-17) 晉平公問於師曠
나이와 배움

진晉 평공平公이 사광師曠에게 말하였다.

"내 나이 일흔인데 공부를 하고 싶으나 너무 저물지 않았나 걱정이오!"

그러자 사광이 물었다.

"어찌 촛불을 밝히지 않습니까?"

평공은 화를 내었다.

"어찌 남의 신하가 되어 그 임금을 희롱한단 말이오?"

사광은 이렇게 설명하였다.

"저처럼 이렇듯 우매하고 눈먼 신하가 어찌 감히 임금을 희롱하겠습니까! 제가 들으니 젊어서 학문을 좋아하는 것은 일출日出 때의 볕과 같고, 장년壯年에 학문을 좋아하는 것은 일중日中의 빛과 같으며, 늙어서 학문을 좋아하는 것은 촛불의 밝음과 같다고 하였습니다. 이 세 가지 중에 어느 빛이라도 있는 것과 캄캄함 속을 헤매는 것, 어느 것이 낫겠습니까?"

이에 수긍하였다.

"훌륭합니다!"

晉平公問於師曠曰:「吾年七十欲學, 恐已暮矣.」

師曠曰:「何不炳燭乎?」

平公曰:「安有爲人臣而戲其君乎?」

師曠曰:「盲臣安敢戲其君乎? 臣聞之: 少而好學, 如日出之陽; 壯而好學, 如日中之光; 老而好學, 如炳燭之明. 炳燭之明, 孰與昧行乎?」

平公曰:「善哉!」

【晉平公】춘추시대 晉나라 군주. 재위 26년(B.C.557~532).
【師曠】平公을 모신 樂師·樂官. 대개 장님이 맡았으며 師曠은 지혜와 학식이 있었다.

089(3-18) 河間獻王曰湯稱學聖王之道者
배움과 명상의 차이

하간 헌왕河間獻王이 말하였다.

"탕湯임금은 성왕지도聖王之道를 배우는 것은 비유컨대 태양과 같다고 하였으며, 조용한 속에 홀로 명상에 잠기는 것은 마치 불과 같다고 하였다. 따라서 성왕의 도를 배우기를 포기하는 것은 마치 태양의 광선을 버리는 것과 같으니, 어찌 홀로 명상하여 얻는 불빛이 이에 미치겠는가? 즉 작은 불빛으로는 작은 것만 볼 수 있을 뿐으로 대지大知를 밝히는 데는 쓰지 못한다. 오직 학문만이 덕혜德慧를 널리 밝힐 수 있는 것이다."

河間獻王曰:「湯稱學聖王之道者, 譬如日焉; 靜居獨思, 譬如火焉. 夫捨學聖王之道, 若捨日之光, 何乃獨思? 若火之明也; 可以見小耳, 未可用大知, 惟學問可以廣明德慧也.」

【河間獻王】漢나라 때 河間 땅에 봉해진 獻王. 즉 漢 景帝의 아들 劉德. 학문을 좋아하여 많은 책과 선비를 모았다.
【湯】商은 開國 聖人.

1.《賈子新書》修政語(上)

湯曰: 學聖王之道者, 譬其如日; 靜思而獨居, 譬其若火. 夫舍學聖之道而靜居獨思, 譬其若去日之明於庭, 而就火之光於室也, 然可以小見而不可以大知.

090(3-19) 梁丘據謂晏子
포기하지 않고 배운 것뿐

양구거梁丘據가 안자晏子에게 말하였다.

"저는 죽어도 선생님에 미치지 못할 것 같습니다."

그러자 안자가 이렇게 말하였다.

"내 들으니 일을 하는 자는 언제나 성공하였고, 걷는 자는 틀림없이 도착한다 하더이다. 나는 보통 사람과 다른 것이 아무것도 없소. 다만 언제나 일을 하되 포기하지 않았고, 항상 걷되 쉬지 않았을 뿐이오. 그것 때문에 나를 넘어서지 못할 뿐인 것 같소!"

梁丘據謂晏子曰:「吾至死不及夫子矣.」

晏子曰:「嬰聞之, 爲者常成, 行者常至; 嬰非有異於人也, 常爲而不置, 常行而不休者, 故難及也.」

【梁丘據】춘추시대 齊나라 景公 때의 인물.

【晏子】管仲과 더불어 춘추시대 二大名相의 하나. 景公을 모셨다. 이름은 嬰. 자는 平仲.《史記》管晏列傳 참조.

1. 《晏子春秋》 雜下

梁丘據謂晏子曰:「吾至死不及夫子矣!」晏子曰:「嬰聞之, 爲者常成, 行者常至.
嬰非有異於人也, 常爲而不置, 常行而不休者, 故難及也.」

091(3-20) 甯越中牟鄙人也
고통을 면하는 길

영월甯越이란 사람은 중모中牟 땅의 가난한 시골 출신이다. 농사 짓는 노고를 싫어한 끝에 그의 친구에게 이렇게 말하였다.

"어떻게 하면 이런 고통을 면할 수 있을까?"

이에 친구는 이렇게 일러 주었다.

"공부하는 것 외에 다른 방법은 없다. 20년을 기약하고 공부하면 무언가 이루겠지!"

그러자 영월이 자신감을 보였다.

"좋다. 나는 15년을 기약하고 남이 쉴 때 나는 쉬지 않으며, 남이 잠잘 때 나는 일어나 해보리라!"

과연 13년을 공부하여 그는 주周 위공威公이 그를 스승으로 삼을 정도에 올랐다.

무릇 뛰는 자가 빠르다고 하나 2리를 못 가 그쳐야 하고, 걷는 자가 느리다고 하나 1백 리는 가서야 쉰다. 지금 영월 같은 재주로도 오랫동안 쉬지 않고 면려하여 마침내 제후의 스승이 되었으니, 이 어찌 맞는 말이 아니리오?

甯越, 中牟鄙人也, 苦耕之勞, 謂其友曰:「何爲而可以免此苦也?」

友曰:「莫如學, 學二十年則可以達矣.」

甯越曰:「請十五歲, 人將休, 吾將不休; 人將臥, 吾不敢臥.」

十三歲學而周威公師之.

夫走者之速也, 而過二里止; 步者之遲也, 而百里不止. 今甯越之材而久不止, 其爲諸侯師, 豈不宜哉!

【甯越】 전국시대 中牟 땅 사람으로서, 출신이 미천하나 부지런히 공부하여 성공한 사례로 널리 알려져 있다. 韋昭의 《博奕論》 및 《呂氏春秋》 참조.

【中牟】 趙나라의 中牟는 지금의 河南 湯陰縣. 鄭나라의 中牟는 지금의 河南 中牟縣.

【周威公】 《呂氏春秋》에는 周威王으로 되어 있다. 周威(烈)王은 B.C.425~402년 간의 東周(戰國)의 왕이다.

참고 및 관련 자료

1. 《呂氏春秋》 博志篇

甯越, 中牟之鄙人也, 苦耕稼之勞, 謂其友曰:「何爲而可以免此苦也?」其友曰:「莫如學, 學三十歲, 則可以達矣.」甯越曰:「請以十五歲, 人將休, 吾將不敢休, 人將臥, 吾將不敢臥.」十五歲而周威公師之.

092(3-21) 孔子謂子路曰汝何好
화살 끝에 깃을 달고

공자孔子가 자로子路에게 물었다.

"너는 무엇을 좋아하느냐?"

"예! 저는 장검長劍을 좋아합니다."

그러자 공자가 이렇게 말하였다.

"그런 것을 묻는 게 아니다. 네가 가지고 태어난 재능에다 다시 배움을 더한다면 그보다 좋은 것이 무엇이 있겠느냐?"

"배우는 것도 쓸모가 있습니까?"

이에 공자는 이렇게 설명하였다.

"임금에게 간언하는 신하가 없으면 정치에 실패하게 되고, 선비에게 잘못을 일러 주는 친구가 없으면 덕을 잃게 된다. 미친 듯 날뛰는 말에게는 채찍을 멈출 수 없고, 이미 불에 쬐어 형태가 굳어진 활은 수리한다고 바르게 펴지지 않는다. 나무도 먹줄을 받아야 곧게 자를 수 있듯이, 사람은 충간忠諫을 받아야 성聖을 알게 된다. 배움을 받으면 묻는 것을 중히 여기게 되나니, 그 누가 순조로운 성취를 이루지 못하게 하겠느냐? 인仁을 훼멸하고 선비를 괴롭히는 것은 형벌을 받을 행동이다. 그러니 군자는 학문을 멀리해서는 안 되는 것이다."

그러자 자로가 다시 여쭈었다.

"남산의 대나무는 바로 세우지 않아도 곧게 자라서 이를 잘라 화살을 만들면 물소 가죽도 뚫습니다. 이것이 어찌 배워서 그렇게 된 것입니까?"

공자는 이에 이렇게 깨우쳐 주었다.

"그러나 그 화살 끝에 깃을 달고 화살촉을 잘 갈아서 쓰면 더욱 깊이 박히지 않느냐?"

이 말에 자로는 절을 하며 이렇게 말하였다.

"예, 선생님의 가르침을 공경하여 받들겠습니다!"

孔子謂子路曰:「汝何好?」

子路曰:「好長劍.」

孔子曰:「非此之問也, 請以汝之所能, 加之以學, 豈可及哉!」

子路曰:「學亦有益乎?」

孔子曰:「夫人君無諫臣, 則失政; 士無教友, 則失德; 狂馬不釋其策, 操弓不返於檠; 木受繩則直, 人受諫則聖; 受學重問, 孰不順成; 毀仁惡士, 且近於刑. 君子不可以不學.」

子路曰:「南山有竹, 弗揉自直, 斬而射之, 通於犀革, 又何學爲乎?」

孔子曰:「括而羽之, 鏃而砥礪之, 其入不益深乎?」

子路拜曰:「敬受教哉!」

【子路】孔子 弟子. 이름은 仲由.

【操】'燥'(불에 쬐다)의 잘못으로 보았다. 혹은 이미 조절하여 만들어 버림을 뜻한다.

【木受繩則直】《荀子》勸學篇의 구절.

1.《孔子家語》子路初見

子路初見孔子. 子曰:「汝何好樂?」對曰:「好長劍.」孔子曰:「吾非此之問也. 徒謂以子之所能, 而加之以學問, 豈可及哉!」子路曰:「學豈益也哉?」孔子曰:「夫仁君無諫臣則失正, 士而無教友則失德; 御狂馬不失策, 操弓不反檠. 木受繩則直, 人受諫則聖. 受學重問, 孰不順成? 毀仁惡士, 必近於刑. 君子不可以不學.」子路曰:「南山有竹, 不揉自直, 斬而用之, 達於犀革. 以此言之, 何學之有?」孔子曰:「括而羽之, 鏃而礪之, 其入之不亦深乎?」子路再拜曰:「敬受教.」

시작이 어긋나면

자로子路가 공자孔子에게 여쭈었다.

"옛날의 학문을 버리고 저仲由의 뜻에 따라 행동하고 싶은데 가합니까?"
이에 공자는 이렇게 만류하였다.

"안 된다. 옛날에 동이東夷가 이 중국의 인의를 사모하여 어떤 딸이 하나 있었는데, 그 남편이 죽자 사사로이 남자를 구해 주었다. 그 여자는 종신토록 새로이 정식으로는 시집을 가지 못하였다. 그러나 시집을 못 간 것은 그렇다 치고 정절貞節의 이름조차 얻지 못하게 된 것이다. 또 창오蒼梧 땅에 어떤 형제가 있었다. 그 동생이 장가를 들고 보니 아내가 너무나 예쁘고 훌륭하였다. 그래서 동생은 형을 위한다고 이 아내를 바꾸자고 하였다. 그 형을 위한 충忠이야 가상하겠지만 그것이 예에 맞겠느냐?

지금 네가 옛날의 학문을 버리고 네 맘대로 행한다고 하니, 이는 잘못된 것을 바른 줄 알고 바른 것을 잘못된 것인 줄 어찌 알 수 있겠느냐. 그 시작이 순리에 어긋나면 비록 나중에 후회해도 어쩔 수 없느니라."

子路問於孔子曰:「請釋古之學而行由之意, 可乎?」

孔子曰:「不可, 昔者東夷慕諸夏之義, 有女, 其夫死, 爲之內私壻, 終身不嫁, 不嫁則不嫁矣, 然非貞節之義也; 蒼梧之弟,娶妻而美好, 請與兄易, 忠則忠矣, 然非禮也. 今子欲釋古之學而行子之意, 庸知子用非爲是, 用是爲非乎! 不順其初, 雖欲悔之, 難哉!」

【子路】孔子의 제자. 仲由.
【東夷】中國이 四方의 이민족을 일컫던 말로 동쪽 이민족.
【諸夏】中國·中原을 지칭함. 흔히 四方 이민족과 상대하여 쓰는 명칭.
【蒼梧】地名. 산 이름. 지금의 湖南省 寧遠縣 동남쪽.

참고 및 관련 자료

1. 《孔子家語》六本篇

子路問於孔子曰:「請釋古之道而行由之意, 可乎?」子曰:「不可. 昔東夷之子, 慕諸夏之禮, 有女而寡, 爲内私壻, 終身不嫁. 不嫁則不嫁矣, 亦非清節之義也. 蒼梧嬈娶妻而美, 讓於其兄. 讓則讓矣, 然非禮之讓矣. 不愼其初, 而悔其後, 何嗟及矣! 今汝欲舍古之道, 行子之意, 庸知子意不以是爲非, 以非爲是乎? 後雖欲悔, 難哉!」

094(3-23) 豐牆磽下未必崩也
담장이 무너지는 이유

두껍고 무거운 담장이 그 아래 바닥이 좀 약하다고 해서 반드시 무너지는 것은 아니다. 그러나 흐르는 물이 그 밑을 파면 그 어떤 담장보다 먼저 무너진다. 나무의 줄기도 약하고, 그 뿌리가 심겨진 상태 또한 깊지 않다고 해서 반드시 쓰러지는 것은 아니다. 그러나 돌개바람이 일고 폭우가 쏟아지면 제일 먼저 뽑혀 나뒹굴게 될 것이다.

군자君子라 자칭하는 자가 어떤 한 나라에 살면서 인의仁義를 숭상하지 않고, 현신賢臣을 존경하지도 않는다고 해서 반드시 멸망하는 것은 아니다. 그러나 하루아침에 비상의 변고가 발생하여 수레가 뒤섞이고 사람이 우왕좌왕하게 되어 손가락으로 가리키듯 화가 닥치게 되면, 그제야 비로소 목구멍과 입술이 타도록 하늘을 우러러 탄식을 하며 하늘에게 구해 달라 한들 무슨 소용이 있겠는가?

그래서 공자孔子는 "처음에 조심하지 않고 나중에 뉘우친들 비록 후회해도 미치지 못하느니라"라 하였고, 《시詩》에도 역시 "눈물을 머금고 흐느낀들 어찌 미칠 수 있으리오!"라 하였으니, 이는 처음 시작에 근본을 바르게 세우지 않았다가 끝에 가서 근심에 휩싸임을 말한 것이다.

豐牆磽下未必崩也, 流行潦至, 壞必先矣; 樹本淺, 根垓不深, 未必橛也, 飄風起, 暴雨至, 拔必先矣. 君子居於是國, 不崇仁義,不尊賢臣, 未必亡也; 然一旦有非常之變, 車馳人走, 指而禍至, 乃始乾喉燋脣, 仰天而歎, 庶幾焉天其救之, 不亦難乎?

孔子曰:「不愼其前, 而悔其後, 雖悔無及矣.」

詩曰:『啜其泣矣, 何嗟及矣?』

言不先正本而成憂於末也.

【豐牆】 "두껍고 무거우며 가파른 담장"이라는 뜻으로 새김. 《韓詩外傳》에는 '高墻'으로 되어 있다.

【詩曰】 《詩經》 王風의 中谷有蓷의 구절.

참고 및 관련 자료

1. 《韓詩外傳》 卷2

高墻豐上激下, 未必崩也, 降雨興, 流潦至, 則崩必先矣. 草木根荄淺, 未必撅也, 飄風興, 暴雨墜, 則撅必先矣. 君子居是邦也, 不崇仁義, 尊其賢臣, 以理萬物, 未必亡也, 一旦有非常之變, 諸侯交爭, 人趨車馳, 迫然禍至, 乃始愁憂, 乾喉焦脣, 仰天而嘆, 庶幾乎望其安也, 不亦晚乎? 孔子曰:「不愼其前, 而悔其後, 嗟乎, 雖悔無及矣!」 詩曰:『惙其泣矣, 嗟何及矣!』

2. 《孔子集語》 卷九 論人

高牆豐上激下, 未必崩也; 降雨興, 流潦至, 則崩必先矣. 草木根荄淺, 未必撅也, 飄風興, 暴雨墜, 則撅必先矣. 君子居是邦也, 不崇仁義, 尊其賢臣, 以理萬物, 未必亡也; 一旦有非常之變, 諸侯交爭, 人趨車馳, 迫然禍至, 乃始憂愁, 乾喉焦脣, 仰天而嘆, 庶幾乎望其安也, 不亦晚乎! 孔子曰:「不愼其前, 而悔其後. 嗟乎! 雖悔無及矣.」

미모는 늙으면 쇠하는 것

우군虞君이 분성자盆成子에게 말하였다.

"지금 보니 장인匠人의 기예技藝는 시간이 흐르면 흐를수록 더욱 정교해지나, 미모는 늙으면 쇠하는구나. 지금, 사람들은 장년이 오기 전에 마음속에 기술을 더욱 축적하여, 장차 늙어 미모가 쇠할 때를 대비해야 한다. 미모란 늙기 전에 다하는 것이요, 지모智謀란 어린 시절에 닦아 놓은 것이 조금도 사라지지 않는다. 아름다운 미모는 멋진 것 같으나 장차 끝날 날이 있으니, 어찌 호탕하게 믿을 수 없는 몸에 의탁시킬 수 있으리오! 따라서 기술이란 몸에 얽매이지도 않고 또한 사라지는 법도 없으나, 미모란 항상 무성茂盛함을 간직할 수가 없는 것이라 할 수 있다."

虞君問盆成子曰:「今工者久而巧, 色者老而衰; 今人不及壯之時, 益積心技之術, 以備將衰之色, 色者必盡乎老之前, 知謀無以異乎幼之時. 可好之色, 彬彬乎且盡, 洋洋乎安託, 無能之軀哉! 故有技者, 不累身而未嘗滅, 而色不得以常茂.」

【虞君】虞나라 군주. 虞나라는 지금의 山西省 平陸縣에 있던 나라.
【盆成子】人名. 盆盛은 姓氏.

1. 《說苑疏證》에는 "此章文有脫誤"라 하였다.

백성이 임금에게 등을 돌리면

제齊 환공桓公이 관중管仲에게 물었다.

"왕은 무엇을 귀하게 여겨야 합니까?"

"하늘을 귀하게 여겨야지요."

이 말에 환공은 고개를 들어 하늘을 쳐다보는 것이었다.

그러자 관중이 이렇게 말하였다.

"제가 말한 하늘이란 창창하고 망망한 저 하늘을 말하는 것이 아닙니다. 임금 된 자는 바로 백성을 하늘로 여기라는 뜻입니다. 백성이 임금과 함께 하면 편안할 것이요, 백성이 임금을 도와 주면 강해지는 것입니다. 그렇지 않으면 위태해지고, 백성이 임금에게 등을 돌리면 망하고 마는 것입니다."

《시詩》에 "백성들에게 선량함이 없게 되면 서로가 한쪽으로만 미워하네!"라 하였으니 백성들이 윗사람을 원망하는데도 망하지 않은 자는 있을 수 없다.

管仲(夷吾)《三才圖會》

齊桓公問管仲曰:「王者何貴?」

曰:「貴天.」

桓公仰而視天.

管仲曰:「所謂天者, 非謂蒼蒼莽莽之天也; 君人者以百姓爲天,
百姓與之則安, 輔之則彊, 非之則危, 背之則亡.」

詩云:『人而無良, 相怨一方.』

民怨其上, 不遂亡者, 未之有也.

【齊桓公】춘추시대 管仲의 도움으로 최초의 패자가 됨. 재위 43년(B.C.685~643).
【管仲】管子. 夷吾. 鮑叔과의 親交로 유명하며, 桓公을 도와 패자가 되게 하였다.
　　晏子(景公의 재상)와 더불어 齊나라 二大名相.《史記》管晏列傳 참조.
【詩云】《詩經》小雅 角弓의 구절.《詩經》에는 "民而無良, 相怨一方"으로 되어
　　있다. 鄭玄의 箋에는 "良, 善也. 民之意不獲, 當反責之於身, 思彼所以然者而怒之,
　　無善心之人, 則徙居一處怨恚之"라 하였다.

　　참고 및 관련 자료

1.《韓詩外傳》卷4

齊桓公問於管仲曰:「王者何貴?」曰:「貴天.」桓公仰而視天. 管仲曰:「所謂天,
非蒼莽之天也. 王者, 以百姓爲天. 百姓與之則安, 輔之則强, 非之則危, 倍之則亡.」
詩曰:『民之無良, 相怨一方.』民皆居一方而怨其上, 不亡者未之有也.

2. 기타 참고자료

《類說》(38)·《說郛》(7)·《後漢書》章帝紀 注

097(3-26) 河間獻王曰管子稱
창고가 가득해야 예절을 안다

하간 헌왕河間獻王이 말하였다.

"관자管子는 '창고가 가득해야 예절을 알고, 의식이 풍족해야 영욕을 안다'라 하였다. 무릇 곡식이란 국가를 불꽃처럼 강성하게 키워주고, 선비나 아녀자조차도 이를 통해 훌륭하고 예뻐지며, 예의도 그로 인해 실행되며, 사람의 마음을 편안하게 해주는 바탕이 된다. 그래서 상서尚書에는 오복五福을 말하면서 부富를 앞으로 내세운 것이다.

또 자공子貢이 공자孔子에게 정치에 대해 여쭈었을 때, 공자도 '부유하게 해 주어라. 그리고 부유해졌거든 이에 교육을 베풀라'라 한 것이다. 이것이 바로 치국治國의 근본이다."

河間獻王曰:「管子稱:『倉廩實, 知禮節; 衣食足, 知榮辱.』夫穀者, 國家所以昌熾, 士女所以姣好, 禮義所以行, 而人心所以安也. 尚書五福以富爲始, 子貢問爲政, 孔子曰:『富之, 旣富乃敎之也.』此治國之本也.」

【河間獻王】 漢景帝의 아들. 劉德. 河間 땅의 獻王에게 봉해졌다.
【管子】 管仲의 사상을 적은 책. 그 아래 구절은《管子》牧民篇에 실려 있음.

【尙書】十三經의 하나.《書經》. 그 다음 말은 洪範篇에 실려 있음.

【子貢】孔子의 제자. 端木賜. 衛나라 출신.

【孔子曰】《論語》子路篇의 구절. 그러나《論語》에는 子貢이 물은 것이 아니라 冉有가 질문한 것으로 되어 있다.

참고 및 관련 자료

1.《管子》牧民篇

凡有地牧民者, 務在四時, 守在倉廩, 國多財則遠者來, 地辟擧則民留處, 倉廩實則知禮節, 衣食足則知榮辱.

2.《書經》洪範篇

五福, 一曰壽, 二曰富, 三曰康寧, 四曰攸好德, 五曰考終命.

3.《論語》子路篇

子適衛, 冉有僕, 子曰:「庶矣哉! 有曰旣庶矣, 又何加焉, 曰富之, 曰旣富矣, 又何加焉, 曰敎之.」

098(3-27) 文公見咎季
농사일을 하루만 쉬어도 백날을 굶는다

문공文公이 구계咎季를 만났더니 그의 사당이 담장의 서쪽에 붙어 있었다. 문공이 물었다.

"서쪽 담장 가에 누가 살고 있소?"

구계가 대답하였다.

"예. 바로 임금인 당신의 늙은 신하 한 분이 살고 있지요!"

문공이 이렇게 제의하였다.

"서쪽으로 좀 더 넓혀 짓지요."

그랬더니 구계가 이렇게 말하였다.

"저의 충성은 늙은 그 당신의 신하만 못합니다. 그 담장이 다 무너졌지만 새로 수리조차 못합니다."

"어째서 수리도 못한단 말이오?"

그러자 구계가 대답하였다.

"농사일을 하루만 쉬어도 백날을 굶는 걸요!"

문공은 나와서 이를 수행원에게 일렀다. 그 수행원은 수레의 뒤쪽에서 머리를 조아리며 이렇게 말하였다.

"〈여형呂刑〉에 이런 말이 있습니다. '한 사람이 즐거운 일이 있으면 만백성이 그 덕을 본다'라고요. 임금의 총명하심은 여러 신하들의 복입니다. 그러니 온 나라에 명령을 내려 이렇게 말하십시오. '나라의 궁실을 짓느라 백성을 징발하지 말라. 그 백성들은 자기 집 수리할

시간조차 없다. 토목공사는 때맞게 하여 백성들의 농사짓는 시간을 빼앗지 말라'라고요!"

文公見咎季, 其廟傅於西牆, 公曰:「孰處而西?」

對曰:「君之老臣也.」

公曰:「西益而宅.」

對曰:「臣之忠, 不如老臣之力, 其牆壞而不築.」

公曰:「何不築?」

對曰:「一日不稼, 百日不食.」

公出而告之僕, 僕頓首於軫曰:「呂刑云:『一人有慶, 兆民賴之.』君之明, 羣臣之福也, 乃令於國曰: 毋淫宮室, 以妨人宅, 板築以時, 無奪農功.」

【文公】 구체적으로 어느 시대 어느 나라 임금인지 알 수 없다. 晉 文公일 수도 있으나 확실치 않다.

【咎季】 人名. 자세한 사적은 알 수 없음.

【君之老臣】 늙은 또 다른 어느 사람이 사당에 살 정도로 가난함을 뜻한다.

【一日不稼, 百日不食】 "그 늙은 백성은 부역에 열심히 나가느라 담장 수리도 못하지만, 자신은 틈을 내어 농사를 짓는다"는 뜻. 그 때문에 충성이 그만 못하다고 자조적으로 한 말.

【呂刑】 《書經》의 편명. 《書經》 周書 呂刑에 "一人有慶, 兆民賴之, 其寧惟永"이라 하였다.

099(3-28) 楚恭王多寵子
토끼 한 마리가 거리에 나타나

초楚 공왕恭王은 그 아들들을 모두 사랑하여 누구를 태자로 삼아야 할지 정하지 못하고 있었다. 이때 굴건屈建이 이렇게 말하였다.

"초나라에는 반드시 큰 혼란이 닥칠 것입니다. 무릇 토끼 한 마리가 거리에 나타나 만인이 이를 잡으러 쫓아다닐 때, 어느 한 사람이 토끼를 붙잡으면 만인은 다시 더 달려가지 않을 것입니다. 토끼가 누구의 것인지 분명히 정해지지 않았을 때는 한 마리 토끼가 달아나며 만인을 소란스럽게 하였지만, 이미 누구의 토끼인지가 분명히 정해지면 비록 탐욕스런 사람이라 해도 돌아설 줄 알 것입니다. 지금 초나라는 사랑스러운 아들이 많아 왕위가 어디로 갈지 결정하지 못하고 있으니, 혼란은 여기서부터 시작됩니다. 무릇 세자世子라는 것은 국가의 기틀이며, 백성이 앙망할 대상입니다. 그런데 나라에는 기틀이 없고 백성은 앙망할 대상을 잃도록 하였으니, 이는 그 근본을 잘라버린 셈입니다. 근본이 잘리면 혼란이 오는 법, 이는 그 토끼 내닫는 것과 같습니다."

공왕이 이 말을 듣고 강왕康王을 태자로 세웠다. 그럼에도 뒤에는 영윤令尹 위圍와 공자公子 기질棄疾의 난이 있었다.

楚恭王多寵子而世子之位不定, 屈建曰:「楚必多亂, 夫一兔走於街, 萬人追之, 一人得之, 萬人不復走, 分未定; 則一兔走,使萬人擾, 分已定, 則雖貪夫知止. 今楚多寵子而嫡位無主, 亂自是生矣. 夫世子者, 國之基也, 而百姓之望也; 國旣無基, 又使百姓失望, 絕其本矣. 本絕則撓亂, 猶兔走也.」

恭王聞之, 立康王爲太子, 其後猶有令尹圍, 公子棄疾之亂也.

【楚 恭王】共王으로도 쓴다. 재위 31년(B.C.590~560).
【屈建】恭王의 신하.
【康王】恭王의 아들. 재위 15년(B.C.559~545).
【令尹 圍】康王의 동생으로 후에 康王의 아들 郟敖를 목 졸라 죽이고, 자신이 군주가 되었다. 靈王.
【棄疾】康王의 막내아우. 후에 형 靈王을 쫓아내고 자신이 군주가 되었다. 平王.

100(3-29) 晉襄公薨
너무 어린 임금

진晉 **양공**襄公이 죽고 새로 들어선 왕이 너무 어렸다.

이때 조선자趙宣子가 재상으로 있으면서 대부大夫들에게 이렇게 제의하였다.

"너무 어린 임금이 들어서서 환난이 많을까 걱정이오. 그래서 옹雍을 임금으로 앉혔으면 하오. 옹은 나이도 있고 진秦나라에 벼슬살이도 하고 있소. 더구나 진나라는 대국이니 후원으로 삼기도 좋소!"

그러자 가계賈季라는 사람도 나섰다.

"그럴 바에야 공자公子 악樂을 세우느니만 못합니다. 그는 나라 백성의 사랑도 받는 몸이며, 선군先君께서 무척 아껴 적翟나라에 벼슬을 하도록 시켰습니다. 적나라는 이에 후원으로 삼을 수도 있습니다."

이런 일이 벌어지자, 참다못한 양공의 아내 목영穆嬴이 어린 태자를 안고 조정에 나타나 부르짖었다.

"선군이 무슨 죄가 있는가? 또 그 뒤를 이을 이 태자가 무슨 죄가 있는가? 적사嫡嗣를 세우지 않고 밖에서 임금을 구하다니!"

그리고는 조정을 나와 그 태자를 안은 채로 선자를 찾아갔다.

"무슨 환난이란 말이오? 그렇게 나이 있는 사람을 앉히려는 뜻이 무엇이오? 나이 많은 이가 왕위에 올랐다고 합시다. 이 어린 태자가 자라면 그때야말로 환난이 닥치는 날인 줄 아시오!"

선자는 두려워하다가 결국 태자를 왕위에 오르게 하였다.

晉襄公薨, 嗣君少, 趙宣子相, 謂大夫曰:「立少君, 懼多難,
請立雍; 雍長, 出在秦, 秦大, 足以爲援.」

賈季曰:「不若公子樂, 樂有寵於國, 先君愛而仕之翟, 翟足以
爲援.」

穆嬴抱太子以呼於庭曰:「先君奚罪, 其嗣亦奚罪, 舍嫡嗣不
立而外求君子.」

出朝抱以見宣子曰:「惡難也, 故欲立長君, 長君立而少君壯,
難乃至矣.」

宣子患之, 遂立太子也.

【晉襄公】晉 文公의 아들. 이름은 驩. 재위 7년(B.C.627~621).

【嗣君】뒤에 靈公이 되었다.

【趙宣子】趙盾. 전국시대 趙나라의 선조. 혹은 趙孟으로 여겨진다. 趙孟은 趙氏
　　家門의 후계자. 趙盾・趙式・趙無恤 등을 모두 趙孟이라 한다.

【雍】晉 文公의 아들. 襄公의 庶弟. 秦에서 亞卿을 지냈다.《左傳》文公 7年
　　참조.

【賈季】狐偃의 아들 狐射姑. 字는 季. 賈 땅을 食邑으로 가지고 있어 '賈季'라
　　부른다.

【公子 樂】文公의 庶子. 이름이 樂.

【翟】狄을 말한다. 白狄과 赤狄이 있었으며, 지금의 山西省, 陝西省 일대에 있던
　　異民族의 나라.

【穆嬴】晉襄公의 아내. 靈公의 모친.《左傳》文公 7年 참조.

【少君】靈公을 가리킨다. 이름은 夷皐. 襄公의 아들. 재위는 14년(B.C.620~607).
　　그러나 끝내 趙穿에게 살해되었다.

1. 《左傳》 文公 6년

八月乙亥, 晉襄公卒. 靈公少, 晉人以難故, 欲砬長君. 趙孟曰:「立公子雍. 好善而長, 先君愛之, 且近於秦, 秦舊好也. 置善則固, 事長則順, 立愛則孝, 結舊則安. 爲難故, 故欲立長君, 有此四德者, 難必抒矣.」賈季曰:「不如立公子樂. 辰嬴嬖於二君, 立其子, 民必安之.」

2. 《左傳》 文公 7년

穆嬴日抱太子以啼於朝, 曰:「先君何罪? 其嗣亦何罪? 舍適嗣不立而外求君, 將焉寘此?」出朝, 則抱以適趙氏, 頓首於宣子曰:「先君奉此子也而屬諸子, 曰:『此子也才, 吾受子之賜; 不才, 吾唯子之怨.』今君雖終, 言猶在耳, 而棄之, 若何?」宣子與諸大夫皆患穆嬴, 且畏偪, 乃背先蔑而立靈公, 以禦秦師.

3. 《史記》 晉世家

七年八月, 襄公卒, 太子夷皋少. 晉人以難故, 欲砬長君. 趙盾曰:「立襄公弟雍, 好善而長, 先君愛之, 且近於秦, 秦故好也. 立善則固, 事長則順, 奉愛則孝, 結舊好則安.」賈季曰:「不如其弟樂. 辰嬴嬖於二君, 立其子, 民必安之.」

4. 《史記》 晉世家

太子母繆嬴日夜抱太子以號泣於朝, 曰:「先君何罪, 其嗣亦何罪, 舍適而外求君, 將安置此?」出朝, 則抱以適趙盾所, 頓首, 曰:「先君奉此子而屬之子, 曰:『此子材, 吾受其賜; 不材, 吾怨子.』今君卒, 言猶在耳而棄之, 若何?」趙盾與諸大夫皆患穆嬴, 且畏誅, 乃背所迎而立太子夷皋, 是爲靈公.

참는 것을 가르치기 위하여

조간자趙簡子가 아들 양자襄子를 후사로 세우자 동안우董安于가 이렇게 물었다.

"군君께서는 무휼撫恤을 재주 없다고 하시더니 지금 무휼을 후사로 세우심은 무슨 까닭입니까?"

조간자는 이렇게 말하였다.

"전에는 무휼撫恤에게 사직을 위해 욕辱됨을 참아야 한다는 것을 가르쳐 주기 위함이었소."

세월이 흐른 어느 날 지백智伯과 양자가 같이 술을 마시게 되었는데, 지백이 거만하게 굴며 양자의 머리에 술을 부었다. 양자의 대부들이 이를 보고 죽일 것을 청하였으나, 양자는 이렇게 대답하였다.

"선군이 나를 세울 때 능히 사직을 위해 그 어떤 모욕도 참아야 한다고 일러 주셨다. 그러니 어찌 사람을 찌를 수 있겠느냐?"

그로부터 다시 열 달이 흘러 지백이 진양晉陽에서 양자를 포위하여 싸움이 벌어졌을 때, 양자는 군대를 흩어 공격하는 방법으로 지백을 쳐부수었다. 그리하여 지백을 대패시키고는 그 머리를 잘라 해골에 옻칠을 하여 술잔을 만들었다.

趙簡子以襄子爲後, 董安于曰:「無恤不才, 今以爲後, 何也?」

簡子曰:「是其人能爲社稷忍辱.」

異日, 智伯與襄子飮, 而灌襄子之首, 大夫請殺之, 襄子曰: 「先君之立我也, 曰能爲社稷忍辱, 豈曰能刺人哉!」
　處十月, 智伯圍襄子於晉陽, 襄子疏隊而擊之, 大敗智伯, 漆其首以爲飮器.

【趙簡子】춘추시대 晉나라의 大夫. 趙鞅.
【襄子】趙를 세워 전국시대를 맞이한 군주. 재위 51년(B.C.475~425).
【董安于】晉나라 사람으로 趙孟을 간하였으나 스스로 자살하였다. 《左傳》
　定公 13年·14年 참조.
【智伯】여섯 大夫 중에 가장 강하였으나 결국 망하였다. 《史記》 및 《戰國策》
　등 참조. 《左傳》 襄公 10年 참조. 흔히 知氏로 쓴다.
【晉陽】지금의 山西省 太原.
【飮器】《戰國策》 趙策에 "趙襄子最怨智伯, 而將其頭以爲飮器."라 하였다. 그
　외에 《史記》 索隱 및 《呂氏春秋》 참조.

참고 및 관련 자료

1. 《史記》 趙世家

襄子立四年, 知伯與趙·韓·魏盡分其范·中行故地. 晉出公怒, 告齊·魯, 欲以伐四卿. 四卿恐, 遂共攻出公. 出公奔齊, 道死. 知伯乃立昭公曾孫驕, 是爲晉懿公. 知伯益驕, 請地韓·魏, 韓·魏與之. 請地趙, 趙不與, 以其圍鄭之辱. 知伯怒, 遂率韓·魏攻趙. 趙襄子懼, 乃奔保晉陽.

2. 《淮南子》 道應訓

趙簡子以襄子爲後. 董閼于曰: 「無卹賤. 今以爲後, 何也?」簡子曰: 「是爲人也, 能爲社稷忍羞.」異日, 知伯與襄子飮, 而批襄子之首. 大夫請殺之, 襄子曰: 「先君之立我也, 曰: 『能爲社稷忍羞.』豈曰能刺人哉?」處十月, 知伯圍襄子於晉陽, 襄子疏隊而擊之, 大敗知伯, 破其首, 以爲飮器. 故老子曰: 「知其雄, 守其雌, 其爲天下谿.」

卷四. 입절편立節篇

"입절立節"이란 절도, 절개, 절의, 마디를 바르게 세워야 한다는
뜻이다. 본권은 이에 관계된 일화와 고사를 모은 것이다.

모두 24장(102~125)이다.

용기도 있고 행동에 과감한 자

선비나 군자君子가 용기도 있고 행동에 과감한 자이면서도 입절행의立節行誼하지 않으므로 해서 헛되이 죽고 이름을 그르치는 경우가 있으니 이 어찌 안타까운 일이 아니리오!

선비란 살신성인殺身成仁하며 손해를 당하면서도 의義를 세우고, 절리節理에 의지하여 죽음의 경지도 논하지 말아야 한다.

이 때문에 몸은 죽지만 그 이름은 후세에 유전流傳되는 것이니, 용단이 없이 그 누가 이런 일을 할 수 있겠는가!

士君子之有勇而果於行者, 不以立節行誼, 而以妄死非名, 豈不痛哉!

士有殺身以成仁, 觸害以立義, 倚於節理而不議死地.

故能身死名流於來世, 非有勇斷, 孰能行之!

【立節行誼】 절조를 세우고 옳은 것을 실천함.

【殺身成仁】 몸을 죽여 일을 성취함. 《論語》 衛靈公篇에 "志士仁人, 無求生以害仁, 有殺身以成仁"이라 하였다.

1. 〈四庫本〉및 〈四部本〉에는 모두 본 장과 다음 장(103), 그리고 그 다음 장(104)
등 세 장이 하나로 묶여져 있다.

103(4-2) 子路曰不能勤苦
가난을 편안함으로 여길 줄 알아야

자로子路가 말하였다.

"근면하게 일해 보지 아니하고, 가난을 편안함으로 받아들이지 못하고, 죽음을 가벼이 여길 줄 모르면서, 나는 능히 의를 실행할 수 있다라고 말하는 사람이 있다면, 나는 이를 믿을 수 없다."

옛날 신포서申包胥가 진秦나라 조정에 버티고 서서 칠일칠야七日七夜를 울어 드디어 초楚나라를 구해 냈으니, 고통을 감내할 수 없는 자라면 어찌 이를 해냈겠는가?

또 증자曾子는 거친 포의布衣나 온포縕袍조차 제대로 입지 못하고, 조강지식糟糠之食·여곽지갱藜藿之羹조차 배불리 먹지 못하면서도 의義에 합당하지 않다고 상경上卿 벼슬을 사양하였으니, 만약 빈궁을 달게 여기지 않는 자라면 어찌 이를 실행할 수 있었겠는가?

그리고 비간比干은 죽음에 이르러서도 그 간언諫言이 더욱 충성스러웠고, 백이伯夷·숙제叔齊는 수양산首陽山에서 굶어 죽으면서도 그 지조를 더욱 빛냈으니, 죽음을 가벼이 보지 않았다면 어찌 이를 실천할 수 있었겠는가?

따라서 선비로서 의를 세우고 도를 행함에는 난이難易를 논한 이후에는 능히 행할 수 없고, 몸을 세워 이름을 드러냄에는 이해利害를 돌아본 이후에는 성취시킬 수가 없다.

《시詩》에는 "저 훌륭한 분의 후손들, 크고 또한 독실하리!"라 하였으니 선량하고 독실하여 열심히 수양한 군자가 아니면 그 누가 능히 해낼 수 있으리오!

子路曰:「不能勤苦, 不能恬貧窮, 不能輕死亡; 而曰我能行義, 吾不信也.」

昔者, 申包胥立於秦庭, 七日七夜哭不絶聲, 遂以存楚, 不能勤苦, 安能行此! 曾子布衣縕袍未得完, 糟糠之食, 藜藿之羹未得飽, 義不合則辭上卿, 不恬貧窮, 安能行此! 比干將死而諫逾忠, 伯夷叔齊餓死于首陽而志逾彰, 不輕死亡, 安能行此! 故夫士欲立義行道, 毋論難易而後能行之; 立身著名, 無顧利害而後能成之.

詩曰:『彼其之子, 碩大且篤.』

非良篤修激之君子, 其誰能行之哉?

【子路】孔子 제자. 仲由.
【申包胥】춘추시대 楚나라 대부. 伍子胥와 절친한 사이였으나 그가 吳나라로 도망하여 군대를 이끌고 楚나라를 쳐들어오자, 秦나라에 구원병을 청하러 갔다. 秦王이 들어 주지 않자 이레 동안을 버티고 울어 허락을 받아냈다. 秦昭王이 가상히 여겨 상을 내렸으나 받지 않고 도망하였다. 《戰國策》 참조.
【曾子】曾參. 孔子 제자.
【縕袍】헝겊을 넣어 만든 두루마기. 거친 옷.
【比干】殷나라 紂의 숙부. 紂를 간하다가 살해당하였다.
【伯夷·叔齊】孤竹國의 두 왕자. 서로 왕위를 양보하다가 周나라의 西伯昌(즉 文王)의 어짊을 듣고 周나라로 왔다. 그러나 文王이 죽고 아들 武王이 아버지의

신위를 모시고 殷을 치려는 것을 보고 옳지 못하다고 말리다가 首陽山에 들어가 고사리를 캐먹으며 살다가 죽었다고 한다. 《史記》 등 참조.

【首陽山】伯夷 · 叔齊가 숨어 살다가 죽었다는 산. 지금의 山西省 永濟縣의 雷首山이라고 한다.

【詩曰】《詩經》唐風 椒聊의 구절. "우리 님은 위대하고 독실하시다"로 풀이하기도 한다.

참고 및 관련 자료

1. 〈四庫本〉, 〈四部本〉에는 앞 장(102), 다음 장(104)과 함께 하나의 장으로 처리되어 있다.

2. 《韓詩外傳》 卷2

子路曰:「士不能勤苦, 不能輕死亡, 不能恬貧窮, 而曰我能行義, 吾不信也.」昔者申包胥立於秦廷七日七夜, 哭不絕聲, 是以存楚, 不能勤苦, 焉得行此? 比干且死而諫逾忠, 伯夷 · 叔齊餓於首陽而志益彰, 不輕死亡, 焉能行此? 曾子褐衣縕緒, 未嘗完也, 糲米之食, 未嘗飽也, 義不合則辭上卿, 不恬貧窮, 焉能行此? 夫士欲立身行道, 無顧難易, 然後能行之; 欲行義白名, 無顧利害, 然後能成之. 詩曰:『彼己之子, 碩大且篤.』非良篤脩行之君子, 其孰能與之哉!

104(4-3) 王子比干殺身以成其忠
왕자 비간

왕자 비간比干은 몸이 죽어 그 충忠을 이루었고, 백이伯夷와 숙제叔齊는 몸이 죽어 그 염廉을 이루었다.

이 세 사람은 바로 천하의 통사通士이다. 세상 그 누가 자기 몸 아깝지 않은 자 있으리오만, 사나이로서 의를 세우지 못하고 이름을 드날리지 못하는 것이 바로 선비의 치욕이라 여긴 것이다. 그 때문에 몸을 죽여 가면서까지 이를 완수시키는 것이다.

이로 말미암아 보건대, 비천卑賤이나 빈궁貧窮은 선비의 치욕이 될 수 없다. 무릇 선비가 치욕으로 느끼는 바는, 천하가 모두 충忠을 거론할 때 여기에 이름이 들지 못하는 것, 천하가 모두 신信을 이야기할 때 선비라 자칭하면서 이에 끼지 못하는 것, 그리고 천하가 다 염廉을 내세울 때 역시 선비로서 이에 가까이 가 있지 못하는 것, 바로 이것이다.

이 세 가지가 자기에게 있으면, 그 이름이 후세에 전해져서 해와 달이 영원한 것처럼 함께 불식不息하여, 비록 무도無道한 세상일지라도 그 이름이 더럽혀지지 않을 것이다.

그런즉 죽기를 좋아하고 살기를 싫어하는 것이 아니며, 부귀를 싫어하고 빈천貧賤을 즐기는 것이기 때문은 아닌 것임을 알 수 있다. 그 도를 말미암고, 그 이치를 준수하며, 존귀함이 자기 몸에 미친다면 선비 된 이도 이를 사양하지 않을 것이다.

伯夷叔齊 〈採薇圖〉 宋 李唐(畵)

공자孔子는 이렇게 말하였다.

"만약 부귀를 구한다고 얻어지는 것이라면, 나는 비록 채찍을 잡는 천한 일도 하겠다. 그러나 구해서 얻어지는 것이 아니라면 내가 하고 싶은 일에나 몰두하련다."

이것이 곧 대성大聖의 지조였다.

《시詩》에는 이렇게 노래하였다.

"내 마음 돌이 아니니 굴릴 수도 없지. 내 마음 돗자리가 아니니 거두어 말 수도 없지!"

이는 자기 자신을 잃지 않는다는 뜻이다. 능히 자기 자신을 잃지 않아야 그 뒤에 가히 더불어 어려움을 헤쳐 나갈 수 있다. 이것이 바로 선비나 군자가 대중을 넘어설 수 있는 소이이다.

王子比干殺身以成其忠, 伯夷叔齊殺身以成其廉, 此三子者, 皆天下之通士也, 豈不愛其身哉? 以爲夫義之不立, 名之不著, 是士之恥也, 故殺身以遂其行. 因此觀之, 卑賤貧窮, 非士之恥也. 夫士之所恥者, 天下擧忠而士不與焉, 擧信而士不與焉, 擧廉而士不與焉; 三者在乎身, 名傳於後世, 與日月竝而不息, 雖無

道之世, 不能汚焉. 然則非好死而惡生也, 非惡富貴而樂貧賤也,
由其道, 遵其理, 尊貴及己, 士不辭也.

孔子曰:「富而可求, 雖執鞭之士, 吾亦爲之; 而不可求, 從吾
所好.」

大聖之操也.

詩云:『我心匪石, 不可轉也, 我心匪席, 不可卷也.』

言不失己也; 能不失己, 然後可與濟難矣, 此士君子之所以
越衆也.

【孔子曰】《論語》述而篇의 구절.
【詩云】《詩經》邶風 柏舟의 구절. 鄭玄의 箋에 "石雖堅尙可轉, 席雖平尙可卷,
言己心志堅平, 過於石席"이라 하였다.

참고 및 관련 자료

1. 〈四庫本〉, 〈四部本〉에는 앞의 두 장(102, 103)과 본 장이 하나로 묶여 있다.

2. 《韓詩外傳》 卷1

王子比干殺身以成其忠, 尾生殺身以成其信, 伯夷·叔齊殺身以成其廉, 此四子者,
皆天下之通士也, 豈不愛其身哉? 爲夫義之不立, 名之不顯, 則士恥之, 故殺身以遂
其行. 由是觀之, 卑賤貧窮, 非士之恥也. 夫士之所恥者, 天下擧忠而士不與焉, 擧信
而士不與焉, 擧廉而士不與焉. 三者存乎身, 名傳於世, 與日月並而不息, 天不能殺,
地不能生, 當桀·紂之世, 不之能汚也. 然則非惡生而樂死也, 惡富貴而好貧賤也,
由其理·尊貴及己·而仕, 不辭也. 孔子曰:「富而可求, 雖執鞭之士, 吾亦爲之; 如不
可求, 從吾所好.」 故阨窮而不憫, 勞辱而不苟, 然後能有致也. 詩曰:『我心匪石,
不可轉也, 我心匪席, 不可卷也.』 此之謂也.

105(4-4) 楚伐陳陳西門燔
나라가 망했는데도

초楚나라가 진陳나라를 공격하여 그 서쪽 성문을 불태워 버렸다. 초나라는 함락한 후, 그 항복한 진나라 백성을 부려 성문을 다시 수리하고 있는 중이었다. 공자孔子가 마침 이곳을 지나다가 이 광경을 보고도 그 많은 사람들에게 수레를 타고 갈 때의 예를 표시하지 않는 것이었다. 이상히 여긴 자로子路가 물었다.

"수레를 타고 가다가 세 사람을 한꺼번에 만나면 수레에서 내려 예를 갖추고, 두 사람을 지나칠 때는 수레에 탄 채 예를 갖춘다고 하였습니다. 지금 진나라 백성으로 저렇게 많은 이들이 성문을 수리하고 있는데 선생님께서는 어찌 예를 표시하지 않습니까?"

공자는 이렇게 대답하였다.

"내가 들으니 나라가 망하는 것을 알지 못하는 것은 지혜가 없기 때문이요, 알고도 항거하지 않는 것은 충성이 모자라기 때문이며, 충성을 발휘하고도 죽지 않는 것은 염직廉直이 없기 때문이다. 지금 진나라 백성으로 성문을 수리하는 자 중에는 이상의 것을 단 하나도 행한 자가 없다. 그래서 내가 인사조차 아니하는 것이다."

楚伐陳, 陳西門燔, 因使其降民修之, 孔子過之, 不軾.

子路曰:「禮過三人則下車, 二人則軾; 今陳修門者人數衆矣, 夫子何爲不軾?」

孔子曰:「丘聞之, 國亡而不知, 不智; 知而不爭, 不忠; 忠而不死, 不廉; 今陳修門者不行一於此, 丘故不爲軾也.」

【陳】지금의 河南省·安徽省 일대에 있던 나라.
【軾】고대의 예절로 수레를 타고 가면서 앞에 있는 橫木을 잡고 예를 표하는 것.
【子路】仲由. 孔子의 제자.
【丘】孔子의 이름. 字는 仲尼.

참고 및 관련 자료

1. 《韓詩外傳》卷1

荊伐陳, 陳西門壞, 因其降民使脩之. 孔子過而不式. 子貢執轡而問曰:「禮過三人則下, 二人則式, 今陳之脩門者衆矣, 夫子不爲式, 何也?」孔子曰:「國亡而弗知, 不智; 知而不爭, 非忠也; 亡而不死, 非勇也. 脩門者雖衆, 不能行一於此, 吾故弗式也.」 詩曰:『憂心悄悄, 慍於群小.』 小人成群, 何足禮哉!

2. 《孔子集語》論人篇

韓詩外傳: 荊伐陳, 陳西門壞, 因其降民使脩之, 孔子過而不式. 子貢執轡而問曰: 「禮, 過三人則下, 二人則式. 今陳之脩門者衆矣, 夫子不爲式, 何也?」孔子曰:「國亡 而弗知, 不智也; 知而不爭, 非忠也; 亡而不死, 非勇也. 脩門者雖衆, 不能行一於此, 吾故不式也.」

3. 《左傳》哀公 9年

哀公九年夏, 楚人伐陳.

4. 《左傳》哀公 10年

十年冬, 楚公子結帥師伐陳.

106(4-5) 孔子見齊景公
공자의 생활비

공자孔子가 제齊 경공景公을 만났다. 경공은 늠구廩丘 땅을 주어 공자의 생활비로 쓰도록 하였다. 공자는 이를 받지 않고 밖으로 나와 제자들에게 이렇게 말하였다.

"내 듣기로 군자란 반드시 자기 공적에 의해 녹을 받는다고 하였다. 지금 내가 경공에게 유세를 하였더니, 경공은 이를 시행해 보지도 않고 나에게 늠구 땅을 준다는구나. 그가 나를 모르는 것이 어찌 이리 심한가?"

그리고는 드디어 사양하고 발길을 돌려 버렸다.

孔子見齊景公, 景公致廩丘以爲養, 孔子辭不受.

出謂弟子曰:「吾聞君子當功以受祿, 今說景公, 景公未之行而賜我廩丘, 其不知丘亦甚矣!」

遂辭而行.

【景公】 재위 58년(B.C.547~490).
【廩丘】 땅 이름. 춘추시대에는 齊나라 땅으로 지금의 山東省 范縣. 전국시대의 廩丘는 周나라 땅으로 河南省 경내.

1.《呂氏春秋》高義篇

孔子見齊景公, 景公致廩丘以爲養. 孔子辭不受, 入謂弟子曰:「吾聞君子當功以受祿. 今說景公, 景公未之行, 而賜之廩丘, 其不知丘亦甚矣.」今弟子趣駕, 辭而行.

2.《孔子家語》六本篇

孔子見齊景公, 公悅焉, 請置廩丘之邑以爲養. 孔子辭而不受, 入謂弟子曰:「吾聞君子當功以受賞, 今吾言於齊君, 君未之有行, 而賜吾邑, 其不知丘亦甚矣.」於是遂行.

107(4-6) 曾子衣弊衣以耕

옷이나 꿰매 입으시오

증자曾子가 다 해진 옷을 입고 밭을 갈고 있었다. 노군魯君이 이를 가엾게 여겨 사람을 시켜 읍邑 하나를 그에게 주면서 이렇게 말하였다.

"이를 가지고 그대의 옷이나 꿰매 입으시오!"

증자는 거절하였다. 다시 반복해서 왔지만 또한 받지 않았다. 그러자 심부름 온 이가 물었다.

"선생께서는 남에게 요구하지도 않았는데 남이 주고 있습니다. 왜 받지 않으시는 것입니까?"

증자는 이렇게 대답하였다.

"내가 듣자 하니 남에게 무엇인가를 받은 사람은 그에게 준 사람을 경외敬畏하게 되고, 남에게 무엇인가를 준 사람은 알게 모르게 거만해질 수밖에 없다고 하오. 비록 상대가 나에게 주면서 전혀 거만하지 않게 한다고 해도 내가 어찌 능히 두려워하지 않을 수 있으리오?"

그리고는 끝내 받지 않았다. 공자孔子가 이를 듣고 이렇게 평하였다.

"증삼曾參의 말대로만 하면 자신의 절조를 보전하기에 족하리라!"

曾子衣弊衣以耕, 魯君使人往致邑焉, 曰:「請以此修依.」

曾子不受, 反復往, 又不受, 使者曰:「先生非求於人, 人則獻之, 奚爲不受?」

曾子曰:「臣聞之, 受人者畏人, 予人者驕人; 縱子有賜不我驕也, 我能勿畏乎?」

終不受.

孔子聞之曰:「參之言, 足以全其節也.」

【曾子】 曾參. 孔子의 제자.
【魯君】 魯나라의 임금.

> 참고 및 관련 자료

1. 《孔子家語》 在厄篇

曾子弊衣而耕於魯, 魯君聞之而致邑焉. 曾子固辭不受. 或曰:「非子之求, 君自致之, 奚固辭也?」曾子曰:「吾聞受人施者常畏人, 予人者常驕人. 縱君有賜, 不我驕也, 吾豈能勿畏乎?」孔子聞之, 曰:「參之言, 足以全其節也.」

108(4-7) 子思居於衛
호백구 한 벌

자사子思가 위衛나라에 살 때였다. 거친 옷에 겉옷조차 없이 살면서 먹는 것조차 스무 날에 아홉 끼가 고작이었다. 전자방田子方이 이를 듣고 사람을 시켜 호백구狐白裘 한 벌을 전해 주고 싶었지만, 그가 받지 않을까 걱정스러워 짐짓 이렇게 말하면서 주도록 하였다.

"나는 사람에게 무엇을 빌려 주면 그 즉시 잊어버린다. 그러므로 내가 남에게 빌려 주는 것은 곧 포기하여 버리는 것과 같다."

그러나 자사는 사양하며 받지 않았다. 전자방이 물었다.

"나는 넉넉하고 그대는 가진 것이 없다. 있는 사람이 없는 사람에게 주는데 어찌 받지 않는가?"

그러자 자사는 이렇게 대답하였다.

"나 자사子思, 伋가 듣건대, 남에게 마구 물건을 줄 바에야 차라리 구렁텅이에 버리느니만 못하다고 하더이다. 내가 비록 가난하나 차마 내 몸이 구렁텅이 역할을 하는 짓은 못하겠소이다. 이 까닭으로 감히 받지 않는 것입니다."

子思居於衛, 縕袍無表, 二旬而九食. 田子方聞之, 使人遺狐白之裘, 恐其不受, 因謂之曰:「吾假人, 遂忘之; 吾與人也, 如棄之.」

子思辭而不受, 子方曰:「我有子無, 何故不受?」

子思曰:「伋聞之, 妄與不如遺棄物於溝壑, 伋雖貧也, 不忍以身爲溝壑, 是以不敢當也.」

【子思】孔子의 손자. 孔子의 아들인 鯉의 아들. 이름은 伋. 학문은 曾參에게
  배웠으며, 《中庸》을 지은 것으로 알려져 있다.
【衛】지금의 河北·河南 일대에 있던 나라.
【田子方】戰國 초기의 인물. 魏 文侯의 스승.
【狐白裘】여우의 흰털로 짠 값비싼 외투.

109(4-8) 宋襄公玆父爲桓公太子
아우가 태자가 되면

　송宋 양공襄公인 자보玆父가 환공桓公의 태자로 책봉되었을 때였다. 그런데 환공이 다시 후처를 들여 아들을 낳았는데, 이름은 목이目夷였고 환공이 심히 사랑하고 있었다. 자보는 아버지가 목이를 심히 사랑함을 보고 태자 자리를 목이에게 넘겨 주어야겠다고 여겨 환공에게 이렇게 말하였다.

　"청컨대 목이를 태자로 세워 주십시오. 저는 재상이 되어 그를 보필하겠습니다."

　그러자 환공이 물었다.

　"무슨 까닭인가?"

　자보는 이렇게 이유를 달았다.

　"저의 외삼촌이 위衛나라에 계십니다. 그가 저를 무척이나 아끼고 있습니다. 만약 끝내 저를 태자로 세우신다면 위衛나라에 가서 뵈올 수 없게 될 것이니 이는 어머니를 등지는 것과 같습니다. 게다가 저 스스로 목이의 위에 처하기에는 부족하다고 알고 있습니다."

　그러나 환공은 허락하지 않았다. 자보가 억지로 계속 요청하자 환공도 어쩔 수 없이 허락하고 말았다. 그리하여 장차 목이를 태자로 삼으려고 하자, 이번에는 목이가 사양하고 나섰다.

　"형이 태자가 되고 아우가 그 아래에 처하는 것이 의義입니다. 지금 아우가 태자가 되고 형을 그 아래에 처하도록 하시니 이는 불의입니다. 그러한 불의를 저 목이로 하여금 하게 하신다면 저는 도망가겠습니다."

그리고는 위衛나라로 도망쳐 버렸다. 자보도 목이를 따라 위나라로 갔다.

그로부터 3년이 지나 환공이 병이 났다. 환공은 사람을 시켜 자보를 불러오도록 하면서 만약 오지 않으면 이는 나로 하여금 근심으로 죽게 만드는 일이라고 이르도록 하였다. 자보가 돌아오자 환공은 이를 다시 태자로 삼았다. 목이는 형이 태자가 되었다는 것을 알고 나서야 귀국하였다.

宋襄公玆父爲桓公太子, 桓公有後妻子, 曰公子目夷, 公愛之, 玆父爲公愛之也. 欲立之, 請於公曰:「請使目夷立, 臣爲之相兄以佐之.」

公曰:「何故也?」

對曰:「臣之舅在衛, 愛臣, 若終立, 則不可以往, 節迹於衛, 是背母也. 且臣自知不足以處目夷之上.」

公不許, 彊以請公, 公許之, 將立公子目夷, 目夷辭曰:「兄立而弟在下, 是其義也; 今弟立而兄在下, 不義也; 不義而使目夷爲之, 目夷將逃.」

乃逃之衛, 玆父從之.

三年, 桓公有疾, 使人召玆父, 若不來, 是使我以憂死也, 玆父乃反, 公復立之以爲太子, 然後目夷歸也.

【宋襄公】 춘추오패의 하나. '宋襄之仁'의 고사를 남겼다. 이름은 玆父. 玆甫로도 쓴다. 재위는 14년(B.C.650~637).《史記》宋微子世家 참조.
【桓公】 宋나라 임금. 襄公의 아버지. 재위 31년(B.C.681~651).
【目夷】 宋 襄公의 이복 동생. 襄公을 도와 재상이 되었다. 子魚.

1. 《史記》宋 微子世家(여기에서는 目夷를 서형으로 보고 있음).

三十年, 桓公病. 太子玆甫讓其庶兄目夷爲嗣, 桓公義太子意, 竟不聽, 三十一年春, 桓公卒, 太子玆甫立, 是爲襄公, 以其庶兄目夷爲相

2. 《左傳》僖公 8年

宋公疾, 太子玆父固請曰:「目夷長, 且仁, 君其立之.」公命子魚. 子魚辭, 曰:「能以國讓, 仁孰大焉? 臣不及也, 且又不順.」遂走而退.

진나라 여희라는 여인

진晉나라 여희驪姬가 태자太子 신생申生을 헌공獻公에게 참소하였다. 헌공은 이를 믿고 태자 신생을 죽이려고 하였다. 그때 공자公子 중이重耳가 형 신생에게 말하였다.

"지금 벌어진 일에 그대는 아무런 죄가 없습니다. 그런데도 그대는 어찌 해명하려고 나서지 않습니까? 해명하면 틀림없이 죄를 면할 텐데요!"

그러자 신생은 이렇게 말하였다.

"안 되오. 내가 말을 하면 새어머니인 여희의 죄가 드러나게 되오. 아버님은 늙으셔서 여희가 곁에 없으면 잠도 제대로 못 주무시고 식사도 제대로 못하오. 그러니 어찌 아버지로 하여금 한을 품고 죽을 수 있게 하겠소?"

이에 중이가 다시 제안하였다.

"만약 해명하실 뜻이 없다면 속히 도망이라도 가셔야 합니다."

그러나 신생은 이것조차 거부하였다.

"그것도 안 되오. 도망가서 이 죽음을 면한다고 하면, 이는 아버지

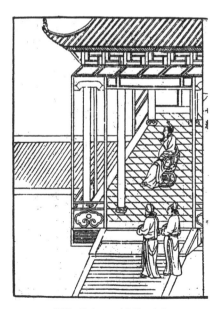

「驪姬故事」《列女傳》삽화

의 악행을 드러내는 셈이 되오. 무릇 아버지의 과실을 널리 퍼뜨리며 제후들에게 미명美名을 얻고자 한다면, 그 누가 나를 받아 주겠소? 도망가지 않고 그대로 있으면 이 종실宗室에 곤액을 주고, 도망쳐 나돌아 다녀도 곤액을 받기는 마찬가지. 이는 나의 죄를 거듭 짓도록 할 뿐이오. 내 듣기로 '충성스러운 자는 임금을 포악하게 하지 않으며, 지혜로운 자는 거듭된 잘못을 저지르지 않으며, 용기 있는 자는 죽음에 처해도 도망치지 않는다'라 하였소. 사실이 이렇다면 내가 내 몸으로 이를 감당하겠소."

그리고는 칼을 껴안고 엎어져 자결하고 말았다. 군자君子가 이를 듣고 이렇게 평하였다.

"하늘의 운명이로다. 태자 신생이여!"

《시詩》에는 이렇게 노래하였다.

"형형색색 조개무늬 비단 옷 짜듯, 그런데도 남을 참훼하는 자 너무나도 심하네!"

晉驪姬譖太子申生於獻公, 獻公將殺之, 公子重耳謂申生曰: 「爲此者非子之罪也, 子胡不進辭, 辭之必免於罪.」

申生曰:「不可. 我辭之, 驪姬必有罪矣, 吾君老矣, 微驪姬寢不安席, 食不甘味, 如何使吾君以恨終哉!」

重耳曰:「不辭則不若速去矣.」

申生曰:「不可, 去而免於死, 是惡吾君也; 夫彰父之過而取美諸侯, 孰肯內之? 入困於宗, 出困於逃, 是重吾惡也. 吾聞之: 忠不暴君, 智不重惡, 勇不逃死, 如是者, 吾以身當之.」

遂伏劍死.

君子聞之曰:「天命矣! 夫世子!」

詩曰:『萋兮斐兮, 成是貝錦. 彼譖人者, 亦已太甚!』

【驪姬】晉나라 獻公의 아내로 驪戎 출신. 獻公과의 사이에 奚齊를 낳자, 이를 태자로 삼으려고 申生을 죽였다.

【太子 申生】晉 獻公의 태자. 驪姬의 참소를 입어 자결하였다.

【獻公】晉나라의 19대 임금. 재위 26년(B.C.676~651). 武公의 아들. 獻公의 아들로는 太子 申生(어머니는 齊姜)·夷吾(뒤에 惠公이 됨. 어머니는 狐氏)·重耳(뒤에 文公이 됨. 어머니는 狐氏)·奚齊(어머니는 驪姬)·卓子(어머니는 驪姬의 여동생) 등이 있어 권력다툼으로 나라가 기울어졌다.

【重耳】獻公의 아들. 驪姬의 횡포로 19년간의 망명생활 끝에 돌아와 文公이 되었다. 춘추오패의 하나이며, 介子推(寒食)의 고사 등을 남겼다.

【詩曰】《詩經》小雅 巷伯의 구절. 孔穎達 正義에 "萋斐, 文章相錯也. 貝錦, 錦文也"라 하였으며, 鄭玄의 箋에는 "錦文者, 文如餘泉餘蚳之具文也. 興者, 喩讒人集作己過以成於罪, 猶女工之集采色以成錦文"이라 하였다.

╭─────────────────╮
│ 참고 및 관련 자료 │
╰─────────────────╯

1. 이상의 驪姬의 횡포와 申生의 죽음, 夷吾와 重耳의 망명, 文公의 즉위와 부흥 등의 이야기는 《史記》晉世家에 자세히 실려 있다. 여기서는 이들의 계보만을 밝혀 이해를 돕는다.

〈晉나라의 系譜〉(원안의 숫자는 대수. 옆의 숫자는 재위 연수임)

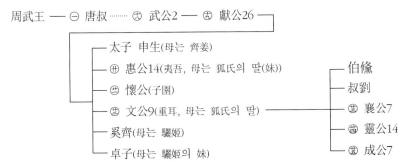

2. 《左傳》僖公 4年

或謂太子:「子辭, 君必辯焉.」太子曰:「君非姬氏, 居不安, 食不飽. 我辭, 姬必有罪.

君老矣, 吾又不樂.」曰:「子其行乎!」太子曰:「君實不察其罪, 被此名也以出, 人誰納我?」十二月戊申, 縊於新城.

3.《穀梁傳》僖公 10年

世子之傅里克謂世子曰:「入自明. 入自明則可以生, 不入自明, 則不可以生.」世子曰:「吾君已老矣, 已昏矣, 吾若此而入自明, 則麗姬必死; 麗姬死, 則吾君不安, 所以使吾君不安者, 吾不若自死. 吾寧自殺以安吾君, 以重耳爲寄矣.」刎脰而死.

4.《國語》晉語(二)

人謂申生曰:「非子之罪, 何不去乎?」申生曰:「不可. 去而罪釋, 必歸於君, 是怨君也. 章父之惡, 取笑諸侯, 吾誰鄉而入? 內困於父母, 外困於諸侯, 是重困也. 棄君去罪, 是逃死也. 吾聞之:『仁不怨君, 智不重困, 勇不逃死.』若罪不釋, 去而必重. 去而罪重, 不智. 逃死而怨君, 不仁. 有罪不死, 無勇. 去而厚怨, 惡不可重, 死不可避, 吾將伏以俟命.

5.《禮記》檀弓(上)

晉獻公將殺其世子申生. 公子重耳謂之曰:「子蓋言子之志於公乎?」世子曰:「不可. 君安驪姬, 是我傷公之心也.」曰:「然則蓋行乎?」世子曰:「不可, 君謂我欲弑君也, 天下豈有無父之國哉? 吾何行如之.」使人辭於狐突曰:「申生有罪, 不念伯氏之言也, 以至於死, 申生不敢愛其死, 雖然, 吾君老矣, 子少, 國家多難. 伯氏不出而圖吾君, 伯氏苟出而圖吾君, 申生受賜而死.」再拜稽首乃卒, 是以爲恭世子也.

6.《史記》晉世家

或謂太子曰:「爲此藥者, 乃驪姬也, 太子何不自辭明之.」太子曰:「吾君老矣, 非驪姬, 寢不安, 食不甘, 卽辭之, 君且怒之. 不可.」或謂太子曰:「可奔他國.」太子曰;「被此惡名以出, 人誰內我, 我自殺耳.」十二月戊申, 申生自殺於新城.

7.《呂氏春秋》上德篇

晉獻公爲麗姬遠太子. 太子申生居曲沃, 公子重耳居蒲, 公子夷吾居屈. 麗姬謂太子曰: 往昔君夢見姜氏. 太子祠而膳於公, 麗姬易之. 公將嘗膳, 姬曰:「所由遠, 請使人嘗之. 嘗人人死, 食狗狗死, 故誅太子.」太子不肯自釋, 曰:「君非麗姬, 居不安, 食不甘.」遂以劍死. 公子夷吾自屈奔梁. 公子重耳自蒲奔翟. 去翟過衛, 衛文公無禮焉.

8.《列女傳》晉獻驪姬

驪姬者, 驪戎之女, 晉獻公之夫人也. 初, 獻公娶於齊, 生秦穆夫人及太子申生.

又娶二女於戎, 生公子重耳·夷吾. 獻公伐驪戎, 克之, 獲驪姬以歸, 生奚齊·卓子. 驪姬嬖於獻公, 齊姜先死, 公乃立驪姬以爲夫人. 驪姬欲立奚齊, 乃與弟謀曰:「一朝不朝, 其閒用刀. 逐太子與二公子, 而可閒也.」於是驪姬乃說公曰:「曲沃, 君之宗邑也, 蒲與二屈, 君之境也, 不可以無主. 宗邑無主, 則民不畏; 邊境無主, 則開寇心; 夫寇生其心, 民慢其政, 國之患也. 若使太子主曲沃, 二公子主蒲與二屈, 則可以威民而懼寇矣.」遂使太子居曲沃, 重耳居蒲, 夷吾居二屈. 驪姬旣遠太子, 乃夜泣. 公問其故. 對曰:「吾聞申生爲人甚好仁而强, 甚寬惠而慈於民, 今謂君惑於我, 必亂國. 無乃以國民之故行强於君, 果未終命而歾, 君其奈何? 胡不殺我, 無以一妾亂百姓.」公曰:「惠其民而不惠其父乎?」驪姬曰:「爲民與爲父異. 夫殺君利民, 民孰不戴? 苟父利而得寵, 除亂而衆說, 孰不欲焉? 雖其愛君, 欲不勝也. 若紂有良子, 而先殺紂, 毋章其惡, 鈞死也, 毋必假手於武王以廢其祀? 自吾先君武公兼翼而楚穆弑成, 此皆爲民而不顧親, 君不早圖, 禍且及矣.」公懼曰:「奈何而可?」驪姬曰:「君何不老而授之政, 彼得政而治之, 歾將釋君乎?」公曰:「不可, 吾將圖之.」由此疑太子. 驪姬乃使人以公命告太子曰:「君夢見齊姜, 亟往祀焉.」申生祭於曲沃, 歸福於絳, 公田不在. 驪姬受福乃寘鴆於酒, 施毒於脯. 公至, 召申生將胙, 驪姬曰:「食自外來, 不可不試也.」覆酒於地, 地墳. 申生恐而出. 驪姬與犬, 犬死. 飮小臣, 小臣死之. 驪姬乃仰天叩心以泣, 見申生哭曰:「嗟乎! 國, 子之國, 子何遲爲君? 有父恩忍之, 況國人乎? 弑父以求利, 人孰利之?」獻公使人謂太子曰:「爾其圖之!」太傅里克曰:「太子入自明, 可以生; 不則不可以生.」太子曰:「吾君老矣! 若入而自明, 則驪姬死, 吾君不安.」遂自經於新城廟. 公遂殺少傅杜原款, 使閹楚刺重耳, 重耳奔狄. 使賈華刺夷吾, 夷吾奔梁. 盡逐群公子, 乃立奚齊.獻公卒, 奚齊立, 里克殺之, 卓子立, 又殺之. 乃戮驪姬, 鞭而殺之. 於是秦立夷吾, 是爲惠公. 惠公死, 子圉立, 是爲懷公, 晉人殺懷公於高梁, 立重耳, 是爲文公. 亂及五世然後定. 詩曰:『婦有長舌, 惟厲之階.』又曰:『哲婦傾城』, 此之謂也. 頌曰:『驪姬繼母, 惑亂晉獻. 謀譖太子, 毒酒爲權. 果弑申生, 公子出奔. 身又伏辜, 五世亂昏.』

111(4-10) 晉獻公之時
난세에 오래 사느니

진晉 헌공獻公 때에 어떤 선비가 있었는데 이름은 호돌狐突이었고 태자 신생申生의 태부太傅였다. 헌공이 여희驪姬를 부인으로 삼자 나라에 혼란이 일어났고 이에 호돌은 병을 핑계로 집을 나오지 않았다. 헌공이 끝내 참소를 듣고 태자 신생을 죽이려 하였고, 장차 죽음에 이르게 되자 태자는 사람을 호돌에게 보내어 이렇게 전해 주도록 하였다.

"저의 임금이 연로年老하시고 국가에는 어려움이 많습니다. 사부師傅께서 우리 임금을 잘 보좌해 주시면 저 신생은 죽어도 한이 없겠습니다."

그리고 두 번 절하고 태자는 죽고 말았다. 그리하여 호돌은 다시 나와 헌공을 섬겼다.

3년 만에 헌공이 죽자 호돌은 관직을 사임하며, 여러 대부들에게 이렇게 말하였다.

"나 호돌은 태자의 부탁을 받았었는데 이제 그 일이 끝났다. 차라리 난세에 오래 사느니 죽어서 태자에게 보답함이 낫다고 본다."

그리고는 돌아가 자결해 버렸다.

晉獻公之時, 有士焉, 曰狐突, 傅太子申生, 公立驪姬爲夫人, 而國多憂, 狐突稱疾不出.

六年, 獻公以譖誅太子, 太子將死, 使人謂狐突曰:「吾君老矣, 國家多難, 傅一出以輔吾君, 申生受賜以死不恨.」

再拜稽首而死. 狐突乃復事獻公.

三年, 獻公卒, 狐突辭於諸大夫曰:「突受太子之詔, 今事終矣,
與其久生亂世也, 不若死而報太子.」

乃歸自殺.

【獻公】103장을 볼 것.
【狐突】字는 伯行. 晉나라 大夫. 文公 重耳의 外祖父. 太子 申生의 스승.
【申生】獻公의 아들. 103장 참조.
【驪姬爲夫人】《史記》晉世家에 "獻公五年, 伐驪戎, 得驪姬, 驪姬弟, 俱愛幸之"라
　　하였다.
【太傅】太子의 스승.

참고 및 관련 자료

1. 《國語》 晉語(二)

驪姬退, 申生乃雉經於新城之廟. 將死, 乃使猛足言於狐突曰:「申生有罪, 不聽伯氏,
以至於死. 申生不敢愛其死, 雖然, 吾君老矣, 國家多難, 伯氏不出, 奈吾君何? 伯氏
苟出而圖吾君, 申生受賜以至於死, 雖死何悔!」是以謚爲共君.

2. 《禮記》 檀弓(上)

晉獻公將殺其世子申生一章.

112(4-11) 楚平王使奮揚殺太子建
도망가도 갈 곳이 없기에

초楚 **평왕**平王이 분양奮揚을 시켜 태자太子 건建을 죽이도록 하였다. 분양은 태자에게 이르기 전에 먼저 사람을 보내어 이를 알려 주며 태자로 하여금 송宋나라로 도망치도록 하였다. 왕이 이를 알고 성보城父 땅 사람으로 하여금 분양을 잡아오도록 하였다. 분양이 평왕 앞에 나타나자 왕이 물었다.

"이번 일에 말은 내 입에서 나와 그대의 귀에까지밖에 가지 않았다. 누가 태자 건에게 일러주었느냐?"

그러자 분양이 이렇게 말하였다.

"제가 알려 주었습니다. 일찍이 임금께서 저에게 '태자 건 섬기기를 나 섬기듯 하라'고 하셨지요. 신이 똑똑하지 못하여 이 말을 두 가지로 해석하지 못하였습니다. 그래서 제게 지시하신 말씀을 받들어 처음 마음으로 돌아가 그를 돌려보낸 것입니다. 지금에 와서 후회하지만 어쩔 수가 없게 되었습니다."

"그러면 지금 다시 내 앞에 나타난 이유는 무엇인가?"

이 말에 분양은 이렇게 대답하였다.

"사명을 받고 이를 완수하지 못하였고, 문책하려 부르실 때 오지 않으면 이는 두 번 잘못하는 것이어서 도망가도 갈 곳이 없음입니다."

왕은 이 말에 그를 용서해주고 말았다.

楚平王使奮揚殺太子建, 未至而遣之, 太子奔宋, 王召奮揚,
使城父人執之以至, 王曰:「言出於予口, 入於爾耳, 誰告建也?」

對曰:「臣告之, 王初命臣曰:『事建如事余.』臣不佞, 不能貳也;
奉初以還, 故遣之, 已而悔之, 亦無及也.」

王曰:「而敢來, 何也?」

對曰:「使而失命, 召而不來, 是重過也, 逃無所入.」

王乃赦之.

【楚平王】 楚나라 임금. 재위 13년(B.C.528~516). 太子 建의 일로 伍子胥를 괴롭혀
나중에 죽은 후 무덤이 파헤쳐지고 채찍을 맞는 수모를 당하였다.

【奮揚】 원래 城父의 司馬. 太子를 죽이라는 명령을 받았다. 《左傳》昭公 20年
참조.

【太子建】 平王이 太子建을 위해 秦나라 여자를 구하였다. 그러나 여자가 너무
아름다움을 보고 그를 자신의 후궁으로 취하고, 태자가 이에 반감살 것을 염려
하여 죽이려 하였다. 이 일로 伍子胥의 원한과 함께 楚나라가 혼란에 휩싸였다.
《史記》楚世家 참조.

【城父】 땅 이름. 지금의 安徽省 亳縣 근처.

참고 및 관련 자료

1. 《左傳》昭公 20年

使城父司馬奮揚殺太子, 未至, 而使遣之. 三月, 太子建奔宋. 王召奮揚. 奮揚使城父
人執己以至. 王曰:「言出於予口, 入於爾耳, 誰告建也?」對曰:「臣告之. 君王命臣曰:
『事建如事余.』臣不佞, 不能苟貳. 奉初以還, 不忍後命, 故遣之. 旣而悔之, 亦無及已.」
王曰:「而敢來, 何也?」對曰:「使而失命, 召而不來, 是再奸也. 逃無所入.」王曰:
「歸.」從政如他日.

2. 《史記》楚世家

乃令司馬奮揚召太子建, 太子聞之, 亡奔宋.

113(4-12) 晉靈公暴
포악한 임금 진 영공

진晉 영공靈公은 대단히 포악한 임금이었다. 이에 조선자趙宣子가 그때마다 급히 간언을 하였다. 영공은 이러한 조선자가 미웠다. 그래서 서자미鉏子彌라는 사람을 시켜 조선자를 없애 버리도록 하였다.

이에 서자미가 새벽에 조선자의 집을 몰래 침입해 들어갔다. 그랬더니 침실의 문은 이미 열려 있고 선자는 옷을 단정히 입고 조회에 나가려던 참이었다. 아직 이른 아침인데도 바르게 앉아 꾸벅꾸벅 졸고 있는 모습을 보자, 서자미는 물러나와 탄식하며 이렇게 말하였다.

"공경을 잊지 않고 있으니 이런 분이야말로 백성의 주인이다. 백성의 주인을 해치는 것은 충忠이 아니다. 그러나 임금의 명령을 저버리는 것, 이 또한 신信이 아니다. 이런 경우에 오로지 선택은 하나, 죽는 편이 낫다."

그리고는 조선자의 집 뜰에 있는 홰나무에 머리를 찧어 죽어 버렸다.

晉靈公暴, 趙宣子驟諫, 靈公患之, 使鉏之彌賊之; 鉏之彌晨往, 則寢門闢矣, 宣子盛服將朝, 尚早, 坐而假寢, 之彌退, 歎而言曰: 「不忘恭敬, 民之主也. 賊民之主, 不忠; 棄君之命, 不信. 有一於此, 不如死也.」

遂觸槐而死.

【晉靈公】춘추시대 晉나라의 24대 임금. 재위 14년(B.C.620~607).

【趙宣子】趙盾. 진나라 六卿 중의 하나. 뒤에 趙나라 선조.

【鉏子彌】당시의 大力士.《左傳》宣公 2年에는 '鉏麑'로 되어 있다.

참고 및 관련 자료

1.《左傳》宣公 2年

宣子驟諫, 公患之, 使鉏麑賊之. 晨往, 寢門辟矣, 盛服將朝, 尙早, 坐而假寐. 麑退, 嘆而言曰:「不忘恭敬, 民之主也, 賊民之主, 不忠; 棄君之命, 不信. 有一於此, 不如死也.」觸槐而死.

2.《國語》晉語(五)

靈公虐, 趙宣子驟諫, 公患之, 使鉏麑賊之, 晨往, 則寢門辟矣, 盛服將朝, 早而假寐. 麑退, 歎而言曰:「趙孟敬哉! 夫不忘恭敬, 社稷之鎭也. 賊國之鎭, 不忠; 受命而廢之, 不信. 享一名於此, 不如死.」觸庭之槐而死.

3.《呂氏春秋》過理篇

趙盾驟諫而不聽, 公惡之, 乃使沮麛見之, 不忍賊, 曰:「不忘恭敬, 民之主也! 賊民之主, 不忠; 棄君之命, 不信. 一於此, 不若死.」乃觸廷槐而死.

4.《史記》晉世家

靈公患之, 使鉏麑刺趙盾. 盾閨門開, 居處節. 鉏麑退, 歎曰:「殺忠臣, 棄君命, 罪一也.」遂觸樹而死.

114(4-13) 齊人有子蘭子者
백공 승의 반란

제齊나라 출신의 어떤 사람에 자란자子蘭子라는 이가 있어 초나라의 백공白公 승勝을 섬기고 있었다. 승이 장차 난을 일으켜 임금을 죽일 것을 도모하면서 자란자에게 고하였다.

"내 장차 이 나라에 큰 거사를 일으킬 것이다. 원컨대 그대도 함께 해주기 바란다."

이에 자란자는 이렇게 말하였다.

"내가 그대를 섬기면서 그대와 함께 임금을 죽이는 것은 그대의 불의를 도와 주는 셈이 됩니다. 그러나 환난이 두려워 그대로부터 떠나는 것은 그대의 환난을 모른 척하는 셈이 됩니다. 그러니 그대와 더불어 임금을 죽이는 일에 참여하지 않음으로써 나의 의義를 이루겠습니다. 나는 조정에서 목을 베어 내 의를 이루도록 하겠습니다."

齊人有子蘭子者, 事白公勝, 勝將爲難, 乃告子蘭子曰:「吾將擧大事於國, 願與子共之.」

子蘭子曰:「我事子而與子殺君, 是助子之不義也; 畏患而去子, 是遁子於難也. 故不與子殺君以成吾義, 契領於庭, 以遂吾行.」

【子蘭子】蘭子라고도 쓰며, 齊나라 출신으로 楚나라 白公 勝의 家臣.

【白公勝】 平王의 손자. 즉 太子 建의 아들. 太子 建이 伍子胥와 망명하던 중에 낳은 아들. 吳나라로부터 돌아와 白公으로 칭해졌으며, 楚 惠王 十年(B.C.479), 병을 일으켜 令尹인 子西, 司馬인 子期를 죽이고 惠王을 위협하였다. 뒤에 葉公에게 패하자 스스로 목을 매어 죽었다. 105장 및 楚世家 伍子胥列傳 참조. 《左傳》 哀公 16年 참조.

【以遂吾行】 '두 가지 모두 불가하므로 스스로 죽겠다'는 뜻.

115(4-14) 楚有士申鳴者
충과 효는 동시에 완수할 수 없다

초楚나라에 어떤 선비로 신명申鳴이라는 자가 있었다. 집안일을 돌보며 아버지를 열심히 봉양하여 그 효성이 초나라 내에 널리 퍼졌다. 왕이 이를 가상히 여겨 그에게 재상의 자리를 주었지만 그는 사양하며 응하지 않았다. 그 아버지가 이것을 보고 말하였다.

"왕이 너를 재상으로 삼고자 하는데 너는 어찌 이에 응하지 않느냐?"

이에 신명은 이렇게 아버지에게 말씀을 올렸다.

"아버지를 버린 효자여야만 왕의 충신이 될 수 있는데 어쩌겠습니까?"

그러자 아버지는 이렇게 달랬다.

"국가의 녹을 먹게 하고 조정에 의를 세우는 일이니, 너만 좋다면 나는 아무 근심도 없다. 나는 네가 재상으로 갔으면 하고 바란다."

그제야 신명은 허락하고 드디어 조정에 들어갔다. 초왕은 그에게 약속대로 재상의 자리를 마련해 주었다. 3년이 흐른 후, 백공白公이 난을 일으켜 사마자기司馬子期를 죽였다. 신명이 그 싸움터로 가려 하자 아버지가 말렸다.

"아버지를 버리고 죽으러 간다니 그게 될 말이냐!"

신명은 난감하여 아버지께 이렇게 일렀다.

"듣자하오니 벼슬하는 자는 그 몸은 임금에게 맡겨야 하고, 녹祿은 어버이에게 맡겨야 한다고 합니다. 지금 이미 떠난 아들로 임금을 섬기고 있는 제가 이 환난에 죽지 않을 수 있겠습니까?"

드디어 아버지에게 이별을 고하고 싸움터로 나갔다. 신명의 군대가 백공의 반란군을 포위하자, 백공이 부하 석걸石乞에게 물었다.

"신명이란 인물은 천하의 용사勇士이다. 지금 그 군대가 나를 에워싸고 있으니 이 어쩌면 좋단 말인가?"

그러자 석걸이 좋은 꾀를 하나 내었다.

"신명은 천하의 효자라 소문이 나 있습니다. 가서 그의 아버지를 붙들어 위협하면 신명이 이 소문을 듣고 달려올 것입니다. 그러면 그 때 협상을 벌이지요!"

백공이 좋다고 하고는 가서 그의 아버지를 끌고 오도록 하였다. 그리고는 칼로 위협하면서 신명에게 이렇게 전하였다.

"그대가 나에게 동조하면 나는 그대에게 초나라를 나누어 줄 것이다. 그러나 만약 그대가 내 말을 듣지 않으면 그대의 아버지는 죽게 될 것이다."

이 소리에 신명은 눈물을 흘리면서 이렇게 응답하였다.

"처음에는 내가 우리 아버지에게 효성스러운 아들이었다. 그러나 지금은 우리 임금의 충성스러운 신하가 되었다. 내가 듣기에 누가 주는 밥이냐에 따라서 그를 모시는 일로 죽고, 누구의 녹을 받느냐에 따라 그를 위해 능력을 다 쏟아야 된다고 하였다. 내 지금은 이미 아버지의 효자가 될 수 없고 임금을 위한 충신이 될 수밖에 없으니, 어찌 이 몸이 온전하기를 바라겠는가?"

그리고는 북채를 잡고 진격의 북소리를 울렸다. 그리하여 드디어 백공을 죽였으나, 그의 아버지 역시 목숨을 잃고 말았다. 왕이 상으로 그에게 금 1백 근을 내려 주자 신명은 이렇게 말하였다.

"임금의 밥을 먹으면서 임금의 어려움을 피한다면, 이는 충신이 아닙니다. 또 나라를 안정시킨다는 명분으로 아버지를 죽였으니, 이는 효자가 아닙니다. 명분은 두 가지가 나란히 설 수 없으며, 행동은 두 가지가 함께 온전할 수 없습니다. 이와 같이 해 놓고도 살아간다면 무슨 면목으로 천하를 볼 수 있겠습니까?"

그리고는 드디어 자결해 버렸다.

楚有士申鳴者, 在家而養其父, 孝聞於楚國, 王欲授之相, 申鳴辭不受, 其父曰:「王欲相汝, 汝何不受乎?」

申鳴對曰:「舍父之孝子而爲王之忠臣, 何也?」

其父曰:「使有祿於國, 立義於庭, 汝樂吾無憂矣, 吾欲汝之相也.」

申鳴曰:「諾.」

遂入朝, 楚王因授之相.

居三年, 白公爲亂, 殺司馬子期, 申鳴將往死之, 父止之曰:「棄父而死, 其可乎?」

申鳴曰:「聞夫仕者身歸於君而祿歸於親, 今旣去子事君, 得無死其難乎?」

遂辭而往, 因以兵圍之, 白公謂石乞曰:「申鳴者, 天下之勇士也, 今以兵圍我, 吾爲之奈何?」

石乞曰:「申鳴者, 天下之孝子也, 往劫其父以兵, 申鳴聞之, 必來, 因與之語.」

白公曰:「善.」

則往取其父, 持之以兵, 告申鳴曰:「子與吾, 吾與子分楚國; 子不與吾, 子父則死矣.」

申鳴流涕而應之曰:「始吾父之孝子也, 今吾君之忠臣也; 吾聞之也, 食其食者死其事, 受其祿者畢其能; 今吾已不得爲父之孝子矣, 乃君之忠臣也, 吾何得以全身!」

授枹鼓之, 遂殺白公, 其父亦死, 王賞之金百斤, 申鳴曰:「食君之食, 避君之難, 非忠臣也; 定君之國, 殺臣之父, 非孝子也. 名不可兩立, 行不可兩全也, 如是而生, 何面目立於天下.」

遂自殺也.

【申鳴】楚惠王을 도와 白公之亂을 평정한 인물.

【楚王】당시 惠王. 재위 57년(B.C.488〜432).

【白公之亂】平王의 손자(太子建의 아들) 白公勝이 楚惠王 10年(B.C.479)에
일으킨 난. 子西와 子期를 죽이고 惠王을 위협. 뒤에 葉公子高에게 패하여
자살하였다.《左傳》哀公 16年·17年에 자세히 기록되어 있다. 그 외에《淮南子》
道應訓 등 참조.

【司馬子期】楚나라의 大夫로 白公의 난 때 죽었다. 司馬는 관직 이름.

【石乞】白公勝의 참모.《呂氏春秋》分職에 "白公勝得荊國, 不能以其府庫分人,
七日, 石乞曰患至矣, 不能分人, 則焚之, 毋令人以害我"라 하였다. '石乙'로 표기
된 곳도 있다.《左傳》哀公 16年 참조.

참고 및 관련 자료

1.《韓詩外傳》卷10

楚有士申鳴, 治園以養父母, 孝聞於楚. 王召之, 申鳴辭不往, 其父曰:「王欲用汝,
何謂辭之?」申鳴曰:「何舍爲孝子, 乃爲王忠臣乎?」其父曰:「使汝有祿於國, 有位
於廷, 汝樂而我不憂矣, 我欲汝之仕也.」申鳴曰:「諾.」遂之朝受命, 楚王以爲左司馬.
其年遇白公之亂, 殺令尹子西·司馬子期. 申鳴因以兵圍之, 白公謂石乞曰:「申鳴,
天下之勇士也, 今將兵, 爲之奈何?」石乞曰:「吾聞申鳴者孝子也, 劫其父以兵.」
使人謂申鳴曰:「子與我, 則與子分楚國; 不與我, 則殺乃父.」申鳴流涕而應之曰:
「始則父之子, 今則君之臣, 已不得爲孝子矣, 安得不得不爲忠臣乎?」授枹鼓之,
遂殺白公, 其父亦死焉. 王歸賞之, 申鳴曰:「受君之祿, 避君之難, 非忠臣也; 正君之法,
以殺其父, 又非孝子也. 行不兩全, 名不兩立, 悲夫! 若此而生, 亦何以示天下之士哉!」
遂自刎而死. 詩曰:『進退惟谷.』

2.《史記》楚世家

惠王二年, 子西召故平王太子建之子勝於吳, 以爲巢大夫, 號曰白公. 白公好兵而下士,
欲報仇. 六年, 白公請兵令尹子西伐鄭. 初, 白公父建亡在鄭, 鄭殺之, 白公亡走吳,
子西復召之, 故以此怨鄭, 欲伐之. 子西許而未爲發兵. 八年, 晉伐鄭, 鄭告急楚,
楚使子西救鄭, 受賂而去. 白公勝怒, 乃遂與勇力死士石乞等襲殺令尹子西·子綦

於朝, 因劫惠王, 置之高府, 欲弑之. 惠王從者屈固負王亡走昭王夫人宮. 白公自立
爲王. 月餘, 會葉公來救楚, 楚惠王之徒與共攻白公, 殺之. 惠王乃復位. 是歲也,
滅陳而縣之.

3. 기타 참고자료

《渚宮舊事》(2)・《太平御覽》(82, 417.《新序》를 인용하였으나 지금의 《新序》에는 없음)

116(4-15) 齊莊公且伐莒
기량과 화주

제齊 **장공**莊公이 장차 거莒를 치려고 오승五乘 이상의 자제들만 징집하였다. 이때 기량杞梁과 화주華舟라는 두 사람은 여기에 끼지 못하자 집에 돌아와 밥도 먹지 않았다.

이를 본 그들의 어머니가 이렇게 말하였다.

"너는 태어나서 의로운 일도 못해 보고, 죽어서는 이름도 남기지 못한다면, 이는 비록 오승의 집안이 아니더라도 그 누가 너를 비웃지 않겠으며, 반대로 태어나 옳은 일은 하고 죽어서 이름을 남긴다면 오승의 집안이라 할지라도 모두가 네 앞에 꿇을 것이다."

그리고는 급히 밥을 먹여 떠나보냈다. 이리하여 기량과 화주는 함께 수레를 몰고 장공의 옆을 모시면서 거莒땅에 이르게 되었다. 거국莒國 사람들이 막아서자 기량과 화주가 수레에서 뛰어내려 전투를 벌여 병사 3백여 명을 죽여 버렸다. 그러자 장공이 이를 말리며 소리쳤다.

"그쳐라. 그들은 모두 너와 같이 제齊나라 사람이 될 것이다."

이 말에 기량과 화주는 장공에게 이렇게 대꾸하였다.

"임금께서 오승의 집안만 징집하여 우리는 거기에 들지도 못하였소. 이는 우리의 용기를 얕잡아 본 것입니다. 적에 맞닥뜨려 어려움을 헤쳐 나가고 있는데, 임금께서는 우리를 제지시켜 이익을 구하시려 하니, 이는 우리의 행동을 더럽히는 일이오! 깊이 들어가 많은 적을 죽이는 것만이 우리의 일, 제나라에 이익이 되고 안 되고는 우리가 알 바 아닙니다."

그리고는 계속 싸우며 들어가 괴군함진壞軍陷陣하니 거나라의 삼군三軍도 감히 이 두 사람을 당해 내지 못하였다. 드디어 거나라의 성 아래에 다다르자 거나라 사람들이 땅에다가 숯불을 뿌려 놓아 두 사람은 길이 막혀 더 이상 나아갈 수가 없었다.

이때 옆에 있던 습후隰侯 중重이 이들을 도우려고 나서서 이렇게 말하였다.

"내가 들으니 옛날의 용사들로 고생을 무릅쓰고 어려움을 헤쳐 나갈 때에는, 그 일을 완수하기 위해 방해되는 물건은 치워 준다고 하였소! 자, 오시오. 내 그대들을 건너가게 해주리다."

그리고는 창과 방패를 그 숯 위에 덮어 두 사람이 이를 타고 들어갈 수 있게 해 주었다. 그런데 두 사람은 뒤를 돌아다보며 많은 사람이 따르는 것이 보이자 울기 시작하였다. 그 중에 화주가 울음을 나중에 그치자 기량이 물었다.

"그대는 용기가 사라졌는가? 왜 그리 오래 우는가?"

이에 화주가 대답하였다.

"내 어찌 용기를 잃겠는가? 이는 뒤따라오는 자들이 나처럼 용기를 낼까봐 그런 것일세! 그들이 그 용기로 우리보다 먼저 죽으면 어쩌나! 그를 애통해하는 것일세. 즉 우리 용기가 그에게 뒤질까봐 걱정일세!"

드디어 거국 사람과 맞닥뜨리자 그들이 두 사람을 유혹하였다.

"그대들은 죽지 마시오! 우리와 함께 거국 백성이 됩시다."

이 말에 기량과 화주가 소리쳤다.

"나라를 버리고 적국에 귀의하는 것은 충신이 할 짓이 아니다. 지도자를 버리고 사물賜物을 받는 것은 바른 행동이 아니다. 더구나 닭이 우는 새벽에 약속을 해놓고 한낮에 이를 잊는다면 이는 믿음이 아니다. 깊이 들어가 많이 죽이는 것만이 우리의 일이다. 귀국 거나라의 이익은 우리가 알 바 아니다."

그리고는 다시 내질러 스물일곱을 죽이고 끝내 자신들도 죽고 말았다.

그의 아내가 이 소식을 듣고 소리내어 울자, 성城이 기울고 그 귀퉁이가
무너졌다.

　이는 군자가 몸을 일으켜 세우는 근본이 아니다.

「杞梁의 아내」《열녀전》 삽화

齊莊公且伐莒, 爲車五乘之賓, 而杞梁華舟獨不與焉, 故歸而不食, 其母曰:「汝生而無義, 死而無名, 則雖非五乘, 孰不汝笑也? 汝生而有義, 死而有名, 則五乘之賓, 盡汝下也.」

趣食乃行, 杞梁華舟同車侍於莊公而行至莒, 莒人逆之, 杞梁華舟下鬪, 獲甲首三百, 莊公止之曰:「子止, 與子同齊國.」

杞梁華舟曰:「吾爲五乘之賓, 而舟梁不與焉, 是少吾勇也; 臨敵涉難, 止我以利, 是污吾行也; 深入多殺者, 臣之事也, 齊國之利, 非吾所知也.」

遂進鬪, 壞軍陷陣, 三軍弗敢當. 至莒城下, 莒人以炭置地, 二人立有間不能入, 隰侯重爲右曰:「吾聞古之士, 犯患涉難者, 其去遂於物也, 來, 吾踰子.」

隰侯重仗楯伏炭, 二子乘而入, 顧而哭之, 華舟後息, 杞梁曰:「汝無勇乎? 何哭之久也?」

華舟曰:「吾豈無勇哉! 是其勇與我同也, 而先吾死, 是以哀之.」

莒人曰:「子毋死, 與子同莒國.」

杞梁華舟曰:「去國歸敵, 非忠臣也; 去長受賜, 非正行也; 且難鳴而期, 日中而忘之, 非信也. 深入多殺者, 臣之事也, 莒國之利, 非吾所知也.」

遂進鬪, 殺二十七人而死, 其妻聞之而哭, 城爲之阤, 而隅爲之崩, 此非所以起也.

【齊莊公】춘추시대 齊나라 군주. 재위 6년(B.C.553~548).
【莒】춘추시대 지금의 山東지역에 있던 작은 나라.
【五乘】수레가 다섯 이상인 집안의 사람만 징집함을 말한다.

【杞梁】人名. 춘추 때 齊나라의 大夫로 이름은 殖.

【華舟】人名. 齊나라의 大夫.《孟子》에는 華周,《漢書》에는 華州,《左傳》에는 華還으로 되어 있다.

【子止, 與子同齊國】"莒國 사람도 항복하면 齊나라 백성이 될 것이므로 그렇게 마구 죽이지 말라"는 뜻.

【隰侯 重】人名. 隰侯는 작위, 重은 이름.

【其妻聞之而哭】《孟子》告子(下)에 "華周杞梁之妻, 善哭其夫, 而變國俗, 有諸內, 必是形諸外"라 하였고 그 註에는 "……華周杞梁二人, 皆齊臣, 戰死於莒, 其妻, 哭之哀, 國俗化之皆善哭, 髡, 以此譏孟子仕齊無功, 未足爲賢也"라 하였다.

【此非所以起也】정확한 의미는 알 수 없다.《說苑疏證》에는 "桃源藏說苑考云, 此一句, 疑是他章錯簡"이라 하였다.

⌈ 참고 및 관련 자료 ⌉

1.《左傳》襄公 23年

齊侯還自晉, 不入. 遂襲莒, 門於且于, 傷股而退. 明日, 將復戰, 期於壽舒. 杞殖·華還載甲, 夜入且於之隧, 宿於莒郊. 明日, 先遇莒子於蒲侯氏. 莒子重賂之, 使無死, 曰:「請有盟.」華周對曰:「貪貨棄命, 亦君所惡也. 昏而受命, 日未中而棄之, 何以事君?」莒子親鼓之, 從而伐之, 獲杞梁. 莒人行成. 齊侯歸, 遇杞梁之妻於郊, 使吊之. 辭曰:「殖之有罪, 何辱命焉? 若免於罪, 猶有先人之敝廬在, 下妾不得與郊吊.」齊侯吊諸其室.

2.《列女傳》卷4. 齊杞梁妻

齊杞梁殖之妻也, 莊公襲莒, 殖戰而死. 莊公歸, 遇其妻, 使使者弔二於路, 杞梁妻曰:「今殖有罪, 君何辱命焉, 若令殖免於罪, 則賤妾有先人之弊廬在, 下妾不得與郊弔.」於是莊公乃還車, 詣其室, 成禮然後去. 杞梁之妻無子, 內外皆無五屬之親, 旣無所歸, 乃就其夫之尸於城下而哭之, 內誠動人, 道路過者莫不爲之揮涕, 十日而城爲之崩.

117(4-16) 趙甲至齊
아직 전투가 시작된 것도 아닌데

월越나라 병사들이 제齊나라를 밀고 쳐들어온다는 소식을 듣고 옹문雍門의 자적子狄이라는 사람이 스스로 죽겠다고 나섰다. 그러자 제왕이 이를 말리며 이렇게 말하였다.

"그대는 아직 정식으로 접전이 붙은 북소리도 울리지 않았고, 화살도 아직 서로 쏘고 있지 않으며, 긴 창이나 칼도 쓰고 있지 않은 지금 무엇을 위해 죽는다는 말인가? 이것이 남의 신하된 자로서의 예禮 인가?"

그러자 옹문의 자적은 이렇게 대답하였다.

"저는 이런 이야기를 들은 적이 있습니다. 지난 날 임금께서 사냥터에서 사냥을 하실 때에 왼쪽 바퀴가 온전치 못해 삐걱거리는 소리가 나자 오른쪽에 탔던 차부車夫가 죽겠다고 하였지요. 그때 임금께서는 무엇 때문에 죽느냐고 물었지요. 그러자 그는 그 삐걱거리는 소리가 임금에게 불경不敬스럽기 때문이라고 답하였습니다. 이에 다시 임금께서 왼쪽 바퀴가 삐걱거리는 것은 수레를 만든 사람의 잘못이지 그대에게 무슨 죄가 있느냐고 되물었습니다. 그때 그는, 자신은 장인匠人이 수레를 만드는 것을 보지 못하였으니 알 수 없고, 지금 그 수레가 소리를 내는 것이 임금에게 불경스럽다고 여긴다면서 드디어 스스로 목을 잘라 죽어 버렸습니다. 이 이야기를 알고 계십니까?"

이에 제왕은 말하였다.

"그런 일이 있기는 있었지!"

그러자 옹문의 자적은 이렇게 말하였다.

"지금 월나라 군대가 닥쳐오고 있는 것이, 그 수레가 소리를 내어 임금을 괴롭히는 일에 비하면 어찌 그보다 낮은 일이겠습니까? 오른쪽에 탔던 사람이 왼쪽 바퀴 소리 때문에도 죽는데, 하물며 월나라 군대가 쳐들어온다는데 어찌 홀로 죽지 않을 수 있으리오!"

그리고는 드디어 목을 찔러 죽어 버렸다.

이 날 월나라 군대는 70리나 후퇴시켜 놓고 이렇게 말하였다.

"제나라의 신하들이 모두 한결같이 옹문 자적 같다면, 아마 우리 월나라 사직은 승리의 제사를 받을 수 없으리라!"

그리고는 군대를 이끌고 퇴각해 버렸다.

제왕은 옹문 자적을 상경上卿의 예로써 장례를 치렀다.

趙甲至齊, 雍門子狄請死之, 帝王曰:「鼓鐸之聲未聞, 矢石未交, 長兵未接, 子何務死之? 爲人臣之禮邪?」

雍門子狄對曰:「臣聞之, 昔者王田於圃, 左轂鳴車右請死之, 而王曰:『子何爲死?』車右對曰:『爲其鳴吾君也.』王曰:『左轂鳴者, 工師之罪也, 子何事之有焉?』車右曰:『臣不見工師之乘而見其鳴吾君也.』遂刎頸而死, 知 有之乎?」

齊王曰:「有之.」

雍門子狄曰:「今越甲至, 其鳴吾君也, 豈左轂之下哉? 車右可以死左轂, 而臣獨不可以死越甲也?」

遂刎頸而死.

是日越人引甲而退七十里, 曰:「齊王有臣, 鈞如雍門子狄, 擬使越社稷不血食.」

遂引甲而歸, 齊王葬雍門子狄以上卿之禮.

【雍門】齊나라 도읍 臨淄의 서쪽 문.

【子狄】人名. 사적은 알 수 없으나 守門長인 듯하다.

【擬使越社稷不血食】越나라 社稷, 즉 "國家神으로 하여금 血食(犧牲을 잡아 국가 경사를 자축하기 위해 사직에 제사를 올리는 것)을 받지 못하게 하다"의 뜻. 즉 "越나라가 齊나라를 이기지 못한다"는 뜻.

【上卿】大夫와 같은 높은 직위.

118(4-17) 楚人將與吳人戰
초나라와 오나라의 전투

초楚나라가 장차 오吳나라와 싸움을 벌이게 되었다. 그런데 초나라는 병력이 적고 오나라는 많았다. 이에 초나라 장수 자낭子囊이 이렇게 말하였다.

"우리가 오나라를 공격하면 틀림없이 패할 것이다. 그리하여 임금을 욕되게 하고 토지조차 깎인다면, 이는 충성된 신하로서 차마 못할 일이다."

그리고는 임금에게 보고도 하지 않고 군대를 빼내어 퇴각시켜 버렸다. 그 군대가 나라의 서울 교외에 이르자, 그제야 자낭은 사람을 시켜 이 사실을 임금에게 보고하면서 이렇게 말하였다.

"저는 스스로 죽기를 원합니다."

임금이 말렸다.

"그대 자낭 대부가 후퇴한 것이 오히려 이익이 되었다고 여기고 있소. 지금 진실로 그 이익을 보았으니 그대는 죽지 마시오!"

그러자 자낭은 이렇게 말하였다.

"명령을 듣지 않고 도망친 것이 무죄라면, 후세에 임금의 신하된 자들이 불리한 명분에 처하였을 때 모두 저처럼 도망칠 것입니다. 그렇게 되면 이 초나라는 마침내 천하의 약소국이 되고 말 것입니다. 저는 죽습니다."

그리고는 물러나와 칼을 품고 엎어져 죽어 버렸다.

임금은 어쩔 수 없어 이렇게 말하였다.

"진실로 이와 같은가? 내 자낭 대부의 의義를 이루어 주리라!"

그리고는 오동나무 관을 3촌 두께로 하고, 그 위에 도끼까지 올려놓아 주면서 나라를 위해 순국殉國하였음을 밝혔다.

　　楚人將與吳人戰, 楚兵寡而吳兵衆. 楚將軍子囊曰:「我擊此國必敗, 辱君虧地, 忠臣不忍爲也.」

　　不復於君, 黜兵而退, 至於國郊, 使人復於君曰:「臣請死.」

　　君曰:「子大夫之遁也, 以爲利也, 而今誠利, 子大夫毋死!」

　　子囊曰:「遁者無罪, 則後世之爲君臣者, 皆入不利之名而效臣遁, 若是則楚國終爲天下弱矣, 臣請死.」

　　退而伏劍.

　　君曰:「誠如此, 請成子大夫之義.」

　　乃爲桐棺三寸, 加斧質其上, 以狗於國.

【子囊】 楚 莊王의 아들인 公子 貞의 字. 《左傳》 襄公 5年 참조.

【楚王】 楚 莊王. 재위 23년(B.C.613~591). 영명한 군주로 춘추오패의 하나.

【狗】 '殉'과 같다.

　　참고 및 관련 자료

1. 《呂氏春秋》 高義篇

荊人與吳人將戰, 荊師寡, 吳師衆. 荊將軍子囊曰:「我與吳人戰必敗. 敗王師, 辱王名, 虧壤土, 忠臣不忍爲也.」不復於王而遁. 至於郊, 使人復於王曰:「臣請死.」王曰:「將軍之遁也, 以其爲利也, 今誠利, 將軍何死?」子囊曰:「遁者無罪, 則後世之爲王將者, 皆依不利之名而效臣遁. 若是, 則荊國終爲天下撓.」遂伏劍而死. 王曰:「請成將軍之義.」乃爲之桐棺三寸, 加斧鑕其上.

119(4-18) 宋康公攻阿
나쁜 일로 선례를 남길 수 없다

송宋 강공康公이 아阿를 공격하여 선보單父 사람을 모조리 죽여
버렸다. 이에 성공조成公趙가 이렇게 말하였다.

"처음엔 내가 몰랐다. 천승千乘의 작은 나라에 숨어 있으면 만승萬乘의
큰 나라가 쳐들어오지는 않겠지 하였고, 만승지국萬乘之國에 살고 있으면
천하가 그 나라 하나 치겠다고 쳐들어오지는 않을 것이라 여겼었다.
그런데 지금 나 성공조가 아阿라는 작은 땅에 있는데, 송나라가 와서
선보를 도륙내는 것을 보니, 이는 나 혼자 착하다고 해서 스스로 자립할
수 있는 것이 아님을 일러준 것이다. 내 장차 송나라에 가서 그 왕을
죽이리라!"

성공조가 드디어 송나라에 들어갔으나 3개월이 되도록 송왕 가까이
가서 일을 도모할 기회를 얻지 못하였다.

이를 안 어떤 이가 방법을 일러주었다.

"다른 나라 사신이 왕을 뵈러 갈 때 가서 찌르면 되지 않겠소?"

그러자 성공조는 이렇게 말하였다.

"안 됩니다. 내가 이웃나라 사신 행세를 하면서 들어가 왕을 찌른다면
후대에 어느 나라나 사신을 믿지 못하게 하는 선례를 남기지요. 그렇게
되면 부절符節을 바탕으로 한 믿음도 소용이 없게 됩니다. 이 못된
선례는 모두 나 성공조가 처음 남긴 것이라고 말할 것입니다. 안 됩니다."

그러자 그 어떤 이는 다시 이렇게 말하였다.

"그러면 여러 신하들이 은사隱士를 왕에게 접견시키기 위해 인도해 들어갈 때 거기에 끼어들어 찌르면 되지 않겠소?"

성공조는 여기에도 난색을 표하였다.

"안 됩니다. 내가 그런 경우를 이용하여 여러 신하들 사이에 끼어 들어 그를 찌르게 되면, 후대의 신하들이 믿음을 얻지 못하게 됩니다. 그리고 임금에게 좋은 말을 해줄 변사들도 나같이 숨어든 놈이 아닌가 의심하는 사태가 일어납니다. 그러면서 그런 피해가 있을 경우 모두 나 성공조가 그런 선례를 남겼기 때문이라고 말할 것입니다. 그 때문에 안됩니다. 내 듣기로 옛날의 선비는 노하였을 때에도 이치를 생각하였고, 위급할 때에도 의義를 잊지 않았습니다. 반드시 정당한 행동으로만 자신의 목적을 달성하였을 뿐이라 하였습니다."

그러나 1년이 지나자 송나라 강공이 그만 병으로 죽고 말았다. 그러자 성공조는 이렇게 탄식하였다.

"청렴한 선비는 자기의 명예를 더럽히지 않으며, 믿음 있는 선비는 자신의 행동을 나태하게 두지 않는다. 내가 지금 아阿에 있을 때 강공이 선보 땅 사람들을 죽이게 둔 것은 이미 내 명예가 더럽혀진 것이며, 송왕을 죽이겠다고 나서서는 1년이 넘도록 이루지 못하였으니 이는 이미 행동을 나태하게 둔 셈이다. 내 이처럼 하고서 살아 무슨 면목으로 천하의 선비들을 볼 수 있겠는가?"

그리고는 팽산彭山에 올라 곧게 선 채 말라 죽었다.

宋康公攻阿, 屠單父, 成公趙曰:「始吾不自知, 以爲在千乘則 萬乘不敢伐, 在萬乘則天下不敢圖. 今趙在阿而宋屠單父, 則是 趙無以自立也, 且往誅宋.」

趙遂入宋三月不得見. 或曰:「何不因鄰國之使而見之.」

成公趙曰:「不可, 吾因鄰國之使而刺之, 則使後世之使不信, 苟節之信不用, 皆曰趙使之然也, 不可.」

或曰:「何不因羣臣道徒處之士而刺之.」

成公趙曰:「不可, 吾因羣臣道徒處之士而刺之, 則後世之忠臣不見信, 辯士不見顧, 皆曰趙使之然也. 不可, 吾聞古之士怒則思理, 危不忘義, 必將正行以求之耳.」

碁年, 宋康公病死.

成公趙曰:「廉士不辱名, 信士不惰行, 今吾在阿, 宋屠單父, 是辱名也; 事誅宋王, 碁年不得, 是惰行也. 吾若是而生, 何面目而見天下之士.」

遂立槁於彭山之上.

【宋康公】 宋나라의 康公. 宋나라 殷이 망한 후 그 후손이 명맥을 유지한 나라.
【阿】 地名. 작은 나라.
【單父】 地名으로도 單父가 있으나 같은 곳인지는 확실하지 않다. 원래 춘추시대 魯나라 읍. 지금의 山東省 單縣. 盧元駿의 《今註今譯》에는 人名인 것처럼 여겼으며 《全譯》에는 地名으로 보았다.
【成公趙】 人名. 구체적인 사적이나, 이 사건의 발단·배경·원인 등에 대해서는 자세히 알 수 없다.
【彭山】 지금의 河南省 魯山縣 경내에 있는 산.

120(4-19) 佛肸用中牟之縣畔
솥에 넣어 삶으리라

필힐佛肸이 중모中牟현을 근거지로 반란을 일으켰다. 그는 먼저 녹읍祿邑을 적은 푯말과 큰솥을 나란히 걸어 놓고 그곳 선비들을 모아 이렇게 선포하였다.

"나에게 동조하는 자는 여기에 적힌 녹읍을 나누어 줄 것이요, 나에게 반대하는 자는 이 솥에 넣어 삶으리라!"

중모 땅의 많은 선비들이 모두 그에게 동조하고 나섰다. 그때 성북城北에 사는 나머지 한 사람 중에 전기田基란 자가 가장 늦게 도착해서는 소매를 들어 올리고 그 솥에 뛰어들려고 하면서 이렇게 말하였다.

"내가 듣건대 옳은 선비는 그 앞에 온갖 관직의 유혹이 있어도 옳지 않으면 받지 않으며, 그 뒤에 도끼를 들이대고 위협을 해도 옳은 일이라면 죽음도 불사하고 뜻대로 행한다 하더이다."

그리고는 드디어 소매를 걷어붙이고 뛰어들 자세를 취하였다. 기가 죽은 필힐은 모든 것을 내던지고 조趙나라로 도망쳐 버렸다. 조간자趙簡子는 중모의 선비를 모두 죽이고 그 땅을 다시 수복하였다. 그리고 나서 논공행상을 베풀면서 전기를 첫째로 꼽았다.

그러자 전기는 이렇게 말하였다.

"제가 들으니 염직廉直한 선비는 남을 부끄럽게 하지 않는다 하오. 제가 이처럼 중모의 공을 받는다면 중모의 선비들이 종신토록 부끄러움 속에 고통당해야 하오!"

그리고는 어머니를 싸서 업고 남쪽 초楚나라로 가 버렸다.

초나라 임금은 그 의義를 높이 사서 사마司馬의 직위로 그를 대접해
주었다.

佛肹用中牟之縣畔, 設祿邑炊鼎曰:「與我者受邑, 不與我者
其烹.」

中牟之士皆與之.

城北餘子田基獨後至, 袪衣將入鼎曰:「基聞之, 義者軒冕在前,
非義弗乘; 斧鉞於後, 義死不避.」

遂袪衣將入鼎, 佛肹播而之趙, 簡子屠中牟, 得而取之, 論有
功者, 用田基爲始, 田基曰:「吾聞廉士不恥人, 如此而受中牟
之功, 則中牟之士, 終身慚矣.」

裋負其母, 南徙於楚, 楚王高其義, 待以司馬.

【佛肹】晉나라 대부로 춘추시대 趙簡子의 家臣. 趙簡子의 관할인 中牟의 邑宰
　　였다. '필힐'로 읽는다.《論語》에도 그 이름이 보인다.
【中牟】趙나라 읍 이름.
【祿邑】功이나 혈연에 따라 주는 食祿邑·湯沐邑
【田基】中牟의 선비.《新序》에는 '田卑'로 되어 있다.
【軒冕】원래는 수레와 면류관을 뜻하였으나 변하여 높은 官祿을 뜻함.
【簡子】춘추시대 晉나라 여섯 대부 중의 하나. 전국시대 趙나라의 선조.
【司馬】벼슬이름. 兵權을 담당함.

1.《新序》義勇篇(五)

佛肸以中牟叛, 置鼎於庭, 致士大夫曰:「與我者受邑, 不吾與者烹.」大夫皆從之. 至於田卑, 曰:「義死, 不避斧鉞之罪; 義窮, 不受軒冕之服. 無義而生, 不仁而富, 不如烹.」褰衣將就鼎, 佛肸脫屨而生之. 趙氏聞其叛也, 攻而取之. 聞田卑不肯與也, 求而賞之, 田卑曰:「不可也. 一人擧而萬夫俛首, 智者不爲也; 賞一人以慚萬夫, 義者不取也. 我受賞, 使中牟之士懷恥, 不義.」辭賞徙處曰:「以行臨人不道, 吾去矣.」遂南之楚.

2.《論語》陽貨篇

佛肸召, 子欲往. 子路曰:「昔者由也聞諸夫子曰:『親於其身爲不善者, 君子不入也.』佛肸以中牟畔, 子之往也, 如之何?」子曰:「然, 有是言也. 不曰『堅乎, 磨而不磷; 不曰白乎, 涅而不緇.』吾豈匏瓜也哉? 焉能繫而不食?」

3.《水經注》卷23 渠水

中牟縣; 趙襄子時, 佛肸以中牟叛, 置鼎於庭, 不與己者烹之, 田英將褰裳赴鼎處也.

4. 기타 참고자료

《太平御覽》(633, 645)

121(4-20) 齊崔杼弑莊公
무도한 임금을 위해서 죽다

제齊나라 최저崔杼가 장공莊公을 죽였다.

형邢 땅 출신의 괴외蒯聵가 진晉나라에 사신으로 갔다가 돌아오는 길에 이 소식을 듣게 되었다.

그의 마부馬夫가 괴외에게 물었다

"장공을 시해하였다는데 주인님은 어찌하실 것입니까?"

괴외는 이렇게 대답하였다.

"수레나 몰아라! 장차 가서 죽음으로써 임금에게 보답하리라!"

이에 그 마부는 이렇게 물었다.

"장공이 무도無道하였다는 것은 사방의 이웃 제후들에게조차 익히 알려진 사실입니다. 그런데 주인님께서 이를 위해서 죽으신다면 이 또한 비난거리가 아닐까요?"

이 말에 괴외는 이렇게 설명하였다.

"너는 훌륭한 말도 잘 하는구나. 그러나 너무 늦었다. 네가 좀더 일찍 나에게 그렇게 말해 주었더라면 내가 능히 장공에게 충간을 하였을 것이며, 나의 충간을 들어 주지 않으면 내가 능히 그 곁을 떠날 수가 있었을 것이다. 그러나 지금은 충간하지 못한 상태이므로 나는 떠날 수가 없다. 내 들으니, 어떤 녹祿을 먹느냐에 따라 그 녹에 해당하는 일로 죽어야 한다고 하였다. 내 이미 난군亂君의 녹을 먹고 있었으니, 어찌 치군治君을 만나서 죽을 수 있으랴!"

그리고는 드디어 수레를 몰고 들어가 죽어 버리고 말았다.

그러자 그 마부는 이렇게 말하였다.

"사람이 비록 난군이지만 그를 모셨던 이유로 그를 위해 죽는데, 나는 치장治長을 모시고 있으면서 그의 죽음에 따라 죽지 않을 수 있겠는가?"

그리고는 말의 고삐로 목을 매어 수레에서 자결하고 말았다.

군자君子가 이 소식을 듣고 이렇게 말하였다.

"괴외는 절조를 지켜 의를 위해 죽었다고 할 만하다. 죽음이란 사람에게 있어서 여간 어려운 것이 아니다. 그 마부의 죽음은 비록 의義에 꼭 맞는다고는 할 수 없지만 역시 지조가 있다고 할 수 있다."

《시詩》에 "이른 새벽, 밤늦도록 게으름 없이 오직 한 사람만 열심히 섬기리!"라 한 것은 괴외 같은 경우를 두고 한 말이다. 또 《맹자孟子》에는 이렇게 말하였다.

"용사는 언제라도 의를 위해서라면 그 목을 날릴 것을 잊어서는 안 되느니라."

이는 그 마부 같은 이를 두고 이른 말이리라.

齊崔杼弑莊公, 邢蒯瞶使晉而反, 其僕曰:「崔杼弑莊公, 子將奚如?」

邢蒯瞶曰:「驅之, 將入死而報君.」

其僕曰:「君之無道也, 四鄰諸侯莫不聞也, 以夫子而死之, 不亦難乎?」

邢蒯瞶曰:「善能言也, 然亦晚矣, 子早言我, 我能諫之. 諫不聽, 我能去, 今旣不諫又不去; 吾聞食其祿者, 死其事, 吾旣食亂君之祿矣, 又安得治君而死之?」

遂驅車入死.

其僕曰:「人有亂君, 人猶死之; 我有治長, 可毋死乎?」

乃結轡自刎於車上.

君子聞之曰:「邢蒯瞶可謂守節死義矣; 死者, 人之所難也, 僕夫
之死也, 雖未能合義, 然亦有志士之意矣.」

詩云:『夙夜匪懈, 以事一人.』

邢生之謂也.

孟子曰:『勇士不忘喪其元.』

僕夫之謂也.

【崔杼】齊나라 大夫로 莊公을 죽이고 景公을 세웠다. 뒤에 慶封에게 다시 피살
　되었다. 崔子, 崔武子로도 불림. 太史(사관)가 "崔杼弑其君"이라 쓰자 이를
　죽였다. 그 동생이 다시 똑같이 기록하여 죽음을 당하였다. 죽음을 무릅쓴
　바른 역사 기록의 고사와 관련이 있는 인물.《左傳》宣公 10年, 成公 17年,
　襄公 6·9·10·14·19·23·24·25·27·28年 참조.

【莊公】春秋 齊나라 임금. 재위 6년(B.C.553~548).

【邢】地名. 고대 국가. 周公의 아들이 봉해졌던 곳. 지금의 河北省 邢臺縣 서남쪽
　襄國의 故城.

【蒯瞶】춘추시대 衛나라 사람. 靈公의 아들.《左傳》定公 14年 및 哀公 26年
　참조. '蒯聵'로도 쓴다.

【治長】훌륭한 주인. 亂君에 상대되는 뜻으로 썼다.

【詩云】《詩經》大雅 烝民의 구절.

【孟子曰】《孟子》萬章篇(下)의 구절.

　　参고 및 관련 자료

1.《韓詩外傳》卷8

齊崔杼弑莊公, 邢蒯芮使晉而反. 其僕曰:「崔杼弑莊公, 子將奚如?」邢蒯蕢曰:
「驅之, 將入死而報君.」其僕曰:「君之無道也, 四鄰諸侯莫不聞也. 以夫子而死之,
不亦難乎?」邢蒯芮曰:「善哉, 而言也! 早言我, 我能諫. 諫而不用, 我能去. 今旣不諫,
又不去. 吾聞之, 食其食, 死其事. 吾旣食亂君之食, 又安得治君而死之.」遂驅車而

入死. 其僕曰:「人有亂君, 猶必死之; 我有治長, 可毋死乎?」乃結轡自刎於車上.
君子聞之曰:「邢蒯芮可謂守節死義矣, 僕夫則無爲死也, 猶飲食而遇毒也.」詩曰:
『夙夜匪懈, 以事一人.』荊先生之謂也. 孟子:「不恒其德, 或承之羞.」僕夫之謂也.

2. 기타 참고자료

《左傳》襄公 25년·《冊府元龜》(746)

122(4-21) 燕昭王使樂毅伐齊
포위만 하라

연燕 **소왕**昭王이 악의樂毅를 시켜 제齊나라를 치게 하여 제나라 민왕閔王이 도망을 가게 되었다. 연나라 악의가 제나라를 쳐들어가기 시작할 때 개읍蓋邑에 왕촉王歜이라는 사람이 어질다는 소문을 듣고 삼군三軍에게 명하였다.

"개읍을 30리 밖에서 포위하되 더 이상 들어가지 말라!"

이는 바로 왕촉을 이용하기 위해서였으며, 이윽고 사람을 왕촉에게 보내어 이렇게 이르도록 하였다.

"대부분의 제나라 사람들이 그대의 의義를 높이 보고 있다면서요? 내 그대에게 장수의 직위와 만호萬戶의 읍을 봉해 주겠소!"

왕촉이 연나라 사자에게 거부의 뜻을 밝히자, 그 사자는 이렇게 위협하였다.

"그대는 듣지 않았소? 우리가 이미 삼군을 이끌고 이 개읍을 모두 도륙하고 있다는 것을."

그러자 왕촉이 말을 받았다.

"충신은 두 임금을 섬기지 않으며, 정녀貞女는 두 지아비를 섬기지 않는 법, 비록 우리 제나라 왕께서 저의 충간을 듣지 않아 내 물러나 초야에서 농사를 짓고 있지만 나라가 망하면 나 또한 존재할 수 없소. 지금 나를 무력으로 위협하여 장군을 삼아준다니, 이를 수락하는 것은 걸桀을 도와 포악한 일을 저지르는 것과 같소. 살아서 의義를 실행할 수 없는 것보다는 차라리 솥에 삶아 죽는 편이 낫겠소!"

그리고는 드디어 자신의 몸을 나뭇가지에 묶어 걸고는 스스로 목을 끊고 죽어 버렸다. 도망갔던 제나라의 대부들이 이 소식을 듣고 이렇게 말하였다.

"왕촉은 포의布衣로서 의의義를 위하여 제나라를 배신하고 연나라로 향하는 것을 거절하였다. 하물며 우리는 이 제나라에 지위를 얻고 녹을 먹는 자들임에랴!"

그리고는 서로 모여 거莒로 향해 공자公子를 구하여 왕을 세우니, 이가 바로 양왕襄王이다.

燕昭王使樂毅伐齊, 閔王亡, 燕之初入齊也, 聞蓋邑人王歜賢, 令於軍曰:「環蓋三十里毋入.」

以歜之故, 已而使人謂歜曰:「齊人多高子之義, 吾以子爲將, 封子萬家.」

歜固謝燕人, 燕人曰:「子不聽, 吾引三軍而屠蓋邑.」

王歜曰:「忠臣不事二君, 貞女不更二夫; 齊王不聽吾諫, 故退而耕於野. 國旣破亡, 吾不能存, 今又劫之以兵, 爲君將, 是助桀爲暴也, 與其生而無義固不如烹.」

遂懸其軀於樹枝, 自奮絶脰而死.

齊亡大夫聞之曰:「王歜布衣義猶不背齊向燕, 況在位食祿者乎?」

乃相聚如莒, 求諸公子, 立爲襄王.

【燕 昭王】 전국시대 燕나라 임금. 재위 33년(B.C.311~279).
【樂毅】 燕 昭王을 도와 齊나라를 공략 70여 성을 빼앗은 명장. 뒤에 齊의 田單의 계략에 밀려 쫓겨났다. 昌國君.《史記》樂毅田單列傳 참조.

【閔王】전국시대 齊나라 왕. 재위 17년(B.C.300~284).

【蓋邑】齊나라의 읍.

【王歜】齊나라의 선비.《史記》에는 王蠋으로 되어 있다.

【桀】夏나라 마지막 임금. 폭군. 商湯에게 망하였다.

【莒】齊나라의 邑. 樂毅의 침공으로 齊나라는 70여 성을 모두 빼앗기고, 이 莒와 卽墨 두 곳만 남았다. 田單이 이를 바탕으로 樂毅 대신 들어선 騎劫의 군대를 몰아내고 齊나라를 수복하였다.

【襄王】閔王의 아들. 재위 19년(B.C.283~265).

참고 및 관련 자료

1. 이상의 이야기는《史記》田單列傳에도 들어 있다. 그리고 사건의 배경과 始末은 《戰國策》齊策, 燕策 및《史記》의 樂毅田單列傳, 燕召公世家, 田敬仲完世家 등을 참조할 것.

2.《史記》田單列傳

燕之初入齊, 聞畫邑人王蠋賢, 令軍中曰:「環畫邑三十里無入.」以王蠋之故. 已而 使人謂蠋曰:「齊人多高子之義, 吾以子爲將, 封子萬家.」蠋固謝. 燕人曰:「子不聽, 吾引三軍而屠畫邑.」王蠋曰:「忠臣不事二君, 貞女不更二夫. 齊王不聽吾諫, 故退 而耕於野. 國旣破亡, 吾不能存; 今又劫之以兵爲君將, 是助桀爲暴也. 與其生而無義, 固不如烹!」遂經其頸於樹枝, 自奮絶脰而死. 齊亡大夫聞之, 曰:「王蠋, 布衣也, 義不北面於燕, 況在位食祿者乎!」乃相聚如莒, 求諸子, 立爲襄王.

123(4-22) 左儒友於杜伯
우정과 충성

좌유左儒는 두백杜伯과 아주 절친한 사이로 함께 주周의 선왕宣王을 모시고 있었다. 선왕이 두백을 미워하여 그를 죽이고자 하였으나 마땅히 뒤집어씌울 죄가 없었다. 이를 안 좌유가 임금에게 나가 쟁간爭諫을 하였다. 아홉 차례나 간언을 하였지만 임금은 이를 허락할 기세가 아니었다.

왕은 화가 나서 이렇게 호통을 쳤다.

"임금은 친구와 다르다는 것을 구별하라. 이것이 너의 할 일이다!"

그러자 좌유가 이렇게 대꾸하였다.

"제가 들으니, 임금의 도를 따르고자 하였으나 친구를 거스르게 될 때에는 임금을 따라 그 친구를 죽일 수 있으나, 친구의 도가 옳고 임금이 그를 경우 친구를 거느리고 임금의 뜻을 거역할 수밖에 없다고 하였습니다."

왕은 더욱 화가 나서 이렇게 말하였다.

"그 말을 바꾸면 살려 주려니와 바꾸지 않으면 죽이리라!"

좌유는 이렇게 대응하였다.

"제가 듣건대, 옛날의 선비는 죽음을 따를지언정 의를 굽히지는 않았으며, 살기 위해 자신이 한 말을 바꾸는 법이 없다고 하였습니다. 그래서 저는 임금의 과실을 밝히고 죽음으로써 두백의 무죄를 증명하겠습니다."

왕이 두백을 죽이자 좌유도 같이 죽고 말았다.

左儒友於杜伯, 皆臣周宣王, 宣王將殺杜伯而非其罪也, 左儒爭之於王, 九復之而王弗許也.

王曰:「別君而異友, 斯汝也.」

左儒對曰:「臣聞之, 君道友逆, 則順君以誅友; 友道君逆, 則率友以違君.」

王怒曰:「易而言則生, 不易而言則死.」

左儒對曰:「臣聞古之士不枉義以從死, 不易言以求生, 故臣能明君之過, 以死杜伯之無罪.」

王殺杜伯, 左儒死之.

【左儒】 西周 때 周 宣王의 신하.

【杜伯】 역시 西周 때의 인물.

【宣王】 西周 때의 임금. 姬靜. 재위 46년(B.C.827~782).

참고 및 관련 자료

1.《墨子閒詁》明鬼篇(下)

子墨子言曰:「若以衆之所同見, 與衆之所同聞. 則若昔者杜伯是也.」周宣王殺其臣杜伯而不辜,. 杜伯曰:「吾君殺我而不辜, 若以死者爲無知. 則止矣; 若死而有知, 不出三年, 必使吾君知之.」其三年, 周宣王合諸侯, 而田于圃田車數百乘, 從數千人滿野. 日中, 杜伯乘白馬素車, 朱衣冠, 執朱弓, 挾朱矢, 追周宣王. 射之車上, 中心拆脊殪車中, 伏弢而死. 當是之時, 周人從者莫不見, 遠者莫不聞. 在周之春秋. 爲君者以敎其臣, 爲父者以警其子. 曰:「戒之愼之! 凡殺不辜者, 其得不詳鬼神之誅, 若此之憯遫也.」

2.《史記》周本紀 張守節 正義

周春秋云:「宣王殺杜伯而無辜, 後三年, 宣王會諸侯田于圃, 日中, 杜伯起於道左, 衣朱衣冠, 操朱弓矢, 射宣王, 中心折脊而死.」國語云:「杜伯射王於鄗.」

124(4-23) 莒穆公有臣曰朱厲附
대접을 받지 못했지만

거莒 **목공**穆公의 신하 중에 주려부朱厲附라는 자가 있었다. 목공을 섬겼으나 임금 눈에 띄지 않아 겨울이면 먹을 것이 없어 산 속에서 도토리를 주워 먹고, 여름이면 못가에 살면서 못의 풀뿌리 능우菱藕를 캐먹으며 연명하고 있었다.

목공이 환난을 만나 죽게 되자, 주려부가 목공에게 가서 죽으려 하였다. 그러자 그 친구가 말렸다.

"그대는 목공을 섬겼지만 제대로 대접도 받지 못하였잖은가? 지금 그런 임금이 죽었는데 그대가 따라 죽겠다니, 생각건대 그럴 수도 있는가?"

이에 주려부는 이렇게 말하였다.

"처음에 나는 임금이 나를 몰라준다고 여겼지. 지금 임금이 죽었는데 내가 따라 죽지 않으면 이는 정말로 그가 나를 모르는 것이지. 내가 장차 죽어서 천하에 그 신하를 몰라주는 자에게 경종을 울려주기 위함일세!"

그리고는 드디어 가서 죽어버렸다.

莒穆公有臣曰朱厲附, 事穆公, 不見識焉, 冬處於山林食杼栗, 夏處洲澤食菱藕. 穆公以難死, 朱厲附將往死之.

其友曰:「子事君而不見識焉, 今君難吾子死之, 意者其不可乎!」

朱厲附曰:「始我以爲君不吾知也, 今君死而我不死, 是果不知我也; 吾將死之, 以激天下不知其臣者.」

遂往死之.

【莒 穆公】莒나라의 임금. 거나라는 지금의 山東省 경내에 있던 古代 小國.
【朱厲附】人名.
【菱藕】연못의 식물 뿌리로, 겨울에 쩌서 먹는다.

참고 및 관련 자료

1. 《呂氏春秋》恃君篇

柱厲叔事莒敖公, 自以爲不知, 而去居於海上. 夏日則食菱芡, 冬日則食橡栗. 莒敖公有難, 柱厲叔辭其友而往死之. 其友曰:「子自以爲不知, 故去; 今又往死之, 是知與不知無異別也.」柱厲叔曰:「不然, 自以爲不知故去. 今死而弗往死, 是果知我也, 吾將死之, 以醜後世人主之不知其臣者也, 所以激君人者之行, 而厲人主之節也.」

2. 《列子》說符篇

柱厲叔事莒敖公, 自爲不知己, 去居海上. 夏日則食菱芰, 冬日則食橡栗. 莒敖公有難, 柱厲叔辭其友而往死之. 其友曰:「子自以爲不知己, 故去; 今往死之, 是知與不知無辨也.」柱厲叔曰:「不然, 自以爲不知, 故去; 今死, 是果不知我也, 吾將死之, 以醜後世之人主不知其臣者也.」

125(4-24) 楚莊王獵於雲夢
임금이 잡은 꿩을 빼앗은 신하

초楚 장왕莊王이 운몽雲夢에 사냥을 나가서 활을 쏘아 과치科雉라는
꿩을 잡았다. 그러자 신하 신공申公 자배子倍가 장왕에게 달려들어 그
꿩을 빼앗아 버렸다. 장왕이 노하여 그를 죽이려 하였다. 그러자 대부가
말렸다.

"자배子倍가 스스로 그런 꿩을 꽤 좋아하였나 봅니다. 더구나 왕께
달려들어 빼앗은 데에는 무슨 연유가 있을 것입니다. 왕께서 용서하시고
시간을 기다려 살피시기 바랍니다."

그러고 나서 석 달이 지나지 않아 그 자배가 병이 들어 죽고 말았다.
마침 필邲 땅에서의 진초晉楚의 전투에서 초나라는 진나라를 크게 이기고
돌아와 논공행상을 하게 되었다. 이때 신공 자배의 아우가 왕에게
상을 내릴 것을 요구하며 이렇게 말하였다.

"사람에게 공이 있으면 수레 아래에서 내려야 합니다."

이에 왕이 무슨 뜻이냐고 물었다. 아우의 대답은 이러하였다.

"저희 형님이 옛 기록을 읽다가 과치라는 꿩을 잡은 자는 석 달이
넘기 전에 죽는다라고 쓰인 것을 보고 왕께서 잡은 그 꿩을 탈취한
것입니다. 이 때문에 저의 형님은 요절하고 만 것입니다."

왕이 책을 보관한 평부平府를 뒤져 찾아보니 과연 그렇게 기록된
책이 있었다. 이에 후하게 상을 내렸다.

楚莊王獵於雲夢, 射科雉得之, 申公子倍攻而奪之, 王將殺之.

大夫諫曰:「子倍自好也, 爭王雉必有說, 王姑察之.」

不出三月, 子倍病而死.

邲之戰, 楚大勝晉, 歸而賞功, 申公子倍之弟進請賞於王曰:「人之有功也, 賞於車下.」

王曰:「奚謂也?」

對曰:「臣之兄讀故記曰: 射科雉者不出三月必死, 臣之兄爭而得之, 故夭死也.」

王命發平府而視之, 於記果有焉, 乃厚賞之.

【楚莊王】춘추오패의 하나로 楚나라의 영명한 임금. 재위 23년(B.C.613~591).

【雲夢】못 이름. 지금의 湖北에 있는 雲夢大澤.

【科雉】꿩의 일종.

【申公 子倍】申公은 작위. 子倍는 이름, 혹은 字.

【邲之戰】邲은 지금의 河南省 鄭縣 경내. 邲之戰은 춘추시대 五大戰爭 중의 하나.

【賞於車下】"그 즉시 상을 내려야 한다"라는 뜻.

【發平府】원문에는 '發乎府'로 되어있으나 趙善詒의 《說苑疏證》에 "乎原誤作乎, 從拾遺及朱駿聲校記改正"이라 하였다. 平府는 楚나라의 문서 창고인듯 하다.

(참고 및 관련 자료)

1. 《呂氏春秋》 至忠篇

荊莊哀王獵於雲夢, 射隨兕中之. 申公子倍劫王而奪之. 王曰:「何其暴而不敬也!」命吏誅之. 左右人大夫皆進諫曰:「子培賢者也, 又爲王百倍之臣, 此必有故, 願察之也.」不出三月, 子培疾而死. 荊興師, 戰於兩棠, 大勝晉. 歸而賞有功者, 申公子倍之弟進,請賞於吏曰:「人之有功也於軍旅, 臣兄之攸功也於車下.」王曰:「何謂也?」對曰:「臣之兄犯暴不敬之名, 觸死亡之罪於王之側, 其愚心将以忠於君王之身而持千歲之壽也. 臣之兄嘗讀故記曰:『殺隨兕者不出三月.』是以臣之兄驚懼而爭之, 故伏其罪而死.」王令人發平府而視之, 於故記果有, 乃厚賞之.

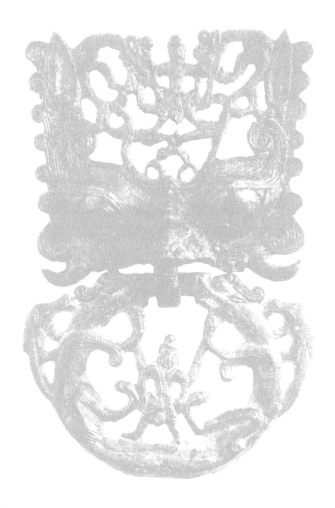

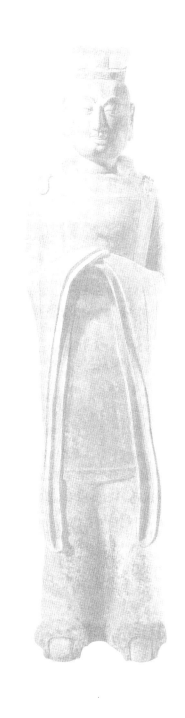

卷五. 귀덕편貴德篇

"귀덕貴德"은 덕을 귀히 여길 줄 알아야 한다는 뜻이다. 본권은
이에 관계된 일화와 고사를 모은 것이다.

모두 30장(126~155)이다.

126(5-1) 聖人之於天下百姓也
천하 백성을 갓난아이 보살피듯

성인聖人이 천하의 백성을 보살핌은 마치 갓난아이 대하듯 하는구나!
굶주린 자는 먹여 주고 추위에 떠는 자는 옷을 입혀 주며 거느려 주고
길러 주고 양육시키고 자라게 해 주며, 오직 걱정은 잘 자라지 못하면
어쩌나 하는 것이다.

《시詩》에 이렇게 노래하였다.

"우거진 감당甘棠나무 자르거나 베지 마소. 우리 님 소백召伯께서
쉬시던 곳이라네."

전해내려 오기는 섬陝 땅의 동쪽은 주공周公이 다스리고, 섬 땅으로
부터의 서쪽은 소공召公이 다스리게 되었는데, 소공이 마침 상잠桑蠶의
때에 직무를 수행하게 되자, 백성들의 일상생활에 변화를 피하고자
그 마을에 들어가지 않고 감당甘棠나무 아래에서 송사訟事를 판결하였
다는 것이다.

섬 땅 사람들이 모두 이의 은덕을 입게 되자 뒷사람들이 이를 사모하여
노래를 지어 부르며 이를 기렸다. 그래서 이런 말이 전해지게 된 것이다.
그러나 말로 아무리 칭찬해도 부족하매 이를 차탄嗟歎하였고, 차탄만
으로도 부족하여 노래로 지어 부르기에 이른 것이다.

무릇 시詩란 사모한 연후에는 쌓이게 되고, 쌓인 연후에는 가득 차게
되며, 가득한 연후에는 발發하게 된다. 그 발산은 도에 말미암고 그

召公(姬奭) 《三才圖會》

　지위에 맞추어지게 되는 것이다. 따라서 백성은 그 미덕을 찬탄하여 그 경모敬慕함을 다한 것이며, 감당나무를 베지 말라고 노래하고 있으니 정치와 교화가 어찌 행해지지 않을 수 있으랴!

　공자孔子는 이렇게 말하였다.

　"감당나무 하나에 대해 이 정도이니, 그 종묘에 대해서는 그 공경이 어느 정도이겠는가를 나는 알 수 있다. 그 사람에 대해 존경이 극심한 만큼 그 지위도 공경을 받을 것이니, 이로써 만물을 순안順安하게 된다. 이것이 바로 옛 성인의 도에 가까운 것이 아니겠는가?"

　聖人之於天下百姓也, 其猶赤子乎! 飢者則食之, 寒者則衣之; 將之養之, 育之長之; 唯恐其不至於大也.

　詩曰: 『蔽芾甘棠, 勿翦勿伐, 召伯所茇.』

　傳曰: 「自陝以東者, 周公主之, 自陝以西者, 召公主之.」

　召公述職當桑蠶之時, 不欲變民事, 故不入邑中, 舍于甘棠之下而聽斷焉, 陝間之人皆得其所. 是故後世思而歌, 詠之善之, 故言之; 言之不足, 故嗟歎之; 嗟歎之不足, 故歌詠之. 夫詩思

然後積, 積然後滿, 滿然後發, 發由其道而致其位焉; 百姓歎其
美而致其敬, 甘棠之不伐也, 政敎惡乎不行!

孔子曰:「吾於甘棠, 見宗廟之敬也.」

甚尊其人, 必敬其位, 順安萬物, 古聖之道幾哉!

【詩曰】《詩經》 召南 甘棠의 구절.

【周公】 周公 旦. 魯의 시조.

【召公】 周公의 동생이며, 文王의 아들. 奭. 뒤에 燕에 봉해져 燕의 시조가 됨.
召公은 訟事를 듣고 감당나무 아래에서 이를 판결하였다 한다. 《詩經》에 "召伯循
行南國, 以布文王之政, 或舍甘棠之下, 其後人思其德, 故愛其樹而不忍傷也"라
하였다.

참고 및 관련 자료

1. 한편 〈四庫本〉 및 〈四部本〉은 본 장과 다음 장(127), 그 다음 장(128) 및 그
다음 장(129)까지 하나로 묶여 있다.

2. 《公羊傳》 隱公 5년

天子之相則何以三, 自陝以東者, 周公主之; 自陝以西者, 召公主之. 一相處乎內.

3. 《毛詩序》

詩者, 志之所之也, 在心爲志, 發言爲詩. 情動於中而形於言, 言之不足, 故嗟嘆之;
嗟嘆之不足, 故永歌之; 永歌之不足, 不知手之舞之, 足之蹈之也.

4. 《孔子家語》 好生篇

孔子曰:「吾於甘棠, 見宗廟之敬甚矣, 思其人, 必愛其樹, 尊其人, 必敬其位, 道也.」

127(5-2) 仁人之德教也
물에 빠진 이를 구하듯이

어진 이의 덕교德敎는 진실로 그 마음속에 측은함을 갖고 그 내면에는 곤핍悃愊을 지녀 능히 그 마음에서 이를 끊어내지 못한다. 그 때문에 천하를 다스림에 있어서 마치 물에 빠진 이를 구하듯이 하며, 천하의 강자가 약자를 능멸하는 것이나 무리가 소수에게 횡포를 부리는 것, 어린이나 고독한 자가 헐벗고 있는 것, 억울하게 붙들려 죽음을 당하는 것 등을 보게 되면 이를 차마 그냥 지나치지 못한다.

이리하여 공자가 72군君을 겪으면서 오직 도가 한결같이 행하여져서 그 덕을 베풀고, 백성으로 하여금 전육全育하도록 하며, 많은 사람들이 자기 땅에서 편히 살며, 만물이 모두 무럭무럭 자라서 즐겁게 그 끝을 누릴 수 있기를 바랐다. 그러나 끝내 이를 만나지 못하자, 인麟이 나타남을 목격하고 울었다. 그리고는 도가 행해지지 못하고 덕택이 흡족히 적셔지지 않음을 슬피 여겨 물러나 《춘추春秋》를 짓게 된 것이다.

이 책은 소왕素王의 도를 밝혀 후세에 보여주어 그 은혜가 널리 베풀어져야 한다는 뜻을 잊지 않도록 하기 위한 것이다. 이 때문에 백왕百王이 이를 높이 받들고 지사志士가 이를 법으로 여기며 그 문장을 암송하여 끊어지지 않고 전하니 그 덕이 이에 미치게 된 것이다.

《시詩》에는 "달리고 달리면서 두루 묻고 살피네"라 하였으니 바로 이를 두고 한 말이다.

仁人之德敎也, 誠惻隱於中, 悃愊於內, 不能已於其心; 故其
治天下也, 如救溺人, 見天下强陵弱, 衆暴寡; 幼孤羸露, 死傷
係虜, 不忍其然, 是以孔子歷七十二君, 冀道之一行而得施其德,
使民生於全育, 烝庶安土, 萬物熙熙, 各樂其終, 卒不遇, 故睹麟
而泣, 哀道不行, 德澤不洽, 於是退作春秋, 明素王之道, 以示後人,
思施其惠, 未嘗報忘, 是以百王尊之, 志士法焉, 誦其文章, 傳今
不絶, 德及之也.

詩曰: 『載馳載驅, 周爰咨謀.』

此之謂也.

【悃愊】 진실·성실. 남의 고통을 안타깝게 여김.

【麟】 魯哀公 14年(B.C.479) 春에 서쪽으로 사냥을 나갔다가 麟이라는 상서로운
짐승을 잡았다고 하였다. 이 麟이라는 것은 聖人이 나타날 때만 같이 나타나는
동물인데, 그 당시 크게 어지러워 군신 상하의 질서가 없는 때에 나타났으니
이에 의심이 들었던 것이다. 즉 哀公 14年 "春, 西狩獲麟"이라 하였고, 傳에
"春, 西狩於大野, 叔孫氏之車子鉏商獲麟, 以爲不祥, 以賜虞人, 仲尼觀之曰 麟也,
然後取之"라 하였다. 이에 대해 韓愈는 〈獲麟解〉를 지어 孔子의 성덕에 응해
나타난 것이라 풀이하고 있다.

【春秋】 十三經 중의 하나. 魯隱公 元年(B.C.722)부터 魯哀公 14年(B.C.481)까지
12公 242년 간의 역사를 孔子가 찬술하였다.

【詩曰】《詩經》小雅 皇皇者華의 구절.

참고 및 관련 자료

1. 〈四庫本〉과 〈四部本〉에는 앞장(126)과 뒷장(128), 그리고 그 다음 장(129)과
함께 하나의 장을 이룬 것으로 되어 있다.

128(5-3) 聖王布德施惠
오륜이 제정된 뜻

훌륭한 임금은 덕과 은혜를 널리 베풀고도 백성에게 그 보답을 요구하지 않는다. 마찬가지로 교郊·망望·체禘·상嘗을 지내면서도 귀신에게 그 보답을 요구하지 않는다.

산이 높으면 운우雲雨가 일어나게 마련이고, 물이 깊으면 교룡蛟龍이 살 수 있게 마련이다.

이처럼 군자가 그 도덕을 잘 베풀면 복록은 저절로 따르게 마련이다.

무릇 음덕陰德을 베푸는 자에게는 양보陽報가 있게 되며, 은행隱行하는 이에게는 소명昭名이 있게 마련이다.

옛날 물을 막기만 하고 소통시키지 않아 그 재해가 인간에게 미치자 우禹임금이 용문龍門을 파고 이궐伊闕을 깎아 물과 땅을 평평하게 다스렸다. 이로써 백성은 안전한 육토陸土를 얻을 수 있게 된 것이다.

"聖王布德施惠" 靑谷 金春子 글씨(현대)

설(契)《삼재도회》

또 백성들이 서로 친목하지 않고 오품五品이 불손不遜하자, 설契이
군신지의君臣之義·부자지친父子之親·부부지변夫婦之辨·장유지서長幼
之序를 가르쳤으며, 농토가 제대로 정비되지 않아 백성이 먹을 것이
부족하게 되자, 후직后稷이 토지를 개간하고 거름을 주어 기르는 법을
가르쳐 백성이 가급인족家給人足의 혜택을 받게 된 것이다.

따라서 앞에 든 세 사람이 그 자신이나 후손이 왕 노릇 하지 못한
자가 없으니, 이는 바로 음덕陰德을 베풀었기 때문이다.

다음으로 주실周室이 쇠하여 예의가 잔폐해지자, 공자가 삼대三代의
도로써 후세를 교도敎導하여 그 사상이 계속 이어져 끊이지 않도록
하였으니, 이는 바로 은행隱行이라 할 수 있다.

聖王布德施惠, 非求報於百姓也; 郊望禘嘗, 非求報於鬼神也.
山致其高, 雲雨起焉; 水致其深, 蛟龍生焉; 君子致其道德而福
祿歸焉. 夫有陰德者必有陽報, 有隱行者必有昭名, 古者溝防
不修, 水爲人害, 禹鑿龍門, 闢伊闕, 平治水土, 使民得陸處;
百姓不親, 五品不遜, 契教以君臣之義, 父子之親, 夫婦之辨,
長幼之序; 田野不修, 民食不足, 后稷敎之, 闢地墾草, 糞土樹穀,

令百姓家給人足; 故三后之後, 無不王者, 有陰德也. 周室衰, 禮義廢, 孔子以三代之道, 敎導於後世, 繼嗣至今不絶者, 有隱行也.

【郊望禘嘗】郊는 郊祭(天地에 지내는 제사), 望은 望祭(山川에 올리는 제사), 禘는 여름에 지내는 제사, 嘗은 겨울에 지내는 제사. 또한 禘嘗은 임금이 종묘에 新穀을 올리는 제사라고도 한다.

【龍門】伊闕이 있는 산 이름이라고도 하고(지금의 河南省 洛陽縣), 山西의 河津이라고도 한다. 또는 陝西의 韓城이라고도 한다.

【伊闕】춘추시대 周나라의 요새로 지금의 河南省 洛陽縣 남쪽.

【五品】五常. 鄭玄은 父·母·兄·弟·子의 도리라 한다.

【三代】夏殷周 三代를 말하며 禹는 夏나라, 契는 商, 后稷은 周나라의 시조로서 그 자신, 혹은 후대가 왕조를 이루어 왕 노릇하였음을 말한다.

> 참고 및 관련 자료

1. 〈四庫本〉과 〈四部本〉에는 126, 127, 본 장, 그리고 129 장이 하나의 장으로 되어 있다.

2. 《淮南子》人間訓

聖王布德施惠, 非求報於百姓也; 郊望禘嘗, 非求福於鬼神也. 山致其高而雲起焉, 水致其深而蛟龍生焉, 君子致其道而福祿歸焉. 夫有陰德者, 必有陽報; 有陰行者, 必有昭名. 古者溝防不脩, 水爲民害. 禹鑿龍門, 辟伊闕, 平治水土, 使民得陸處. 百姓不親, 五品不愼. 契敎以君臣之義, 父子之親, 夫婦之辨, 長幼之序. 田野不脩, 民食不足, 后稷乃敎之辟地墾草, 糞土種穀, 令百姓家給人足. 故三后之後, 無不王者, 有陰德也. 周室衰, 禮義廢, 孔子以三代之道, 敎導於世. 其後繼嗣至今不絶者, 有隱行也.

129(5-4) 周頌曰豐年多黍多稌
방안에 모인 선비들처럼

〈**주송**周頌〉에는 이렇게 노래하고 있다.

"기장도 찰벼도 풍년일세! 또한 높은 창고에 가득 채워 억만 섬이나 되어 많기도 하네. 술로 빚고 단술로 만들어 조상들께 제사지내어 올리네. 갖은 예를 모두 갖추니 내리시는 큰 복 모두에게 미치기를!"

또 《예기禮記》에 이렇게 말하였다.

"희생犧牲으로 할 만한 가장 좋은 가축이 없으면 그 다음의 가축을 희생으로 한다. 그러나 그 다음의 가축조차 없으면 제사의 공물을 준비하지 않아도 된다."

이는 예를 어그르뜨리면서 이를 하면 즐거움이 될 수 없다는 뜻이다. 그래서 성인이 천하를 대할 때에는 백성을 한 방안에 모인 선비들로 보았다.

지금 그 방을 가득 메운 사람들이 술을 마시며 즐거워하는데 어느 하나가 홀로 귀퉁이를 향해 울고 있다면, 그 안의 사람들이 모두 즐거움을 누릴 수 없는 것이다.

마찬가지로 성인이 천하를 대할 때에는 마치 방안에 모인 선비들로 여겼으니 오직 하나만 자기 자리를 찾지 못한다면 이때엔 효성이 지극한 자라도 감히 선물을 바쳐 올리려 들지 않을 것이기 때문이다.

周頌曰:『豐年多黍多稌, 亦有高廩, 萬億及秭, 爲酒爲醴, 烝畀祖妣, 以洽百禮, 降福孔偕.』

禮記曰:『上牲損則用下牲, 下牲損則祭不備物.』

以其舛之爲不樂也. 故聖人之於天下也, 譬猶一堂之上也, 今有滿堂飲酒者, 有一人獨索然向隅而泣, 則一堂之人皆不樂矣; 聖人之於天下也, 譬猶一堂之上也, 有一人不得其所者, 則孝子不敢以其物薦進.

【周頌】《詩經》周頌 豐年의 全文. 단《詩經》에는 "以洽百醴, 降福孔皆"로 되어 있다.

【禮記】五經 중의 하나. 十三經으로는 三禮(禮記·儀禮·周禮) 중의 하나. 그러나 위의 문장은 佚文으로 지금의 《예기》에는 없다.

참고 및 관련 자료

1. 〈四庫本〉, 〈四部本〉은 126장부터 본 장까지 하나의 장으로 묶여 있다.

130(5-5) 魏武侯浮西河而下
배 안의 사람들 모두가 적

위魏 무후武侯가 서하西河에서 뱃놀이를 하면서 내려오다가 중류中流쯤에 이르러 오기吳起를 돌아보며 이렇게 말하였다.

"훌륭하도다. 우리 산하山河의 험고險固함이여! 이것이 바로 우리 위나라의 보배로다!"

그러자 오기가 이렇게 경계시켰다.

"나라를 지키는 일은 덕德에 있는 것이지 지형의 험고에 있지 않습니다. 옛날 삼묘씨三苗氏는 왼쪽은 동정호洞庭湖, 오른쪽은 팽려호彭蠡湖로 지세가 험고하였지만, 덕과 의義를 닦지 않아 우禹임금이 이를 멸망시키고 말았습니다. 또 하夏의 걸桀임금은 왼쪽은 황하黃河와 제수濟水, 그리고 오른쪽은 태화太華의 조건에 그 남쪽은 이궐伊闕이, 그 북쪽은 양장羊腸의 천혜天惠가 있었지만, 정치에 인仁을 베풀지 않아 탕湯임금이 이를 추방시켜 버렸습니다. 그런가 하면 은殷의 마지막 임금 주紂는 왼쪽은 맹문孟門, 오른쪽은 태항太行, 게다가 상산常山이 북쪽을 막아 주고 태하太河가

〈吳起遭亂箭圖〉

남쪽을 가로지르는 형세였건만, 정치에 덕을 베풀지 않아 무왕武王이 이를 토벌해 버렸습니다. 이로 말미암아 보건대, 국방은 덕에 있지 지리의 험고에 있지 않습니다. 만약 임금으로서 덕을 닦지 않으면, 지금 같이 타고 있는 이 배 안의 사람들 모두가 적국입니다."

이 말에 무후는 수긍하였다.

"훌륭하오!"

魏武侯浮西河而下, 中流顧謂吳起曰:「美哉! 河山之固也, 此魏國之寶也.」

吳起對曰:「在德不在險. 昔三苗氏左洞庭, 右彭蠡, 德義不修, 而禹滅之; 夏桀之居, 左河濟, 右太華, 伊闕在其南, 羊腸在其北, 修政不仁, 湯放之; 殷紂之國, 左孟門而右太行, 常山在其北, 大河經其南, 修政不德, 武王伐之. 由此觀之, 在德不在險. 若君不修德, 船中之人盡敵國也.」

武侯曰:「善!」

【魏武侯】 文侯의 아들로 吳起・田子方・西門豹 등을 등용하여 개혁정치를 편 명군. 재위 26년(B.C.395~370).
【西河】 黃河의 서쪽. 禹貢 雍州의 黃河. 지금의 陝西 지역.
【吳起】 兵法家. 魏 文侯를 도와 兵法을 폈다.《史記》孫子吳起列傳 참조.
【三苗氏】 中國 남방의 민족. 지금의 湖南省 溪峒 근처에 살았다.
【洞庭湖】 지금 湖南省에 있는 큰 호수.
【彭蠡湖】 지금의 江西省에 있는 鄱陽湖.
【禹】 夏나라의 시조.
【太華】 山名, 즉 華山. 지금의 陝西省 華陰縣의 남쪽.
【伊闕】 요새 이름. 지금의 洛陽 남쪽.

【羊腸】阪名. 전국시대 趙나라의 요새. 지금의 山西省 交城縣 동남.

【孟門】山名. 龍門山의 북쪽. 지금의 山西省 吉縣과 陝西省 宜川縣 사이의 黃河
양안이라고도 하고, 또는 太行山의 동쪽이라고도 한다.

【太行】山名. 지금의 河南・河北・山西 일대에 있다.

【常山】山名. 恒山. 中國 五嶽 중의 하나.

【武王】周 文王의 아들. 殷을 멸한 군주.

참고 및 관련 자료

1. 본문의 내용은《戰國策》魏策 및《史記》孫子吳起列傳에도 실려 있다. 그러나
문장에는 약간의 출입이 있다.

2.《戰國策》魏策(一)

魏武侯與諸大夫浮於西河, 稱曰:「河山之險, 豈不亦信固哉!」王鍾侍王, 曰:「此晉
國之所以强也. 若善脩之, 則霸王之業具矣.」吳起對曰:「吾君之言, 危國之道也,
而子又附之, 是危也.」武侯忿然曰:「子之言有說乎?」吳起對曰:「河山之險, 信不
足保也, 是伯王之業, 不從此也. 昔者, 三苗之居, 左彭蠡之波, 右有洞庭之水, 文山
在其南, 而衡山在其北. 恃此險也, 爲政不善, 而禹放逐之. 夫夏桀之國, 左天門之陰,
而右天谿之陽, 廬・睪在其北, 伊・洛出其南. 有此險也, 然爲政不善, 而湯伐之.
殷紂之國, 左孟門而右漳・釜, 前帶河, 後被山. 有此險也, 然爲政不善, 而武王伐之.
且君親從臣而勝降城, 城非不高也, 人民非不衆也, 然而可得幷者, 政惡故也. 從是
觀之, 地形險阻, 奚足以霸王矣!」武侯曰:「善. 吾乃今日聞聖人之言也! 西河之政,
專委之子矣.」

3.《史記》孫子吳起列傳

武侯浮西河而下. 中流, 顧而謂吳起曰:「美哉乎! 山河之固, 此魏國之寶也.」起對
曰:「在德不在險. 昔三苗氏左洞庭, 右彭蠡, 德義不修, 禹滅之. 夏桀之居, 左河・濟,
右太・華, 伊闕在其南, 羊腸在其北, 修政不仁, 湯放之. 殷紂之國, 左孟門, 右太行,
常山在其北, 大河經其南, 修政不德, 武王伐之. 由此觀之, 在德不在險. 若君不修德,
舟中之人盡爲敵國也.」武侯曰:「善!」

131(5-6) 武王克殷
예전대로 살 수 있도록

무왕武王이 은殷을 이기고 나서 태공太公을 불러 물었다.
"장차 이 은나라의 많은 선비와 군중을 어떻게 처리하면 좋을까요?"
태공이 대답하였다.
"제가 들으니, 누군가를 사랑하는 사람은 그 집의 지붕 위에 앉은
까마귀조차도 사랑스럽다 한답니다. 또 누군가를 미워하는 사람은
그 집의 사위나 인척조차 미워하게 된다고 하더이다. 그러니 우리의
적수였던 그들을 죽이되 남김없이 함이 어떨까요?"
무왕은 한 마디로 거절하였다.
"안 되오."
태공이 나가자 이번에는 소공邵公이 들어왔다.
"어떻게 하면 좋겠는가?"
소공은 이렇게 대답하였다.
"죄 있는 자는 죽이고 죄 없는 자는 살려 주시면 어떨까요?"
왕은 이번에도 역시 같은 말을 하였다.
"안 되오."
소공이 나가고 주공周公이 들어왔다.
"어떻게 처리하면 좋겠는가?"
주공은 이렇게 대답하였다.
"각각 자기 집에 여전히 그대로 살면서, 밭을 가는 이는 밭을 갈게
하여 옛날이나 지금이나 변화가 없도록 하면서, 오직 인仁으로 하시면

친해 올 것입니다. 그 다음 백성에게 과실이 있으면, 이는 오직 나한 사람의 책임이라고 여기시면 됩니다."

이 말에 무왕은 이렇게 감탄하였다.

"넓도다! 천하를 평안히 하는 말이여!"

무릇 선비와 군자를 귀히 여기는 자는 인仁으로써 하며 덕을 갖추어야하는 것이다.

武王克殷, 召太公而問曰:「將奈其士衆何?」

太公對曰:「臣聞愛其人者, 兼屋上之烏; 憎其人者, 惡其餘胥; 咸劉厥敵, 使靡有餘, 何如?」

王曰:「不可.」

太公出, 邵公入, 王曰:「爲之奈何?」

邵公對曰:「有罪者殺之, 無罪者活之, 何如?」

王曰:「不可.」

邵公出, 周公入, 王曰:「爲之奈何?」

周公曰:「使各居其宅, 田其田, 無變舊新, 唯仁是親, 百姓有過, 在予一人.」

武王曰:「廣大乎平天下矣.」

凡所以貴士君子者, 以其仁而有德也.

【武王】 姬發. 西伯昌(文王)의 아들. 殷을 멸하였다.

【太公】 姜太公. 呂尙. 자는 子牙.

【餘胥】 그 나머지의 작은 관리들, 또는 울타리라고도 풀이한다.

【劉】 글자 원래의 뜻대로 '殺'로 해석함.

【邵公】즉 召公. 文王의 아들. 武王과 周公 旦의 아우. 뒤에 燕의 시조가 되었다.
이름은 奭. 시호는 康.
【周公】旦. 文王의 아들이며, 武王의 아우. 儒家의 聖人.

참고 및 관련 자료

1.《尚書大傳》大戰篇

紂死, 武王皇皇若天下之未定. 召太公而問曰:「入殷奈何?」太公曰:「臣聞之也,
愛人者兼其屋上之烏, 不愛人者及其胥餘, 何如?」武王曰:「不可.」邵公趨而進曰:
「臣聞之也, 有罪者殺, 無罪者活, 咸劉厥敵, 毋使有餘烈, 何如?」武王曰:「不可.」
周公趨而進曰:「臣聞之也, 各安其宅, 各田其田, 毋故毋私, 惟仁之親, 何如?」武王
曠乎若天下之已定.

2.《韓詩外傳》卷3

武王伐紂, 到于邢丘, 楯折爲三, 天雨三日不休. 武王心懼, 召太公而問曰:「意者,
紂未可伐乎?」太公對曰:「不然. 楯折爲三者, 軍當分爲三也. 天雨三日不休, 欲灑
吾兵也.」武王曰:「然何若矣?」太公曰:「愛其人, 及屋上烏; 惡其人者, 憎其骨餘.
咸劉厥敵, 靡使有餘.」武王曰:「於戲! 天下未定也!」周公趨而進曰:「不然. 使各度
其宅, 而佃其田, 無獲舊新. 百姓有過, 在予一人.」武王曰:「於戲! 天下已定矣!」
乃脩無勒兵於宵, 更名邢丘曰懷, 宵曰脩武, 行克紂于牧之野. 詩曰:『牧野洋洋,
檀車皇皇, 駟騵彭彭, 維師尚父, 時維鷹揚, 涼彼武王, 肆伐大商, 會朝清明.』

3.《禮記》樂記

武王克殷, 反商. 未及下車而封黃帝之後於薊, 封帝堯之後於祝, 封帝舜之後於陳.
下車而封夏后氏之後於杞, 投殷之後於宋. 封王子比干之墓, 釋箕子之囚, 之行商容
而復其位. 庶民弛政, 庶士倍祿. 濟河而西, 馬, 散之華山之陽, 而弗復乘; 牛, 散之桃林
之野, 而弗復服. 車甲血半而藏之府庫, 而弗復用. 倒載干戈, 包以虎皮; 將帥之士,
使爲諸侯; 各之「建櫜」. 然後, 知武王之不復用兵也. 散軍而郊射, 左射貍首, 右射
騶虞, 而貫革之射息也. 裨冕搢笏, 而虎賁之士說劍也. 祀乎明堂而民知孝. 朝覲,
然後諸侯知所以臣; 耕藉, 然後諸侯知所以敬. 五者, 天下之大教也. 食三老五更於
大學, 天子袒而割牲, 執醬而饋, 執爵而酳, 冕而總干, 所以教諸侯之弟也. 若此,
則周道四達, 禮樂交通. 則夫武之遲久, 不亦宜乎?

4.《尙書大傳》大戰篇

紂死, 武王皇皇若天下之未定, 召太公而問曰:「入殷奈何?」太公曰:「臣聞之也, 愛人者兼其屋上之烏, 不愛人者及其胥餘, 何如?」武王曰:「不可.」邵公趨而進曰:「臣聞之也, 有罪者殺, 無罪者活, 咸劉厥敵, 毋使有餘烈, 何如?」武王曰:「不可.」周公趨而進曰:「臣聞之也, 各安其宅, 各田其田, 毋故毋私, 惟仁之親, 何如?」武王曠乎若天下之已定.

5.《新序》善謀(下)

曰:「昔湯伐桀, 而封其後於杞者, 斯能制桀之死命也. 陛下能制項籍之死命乎?」曰:「未能也.」「其不可一也. 武王伐紂而封其後於宋者, 斯能得紂之頭也. 今陛下能得項籍之頭乎?」曰:「未能也.」「其不可二矣. 武王入殷, 表商容之閭, 軾箕子之門, 封比干之墓. 今陛下能封聖人之墓, 表賢人之閭, 軾智者之門乎?」曰:「未能也.」「其不可三矣. 發鉅橋之粟, 散鹿臺之錢, 以賜貧羸. 今陛下能散府庫以賜貧羸乎?」曰:「未能也.」「其不可四矣. 殷事已畢, 偃革爲軒, 倒載干戈, 以示天下不復用兵. 今陛下能偃革, 倒載干戈乎?」曰:「未能也.」「其不可五矣. 休馬於華山之陽, 以示無所用. 今陛下能休馬無所用乎?」曰:「未能也.」「其不可六也. 休牛於桃林, 以示不復輸糧. 今陛下能休牛不復輸糧乎?」曰:「未能也.」「其不可七矣.」

6.《史記》留侯世家

曰:「昔者, 湯伐桀而封其後於杞者, 度能制桀之死命也. 今陛下能制項籍之死命乎?」曰:「未能也.」「其不可一也. 武王伐紂封其後於宋者, 度能得紂之頭也. 今陛下能得項籍之頭乎?」曰:「未能也.」「其不可二也. 武王入殷, 表商容之閭, 釋箕子之拘, 封比干之墓. 今陛下能封聖人之墓, 表賢者之閭, 式智者之門乎?」曰:「未能也.」「其不可三也. 發鉅橋之粟, 散鹿之錢, 以賜貧窮. 今陛下能散府庫以賜貧窮乎?」曰:「未能也.」「其不可四矣. 殷事已畢, 偃革爲軒, 倒置干戈, 覆以虎皮, 以示天下不復用兵. 今陛下能偃武行文, 不復用兵乎?」曰:「未能也.」「其不可五矣. 休馬華山之陽, 示以無所爲. 今陛下能休馬無所用乎?」曰:「未能也.」「其不可六矣. 放牛桃林之陰, 以示不復輸積. 今陛下能放牛不復輸積乎?」曰:「未能也.」「其不可七矣.」

7.《荀子》大略篇

武王始入殷, 表商容之閭, 釋箕子之囚, 哭比干之墓, 天下鄉善矣.

8. 《孔子家語》辯樂解

武王克殷而反商之政, 未及下車, 則封黃帝之後於薊, 封帝堯之後於祝, 封帝舜之後於陳, 下車又封夏后氏之後於杞, 封殷之後於宋, 封王子比干之墓, 釋箕子之囚, 使人行商容之舊以復其位, 庶民弛政, 庶士倍祿, 既濟河西, 馬散之華山之陽, 而弗復乘; 牛散之桃林之野, 而弗復服, 車甲則釁之而藏之諸府庫, 以示弗復用. 倒載干戈, 而包之以虎皮, 將率之士, 使爲諸侯, 命之曰鞬橐, 然後天下知武王之不復用兵也. 散軍而修郊射, 左射以貍首, 右射以騶虞, 而貫革之射息也; 裨冕搢笏, 而虎賁之士脫劍; 郊祀后稷, 而民知尊父焉, 配明堂而民知孝焉, 朝覲然後諸侯知所以臣; 耕籍然後民知所以競親, 六者, 天下之大教也. 食三老五更於太學, 天子袒而割牲, 執醬而饋, 執爵而酳, 冕而總干, 所以教諸侯之弟也. 如此, 則周道四達, 禮樂交通, 夫武之遲久, 不亦宜乎?」

9. 《史記》樂書

子曰:「居, 吾語汝. 夫樂者, 象成者也. 總干而山立, 武王之事也; 發揚蹈厲, 太公之志也; 武亂皆坐, 周召之治也. 且夫武, 始而北出, 再成而滅商, 三成而南, 四成而南國是疆, 五成而分陝, 周公左, 召公右, 六成復綴, 以崇天子, 夾振之而四伐, 盛(振)威於中國也. 分夾而進, 事蚤濟也. 久立於綴, 以待諸侯之至也. 且夫女獨未聞牧野之語乎? 武王克殷反商, 未及下車, 而封黃帝之後於薊, 封帝堯之後於祝, 封帝舜之後於陳; 下車而封夏后氏之後於杞, 封殷之後於宋, 封王子比干之墓, 釋箕子之囚, 使之行商容而復其位. 庶民弛政, 庶士倍祿. 濟河而西, 馬散華山之陽而弗復乘; 牛散桃林之野而不復服; 車甲弢而藏之府庫而弗復用; 倒載干戈, 苞之以虎皮; 將率之士, 使爲諸侯, 名之曰建橐: 然后天下知武王之不復用兵也. 散軍而郊射, 左射貍首, 右射騶虞, 而貫革之射息也; 裨冕搢笏, 而虎賁之士稅劍也; 祀乎明堂, 而民知孝; 朝覲, 然后諸侯知所以臣; 耕藉, 然后諸侯知所以敬: 五者天下之大教也. 食三老五更於太學, 天子袒而割牲, 執醬而饋, 執爵而酳, 冕而總干, 所以教諸侯之悌也. 若此, 則周道四達, 禮樂交通, 則夫武之遲久, 不亦宜乎?」

10. 《藝文類聚》59

韓詩外傳曰: 武王伐紂, 到邢丘, 軶折爲三, 天雨, 三日不休. 武王懼, 召太公而問之曰:「紂未可伐乎?」太公曰:「不然. 軶折爲三者, 軍當分介爲三也. 天雨三日者, 欲洒吾兵也.」

11. 기타 참고자료

《北堂書鈔》(141)·《冊府元龜》(398)·《太平御覽》(328, 776)

132(5-7) 孔子曰里仁爲美
처자조차 보전하기 어렵다

공자孔子가 말하였다.

"마을이 서로 사랑하는 것이 아름다우니, 그런 곳을 골라 살지 않는 다면 이를 어찌 지혜롭다 하겠는가?"

무릇 인仁이란, 반드시 용서한 이후에 행하는 것을 말한다. 조그마한 불의라도 행하거나 죄 없는 사람을 죽여 비록 고관대작의 자리를 얻는다 할지라도 인자는 이를 하지 않는다. 또 큰 어짊이라고 하는 것은, 가까운 데를 보살펴 그 사랑이 먼 곳까지 미치게 하는 것이다. 그 사랑이 서로 화목하지 못하는 곳까지 이를 수 있는 일이라면, 작은 어짊을 버리고 큰 어짊으로 택해야 한다. 큰 어짊은 그 은혜가 사해四海에 미치지만, 소인小仁은 그저 처자妻子에서 끝나기 때문이다.

처자란 그 영리營利만 알고, 부인지은婦人之恩 정도로만 이를 위로해도 그 내정內情을 수식하고 잘못을 아름다운 양 꾸미게 되어, 어느 것이 진실인지 어느 것이 잘못인지 알 수 없게 된다. 이 때문에 비록 그 당시에는 영광을 얻는다 해도 군자는 오히려 이를 대욕大辱으로 여기게 되는 것이다. 그래서 공공共工·환도驩兜·부리符里·등석鄧析 등은 그 지혜가 모르는 것이 없건만 끝내 성왕聖王에게 주살誅殺되고 말았다. 이는 덕은 없이 이익만 구차스럽게 요구하였기 때문이다.

또 수조豎刁·역아易牙는 자기 몸을 허물고 아들까지 죽여 가면서 윗사람을 모셨지만, 이것이 이익에 목적이 있었던지라 마침내 제齊나라의 해적害賊이 되고 말았다. 따라서 신하가 어질지 못하면 찬시篡弑의 난이 발생하고, 신하로서 어질게 행동하면 나라는 잘 다스려지고 군주는 영광을 얻게 된다. 명석한 군주라면 이를 잘 살펴야 종묘가 크게 편안하게 된다.

무릇 신하된 자로서도 오히려 인을 귀히 여기는데 하물며 군주 된 자임에랴!

그러므로 걸桀·주紂는 불인不仁하였기 때문에 천하를 잃은 것이요, 탕湯·무武는 덕을 쌓았기 때문에 해토海土를 얻게 된 것이라 할 수 있다. 그래서 성왕은 덕을 귀히 여기며 이를 행하기에 힘써야 하는 것이다.

《맹자孟子》에는 이렇게 말하였다.

"은혜를 추진해 나가면 족히 사해四海에까지 미치게 할 수 있지만, 은혜를 추진해 나가지 아니하면 처자조차 보전하기 어렵다. 옛사람이 지금 우리보다 크게 뛰어난 것은 다른 데에 있는 것이 아니다. 바로 그가 가진 바를 잘 추진해 나갔기 때문일 뿐이다."

孔子曰:「里仁爲美, 擇不處仁, 焉得智?」

夫仁者, 必恕然後行, 行一不義, 殺一無罪, 雖以得高官大位, 仁者不爲也. 夫大仁者, 愛近以及遠, 及其有所不諧, 則虧小仁以就大仁. 大仁者, 恩及四海; 小仁者, 止於妻子. 妻子者, 以其知營利, 以婦人之恩撫之, 飾其內情, 雕畫其僞, 孰知其非眞, 雖當時蒙榮, 然士君子以爲大辱, 故共工驩兜符里鄧析, 其智非無所識也, 然而爲聖王所誅者, 以無德而苟利也. 豎刁易牙, 毀體殺子以干利, 卒爲賊於齊. 故人臣不仁, 篡弑之亂生; 人臣而仁, 國治主榮; 明主察焉, 宗廟太寧, 夫人臣猶貴仁, 況於人主乎! 故桀紂以不仁失天下, 湯武以積德有海土, 是以聖王貴德而務行之.

孟子曰:「推恩足以及四海; 不推恩不足以保妻子. 古人所以
大過人者, 無他焉, 善推其所有而已.」

【里仁爲美】《論語》里仁篇 첫 장의 구절. 지금《論語》에는 '焉得知'로 되어
있음.

【共工】堯나라 때 四凶의 하나. 원래 水官이었다 한다. 鄭玄은 "其人名氏未聞,
先祖居此官, 故以官氏也"라 하였다.

【驩兜】역시 堯나라 때 共工·三苗·鯀과 더불어 四凶의 하나. 舜에 의해 崇山으로
쫓겨났다.

【符里】자세히 알 수 없다.

【鄧析】춘추시대 鄭나라 大夫. 名家學說에 뛰어났던 인물. 子産과 동시대 인물로
뒤에 子産에게 죽은 것으로 알려져 있으나 이는 사실과 맞지 않음. 임동석
역주《등석자》참조. 劉向은 "好刑名, 操兩可之說, 設無窮之辭"라 하였고,
《淮南子》에는 "好辯而亂法"이라 하였다.《諸子集成》名家篇에《鄧析子》1卷
2篇이 실려 있어《漢書》藝文志의 기록과 같으나 呂思勉은 남북조 때에 拾綴된
것이라 주장하였다.

【竪刁】齊 桓公의 간신. 桓公을 가까이하기 위해 스스로 去勢하였다.《史記》
齊桓公世家에 "竪刁如何, 對曰自宮以適君, 非人情, 難親"이라 하였다.

【易牙】역시 齊 桓公의 간신. 桓公의 요리담당 신하로서 桓公이 사람고기를
먹어 보지 못하였다고 하자 자신의 아들을 삶아 桓公에게 바쳤다.《史記》
齊太公世家 참조.

【孟子曰】《孟子》梁惠王(上)의 구절. 孟子가 梁惠王에게 유세하는 말 중의 일부.
문자는 출입이 있음.

참고 및 관련 자료

1. 齊桓公 41년(B.C.645)에 管仲과 隰朋이 죽었다. 관중이 병이 들었을 때 환공은
그를 찾아가 뒷일을 걱정하며 재상의 후임을 물었다. 이때 환공은 자기 주위의
易牙, 開方, 竪刁를 물었고, 관중은 이에 반대하였지만 끝내 이들을 등용, 환공이

죽자 나라의 전권을 휘두르며 公子들과 결탁, 난을 일으키게 된다.

2. 《史記》 齊太公世家

四十一年 ……是歲管仲隰朋皆卒, 管仲病, 桓公問曰:「群臣誰可相者.」管仲曰:「知臣莫如君.」公曰:「易牙如何?」對曰:「殺子以適君, 非人情, 不可.」公曰:「開方如何?」對曰:「倍親以適君, 非人情, 難近.」公曰:「豎刁如何?」對曰:「自宮以適君, 非人情, 難親.」管仲死, 而桓公不用管仲言, 卒近用三子, 三子專權.

3. 《十八史略》 卷一

仲病, 桓公問:「群臣誰可相? 易牙何如?」仲曰:「殺子以食君, 非人情, 不可近.」「開方何如?」曰:「倍親以適君, 非人情, 不可近.」蓋開方故衛公子來奔者也.「豎刁何如?」曰:「自宮以適君, 非人情, 不可近.」仲死, 公不用仲言, 卒近之. 三子專權, 公內寵, 如夫人者六, 皆有子. 公薨, 五公子爭立相攻, 公尸在床, 無殯斂者六十七日, 尸蟲出于戶.

4. 한편 이의 사실에 대해 蘇洵(蘇軾과 蘇轍의 아버지. 唐宋八大家)은 유명한 〈管仲論〉을 써서 이를 관중의 잘못으로 풀이하고 있다.

133(5-8) 晏子飮景公酒
낡은 술잔과 그릇

안자晏子가 경공景公을 집으로 모셔 함께 술을 마시게 되었다.

경공이 술잔과 그릇은 반드시 새것을 쓰라고 명령하자, 음식을 나르던 늙은 심부름꾼이 제안하였다.

"재물이 부족하여 충분치 못하니, 청컨대 백성들로부터 염출하지요!"

이를 본 안자가 말하였다.

"그만두시오. 무릇 즐거움이란 윗사람과 아랫사람이 같이 누려야 하는 것입니다. 그래야 천자가 천하에 함께 더불어 군림할 수 있고, 제후는 그 경내에서 제후 노릇을 할 수 있으며, 대부大夫 이하로는 각각 그들의 관료와 같이 일할 수 있는 것입니다. 이처럼 혼자 즐긴다는 것은 있을 수 없습니다. 그런데 지금 윗사람으로서 그 즐거움을 만끽하면서 아랫사람들에게 그 비용을 부담시키는 것은, 홀로 즐기는 독락獨樂이 되는 것입니다. 그래서는 안 됩니다!"

晏子飮景公酒, 令器必新, 家老曰:「財不足, 請斂於民.」

晏子曰:「止. 夫樂者, 上下同之, 故天子與天下, 諸侯與境內, 自大夫以下各與其僚, 無有獨樂; 今上樂其樂, 下傷其費, 是獨樂者也. 不可!」

【晏子】 晏平仲. 晏嬰. 경공 때의 재상.

【景公】 춘추시대 齊나라 군주.

【家老】 이 문장을 晏子가 景公을 자기 집에 모셔서 술을 마시는 것으로 보아 家宰로 해석하였다. "晏子具酒, 飮景公"이라 하였다.

> 참고 및 관련 자료

1. 《晏子春秋》 內篇 雜上

晏子飮景公酒, 令器必新. 家老曰:「財不足, 請斂於氓.」 晏子曰:「止! 夫樂者, 上下同之. 故天子與天下, 諸侯與境內, 大夫以下各與其僚, 無有獨樂. 今上樂其樂, 下傷其費, 是獨樂者也. 不可!」

《晏子春秋》 四部叢刊본

134(5-9) 齊桓公北伐山戎氏
남의 국경을 넘어섰으니

제齊 **환공**桓公이 북쪽으로 산융씨山戎氏를 토벌하러 가면서 연燕나라 길을 통과하게 되었다. 연나라 임금이 이를 맞이하러 그 국경을 넘어 제나라 경내까지 들어오고 말았다. 환공이 이를 보고 관중管仲에게 물었다.

"제후로서 서로 맞이하고 보낼 때 진실로 그 국경을 넘어서도 되는가?"

관중이 말하였다.

"천자天子가 아니면 경계를 넘어서서는 안 됩니다!"

그러자 환공이 이 문제를 이렇게 처리하였다.

"그렇다면 연나라 임금은 두려움 때문에 예를 잃은 것이고, 나는 도를 몰라 연나라 임금으로 하여금 예를 잃도록 하였으니, 연나라 임금이 넘어온 땅만큼 떼어서 그에게 할양해 주리라!"

제후들이 이 소식을 듣고 모두 제나라에게 조공해 왔다.

《시詩》에 "훌륭하신 임금, 그대 자리 마련해 주니 이는 바르고 곧은 이를 좋아함이라! 신神도 그대를 어여삐 듣고 크나큰 복 많이 내려주시리!"라 하였으니 바로 이런 경우를 두고 말한 것이다.

齊桓公北伐山戎氏, 其道過燕, 燕君逆而出境.

桓公問管仲曰:「諸侯相逆, 固出境乎?」

管仲曰:「非天子, 不出境.」

桓公曰:「然則燕君畏而失禮也, 寡人不道而使燕君失禮,
乃割燕君所至之地以與燕君.」

諸侯聞之, 皆朝於齊.

詩云:『靖恭爾位, 好是正直, 神之聽之, 介爾景福.』

此之謂也.

【山戎氏】북쪽 변방(오늘날의 내몽고·외몽고 지역)에 있던 이민족.

【燕】오늘날 北京 지역을 중심으로 있던 諸侯國. 전국시대에는 戰國七雄의 하나.
수도는 지금의 北京 근처인 薊. 召公을 시조로 하였다.

【逆】맞이하다(迎)의 뜻. 李白의 〈春夜宴桃李園序〉에 실린 "夫天地者, 萬物之
逆旅, 光陰者, 百代之過客"의 逆과 같다.

【天子】宗主國인 周나라의 임금. 가장 높으므로 諸侯國의 국경을 드나들 수
있다.

【詩云】《詩經》小雅 小明篇의 구절. "靖恭爾位"에서 '恭'은 '共'으로 되어 있다.

┌─ 참고 및 관련 자료 ─┐

1.《史記》齊太公世家

二十三年, 山戎伐燕, 燕告急於齊, 齊桓公救燕, 遂伐山戎, 至于孤竹而還, 燕莊公遂送
桓公入齊境, 桓公曰非天子, 諸侯相送不出境, 吾不可以無禮於燕, 於是分溝, 割燕
君所至與燕, 命燕君復修召公之政, 納貢于周, 如成, 康之時諸侯聞之, 皆從齊.

2.《史記》燕世家

二十七年, 山戎來侵我, 齊桓公救燕, 遂北伐山戎, 而還. 燕君送齊桓公出境, 桓公因
割燕所至地予燕.

3.《韓詩外傳》卷4

齊桓公伐山戎, 其道過燕, 燕君送之出境. 桓公問管仲曰:「諸侯相送, 固出境乎?」
管仲曰:「非天子不出境.」桓公曰:「然則燕君畏而失禮也, 寡人不可使燕君失禮.」

乃割燕君所至之地以與之. 諸侯聞之, 皆朝於齊. 詩曰: 『靜恭爾位, 好是正直, 神之
聽之, 介爾景福.』

4.《**左傳**》莊公 30年

冬, 遇于魯濟, 謀山戎也. 以其病燕故也.

5.《**史記**》齊太公世家

二十三年, 山戎伐燕, 燕告急於齊. 齊桓公救燕, 遂伐山戎, 至于孤竹而還. 燕莊公遂
送桓公入齊境. 桓公曰:「非天子, 諸侯相送不出境, 吾不可以無禮於燕.」於是分溝
割燕君所至與燕, 命燕君復修召公之政, 納貢于周, 如成康之時. 諸侯聞之, 皆從齊.

6.《**史記**》燕世家

二十七年, 山戎來侵我, 齊桓公救燕, 遂北伐山戎而還. 燕君送齊桓公出境, 桓公因
割燕所至地予燕, 使燕共貢天子, 如成周時職; 使燕復修召公之法.

7.《**新書**》(賈誼) 春秋篇

齊桓公之始伯也, 翟人伐燕, 桓公爲燕北伐翟, 乃至於孤竹國, 而使燕君復召公之職,
桓公歸, 燕君送桓公入齊地百六十六里. 桓公問於管仲曰:「禮諸侯相送, 固出境乎?」
管仲曰:「非天子不出境.」桓公曰:「然則燕君畏而失禮也. 寡人恐後世之以寡人能存
燕而欺之也.」乃下車而令燕君還車, 乃割燕君所至之地以與之. 遂溝以爲境而後去.
諸侯聞桓公之義, 口不言而心皆服矣. 故九合諸侯, 莫不樂德扶興天子, 莫不勸從誠
退讓人, 孰弗戴也?

135(5-10) 景公探爵鷇
어린 참새를 살려 준 경공

경공景公이 작구爵鷇를 잡으려다가 그 작구가 너무 어리다고 여겨 놓아주었다. 안자晏子가 이 소식을 듣고 부르지도 않는데 경공을 찾아가 만났다. 경공은 마침 땀을 흘리며 애처로움에 잠겨 있는 모습이었다. 안자가 물었다.

"임금께서는 왜 그런 모습으로 계십니까?"

경공이 이렇게 대답하였다.

"내 방금 작구를 잡으려다가 너무 어려 살려 주었소!"

이 말이 떨어지기가 무섭게 안자는 북면北面하여 축하하면서 이렇게 말하였다.

"우리 임금께서는 성왕지도聖王之道를 지니고 계시는군요!"

경공이 이상해서 물었다.

"과인이 작구를 잡으려다가 너무 어리기에 살려 준 것이 성왕의 도에 해당한다니 무슨 뜻이오?"

그러자 안자는 이렇게 설명하였다.

"임금께서 작구를 잡으시려다가 너무 어리다고 불쌍히 여겨 살려 주셨다 하였으니, 이는 어린 것을 높이 보는 성품입니다. 지금 임금의 인애仁愛가 금수에까지 미쳤는데, 하물며 백성에게야 오죽하시겠습니까? 이것이 곧 성왕의 도입니다."

景公探爵鷇, 鷇弱, 故反之, 晏子聞之, 不待請而入見, 景公汗
出惕然.

晏子曰:「君胡爲者也?」

景公曰:「我探爵鷇, 鷇弱, 故反之.」

晏子逡巡北面再拜而賀之:「吾君有聖王之道矣.」

景公曰:「寡人入探爵鷇, 鷇弱, 故反之, 其當聖王之道者, 何也?」

晏子對曰:「君探爵鷇, 鷇弱, 故反之, 是長幼也; 吾君仁愛,
禽獸之加焉, 而況於人乎? 此聖王之道也.」

【景公】 안자가 모셨던 춘추시대 齊나라 임금.

【爵鷇】 어미에게 먹이를 얻어먹고 있는 어린 雀鷇.

【晏子】 景公의 재상.

【北面】 신하의 예를 갖춤. 南面(왕의 자리)에 상대된 말.

참고 및 관련 자료

1. 《晏子春秋》內篇 雜上

景公探雀鷇, 鷇弱, 反之. 晏子聞之, 不待請而入見景公. 公汗出惕然, 晏子曰:「君何
爲者也?」公曰:「我探雀鷇, 鷇弱, 故反之.」晏子逡巡北面再拜而賀曰:「吾君有聖
王道矣!」公曰:「寡人探雀鷇, 鷇弱, 反之! 其當聖王之道者何也?」晏子對曰:
「君探雀鷇, 鷇弱, 反之, 是長幼也. 吾君仁愛, 曾禽獸之加焉, 而況於人乎? 此聖王之
道也.」

136(5-11) 景公覩嬰兒有乞於途者
걸식하는 어린아이

경공景公이 길거리에서 걸식하고 있는 어린아이를 보고 물었다.
"너는 어디 돌아갈 데가 없단 말이냐?"
이 말에 안자晏子가 나서서 이렇게 말하였다.
"임금이 계신데 어찌 돌아갈 곳이 없느냐고 묻습니까? 그를 잘 기르
도록 하면, 곧바로 임금이 부모라는 소문이 퍼질 것입니다."

景公覩嬰兒有乞於途者, 公曰:「是無歸夫?」
晏子對曰:「君存何爲無歸? 使養之, 可立而以聞.」

【景公】춘추시대 齊나라 임금.
【晏子】景公의 신하. 재상.
【立】'곧 바로·즉시'의 뜻.

참고 및 관련 자료

1.《晏子春秋》内篇 雜上
景公睹嬰兒有乞於塗者, 公曰:「是無歸矣!」晏子對曰:「君存, 何爲無歸? 使吏養之,
可立而以聞.」

137(5-12) 景公遊於壽宮
굶주린 노인

경공景公이 수궁壽宮에서 놀다가 나이 든 한 노인이 땔나무를 졌는데 그 행색이 무척 굶주린 모습임을 보게 되었다. 경공은 대단히 애처롭게 생각하고 탄식하면서 이렇게 명하였다.

"관리에게 명하여 봉양하도록 하라!"

이를 듣고 안자晏子가 말하였다.

"제가 들으니, 어진 이를 대하는 것을 즐겁게 여기고 불초한 자를 불쌍히 여기는 것은 나라를 지키는 근본이라 하였습니다. 임금께서 지금 노인을 사랑하시고 그 은혜가 미치지 않는 곳이 없게 되면, 이것이 곧 나라를 다스리는 근본입니다."

그러자 경공은 웃으면서 희색喜色을 띠었다.

안자가 다시 말을 이었다.

"성스러운 임금은 어진 이를 만나면 즐거움으로 그 어진 이를 대하고, 불초한 자를 보면 가련한 마음으로 그 불초한 자를 대하였습니다. 지금 청하건대, 노약老弱하면서 봉양을 받지 못하는 자, 홀아비나 과부로서 가정을 이루지 못한 자들을 구하여 그 정도에 따라 이들을 구제할 방법을 시행하시기 바랍니다."

경공이 허락하였다.

"좋습니다."

이에 노약자는 봉양을 받게 되었고, 홀아비·과부는 가정을 이룰 수 있게 되었다.

景公遊於壽宮, 覩長年負薪而有飢色, 公悲之, 喟然歎曰: 「令吏養之.」

晏子曰: 「臣聞之, 樂賢而哀不肖, 守國之本也; 今君愛老而恩無不逮, 治國之本也.」

公笑有喜色.

晏子曰: 「聖王見賢以樂, 見不肖而哀不肖; 今請求老弱之不養, 鰥寡之不室者, 論而供秩焉.」

景公曰: 「諾.」

於是老弱有養, 鰥寡有室.

【壽宮】《呂氏春秋》에는 寢室.《史記》에는 奉神之宮이라 하였다. 齊나라의 別宮.
【鰥寡】鰥은 '물고기로 눈을 감지 못한 채 잠을 잔다'는 뜻으로 홀아비를 말한다. 寡는 과부.

참고 및 관련 자료

1.《晏子春秋》內篇 雜上

景公遊於壽宮, 睹長年負薪者而有飢色. 公悲之, 喟然嘆曰:「令吏養之!」晏子曰:「臣聞之, 樂賢而哀不肖, 守國之本也. 今君愛老, 而恩無所不逮, 治國之本也.」公笑, 有喜色. 晏子曰:「聖王見賢以樂賢, 見不肖而哀不肖. 今請求老弱之不養, 鰥寡之無室者, 論而共秩焉.」公曰:「諾.」於是老弱有養, 鰥寡有室.

138(5-13) 桓公之平陵
봉양을 받지 못하는 늙은이

환공桓公이 평릉平陵이란 곳에 갔다가 어느 집에 한 늙은이가 혼자서 끓여먹고 있는 것을 보고 그렇게 늙어 봉양을 받지 못하고 혼자 고생하는 이유를 물었다. 늙은이가 대답하였다.

"나에게는 아들이 아홉이나 있습니다. 집이 가난해서 아직 장가도 못 들였지요. 그들을 밖에 내보내 남의 품팔이를 시켰는데, 아직 돌아오지 않아 이렇게 혼자 꿈지럭거리고 있는 것이랍니다."

환공은 측은히 여겨 자신의 외어外御 다섯을 노인의 아들 중 다섯 명에게 보내어 아내로 맞이하도록 하였다. 관중管仲이 이를 듣고 입조하여 아뢰었다.

"임금께서 은혜를 베푼 것이 너무 약소합니다."

환공이 의아해서 물었다.

"무슨 뜻이오?"

"임금께서는 눈에 띄는 것에만 은혜를 베푸시니, 그렇다면 이 제나라 사람 중에 장가들 수 있는 자가 너무 적겠습니다."

이 말에 환공이 다시 물었다.

"그러면 어찌하면 좋겠소?"

관중이 이에 이렇게 대답하였다.

"남자는 스무 살에, 여자는 열다섯 살이면 결혼을 하도록 법령을 내리십시오."

桓公之平陵, 見家人有年老而自養者, 公問其故, 對曰:「吾有子九人, 家貧無以妻之, 吾使傭而未返也.」

桓公取外御者五人妻之, 筦仲入見曰:「君之施惠不亦小矣.」

公曰:「何也?」

對曰:「公待所見而施惠焉, 則齊國之有妻者少矣.」

公曰:「若何?」

筦仲曰:「令國丈夫三十而室, 女子十五而嫁.」

【平陵】지명. 지금의 陝西省 咸陽縣 서북쪽.

【外御】御는 嬪妃라고도 한다. 자신의 侍女들 중에 다섯을 보냈다.

참고 및 관련 자료

1.《韓非子》外儲說右下

齊桓公微服以巡民家, 人有年老而自養者, 桓公問其故, 對曰:「臣有子三人, 家貧, 無以妻之, 傭未返.」桓公歸, 以告管仲. 管仲曰:「畜積有腐棄之財則人飢餓, 宮中有怨女則民無妻.」桓公曰:「善.」乃論宮中有婦人而嫁之, 下令於民曰:「丈夫二十而室, 婦人十五而嫁.」

2.《韓非子》外儲說右下

一日, 桓公微服而行於民間, 有鹿門稷者, 行年七十而無妻, 桓公問管仲曰:「有民老而無妻者乎?」管仲曰:「有鹿門稷者, 行年七十矣而無妻.」桓公曰:「何以令之有妻?」管仲曰:「臣聞之, 上有積財則民臣必匱乏於下, 宮中有怨女則有老而無妻者.」桓公曰:「善.」令於宮中女子未嘗御出嫁之, 乃令男子年二十而室, 女十五而嫁. 則內無怨女, 外無曠夫.

139(5-14) 孝宣皇帝初卽位
땅에 감옥이라고 금만 그려 놓아도

효선황제孝宣皇帝가 즉위하자, 수정위리守廷尉吏인 노온서路溫舒가 글을 올려 덕을 숭상하고 형벌을 낮출 것을 주장하였다.

그 글의 내용은 다음과 같았다.

"폐하께서 즉위하시니 그 지존至尊함은 하늘과 부합됩니다. 마땅히 전세前世의 과실을 고쳐 처음부터 바르게 그 정통을 물려받아야 합니다. 번거로운 공문은 없애고, 백성의 고통을 제거하여 망해 가는 자는 살려 주시고, 끊어지는 것은 이어 주어 천덕天德에 응하시면, 천하가 큰 행복을 받을 것입니다. 제가 들으니, 지난 날 진秦나라에 열 가지 과실이 있었다고 하였는데, 그 중 하나가 아직껏 남아 있으니, 바로 법을 다스리는 관리들의 일입니다.

옛 진나라 때에는 문학文學을 없애고 무용武勇을 숭상하였으며, 인의 지자仁義之士는 천히 여기고 치옥지리治獄之吏만을 귀히 여겼습니다. 그리하여 바른말을 비방이라 뒤집어씌웠고, 과실을 지적하는 말을 요언妖言이라 몰아붙였습니다. 따라서 복장을 바르고 단정히 한 선생들은 세상에 쓰이기를 거부하였고, 충량忠良하고 간절한 말은 모두가 가슴에서 막혀 버렸으며, 그릇된 칭찬의 말과 아첨하는 말만이 날마다 귀에 가득 차야 하였습니다. 거짓 꾸민 좋은 말만 마음에 담았으니, 사실 터져 사라져야 할 화근은 그 속에 갇혀 더욱 커지기만 하였습니다. 이것이 곧 진나라가 천하를 잃은 소이입니다.

고요(皐陶)《三才圖會》

그러나 지금은 해내海內가 모두 폐하의 후덕한 은혜에 힘입어 금혁
金革(전쟁)의 위험이나, 기근과 폐색閉塞의 근심이 사라져 부자父子·부부
夫婦가 온 힘을 다해 집안을 일으키기에 열심입니다. 이로써 천하는
큰 행복에 젖어 있습니다. 그런데도 태평이 아직 미흡한 것은, 바로
법관들이 바로잡히지 못한 때문입니다.

무릇 형법이란, 천하의 생명을 다루는 일로서 한 번 죽으면 다시
살아날 수 없고, 한 번 끊어지면 다시 이을 수 없는 것이 사람의 목숨
입니다.

《서書》에 '죄 없는 자를 마구 죽이느니, 차라리 형벌의 가치를 포기
하는 것이 낫다'라 하였습니다.

그러나 지금 형법을 처리하는 모습을 보면 그렇지 않습니다. 상하上下
가 서로 몰아붙여 각박할수록 그것을 명쾌한 것으로 여기고 있으며,
심할수록 그것이 공명公名이라 하고 있어 공평公平하면 오히려 후환이
따르게 되어 있습니다.

그래서 법을 맡은 관리들은 모두 끝내 그 죄인을 죽이고자 하니,
이는 그가 그 죄인을 미워해서라기보다도, 스스로 안전을 지키기 위해
서는 그 죄인을 죽음으로 몰아넣는 길밖에 없다고 느끼기 때문입니다.

이리하여 죽은 사람의 피가 온 저자에 흩어져 있고, 형벌에 걸려든
무리가 서로 어깨를 맞대고 있을 정도입니다. 사형에 처해질 죄수가

헤아려 보면 해마다 만萬 단위로 나가고 있으니, 이는 바로 성왕들이 태평에 미흡하게 된 것으로 여겨 늘 상심하던 바입니다.

이런 것으로 볼진대, 사람의 인지상정이란 편안하면 좀더 즐겁게 살고 싶고 고통스러우면 차라리 죽고 싶은 것입니다. 채찍과 몽둥이 아래에서는 무엇을 구한들 못 구하겠습니까?

그래서 죄수란 더 이상 고통을 이겨낼 수 없을 경우에는 결국 거짓으로라도 관리에게 거짓 자백을 하게 됩니다. 관리는 이를 사실인양 믿고, 그 법에 따라 이자를 판결하게 됩니다. 그리고 나서는 이 판결을 임금에게 올렸을 때 기각될까 두려워 더욱 죄인을 단련鍛鍊하여 주도면밀하게 그 판결문에 집어넣습니다. 그러한 판결문이 작성되어 누구인가 보았다면, 비록 고요皐陶 같은 이가 보았다 해도 그런 죄인은 죽고 나서도 남은 죄를 다 갚지 못한 죄질이라 여길 것입니다. 왜 그렇겠습니까?

이는 그를 문초한 자들이 많은데다가 글로써 이를 기록한 것도 그의 죄를 명확하게 해놓았기 때문입니다. 이로써 옥리獄吏들은 각박한 것으로만 전업을 삼아 잔혹한 적대감만 있을 뿐 이치는 따지지 않습니다. 일체를 한 가지에만 맞추어 나라의 근심은 돌아보지도 않습니다. 바로 이 시대의 대적大賊은 법관들이라 할 수 있습니다.

따라서 속담에 '땅에 감옥이라고 금만 그려 놓아도 들어가려 하지 않을 것이며, 나무를 깎아 법관이라고만 해도 마주 대하려 들지 않을 것이다'라 하였습니다. 이는 모두가 법관을 질시하며 비통해하는 말입니다.

그래서 천하의 근심 중에 형법만큼 심각한 것이 없으며, 법을 어그러뜨리고 정치를 어지럽히며, 사람간에 친함을 멀어지게 하고 이를 막아버리는 이는 법관보다 더 심각한 관리가 없습니다.

이 때문에 저는 과거 진秦나라의 열 가지 실책 중에 그 하나가 지금까지 상존하고 있다고 말씀드린 것입니다.

제가 듣건대 '어린 새의 알을 훼멸하지 않아야 뒤에 봉황새가 모이고, 비방의 죄조차도 사형으로 다스리지 않아야 뒤에 좋은 말이 바쳐진다'라 하였습니다.

그래서 전전傳에 '산과 풀은 해물害物을 감추어 주고, 내와 못은 오물을 받아준다'라 하였습니다. 마찬가지로 나라와 임금은 더러운 때조차 모두 덮어 감싸주는 것이 하늘의 도입니다.

저는 죽음을 무릅쓰고 임금께 아뢰옵니다. 원컨대 폐하께서는 비방을 잘 살피시고 간절한 진언은 귀담아 들으시며, 천하의 입을 모두 열도록 하고 훌륭한 충간의 길을 넓게 펴주십시오.

그리하여 진나라가 망한 실책을 고치셔서 문무文武의 가덕嘉德을 함께 준수하며, 법제法制를 간략히 하고 형벌刑罰에 관용을 베풀어 번거로운 형법을 폐기하시면 태평의 풍조가 이 시대에 함께 할 것이며, 복과 화락이 천지와 더불어 끝없이 펼쳐져서 천하가 행복에 겨워할 것입니다."

이 글이 상주上奏되자 황제는 대단히 훌륭하다고 하였다.

노온서路溫舒는 뒤에 임회臨淮 태수太守에까지 올라 생을 마쳤다.

孝宣皇帝初卽位, 守廷尉吏路溫舒上書, 言尙德緩刑.

其詞曰:「陛下初卽至尊, 與天合符, 宜改前世之失, 正始受之統, 滌煩文, 除民疾, 存亡繼絶, 以應天德, 天下幸甚. 臣聞往者秦有十失, 其一尙存, 治獄吏是也; 昔秦之時, 滅文學, 好武勇, 賤仁義之士, 貴治獄之吏, 正言謂之誹謗, 謁過謂之妖言, 故盛服先王不用於世, 忠良切言, 皆鬱於胸, 譽諛之聲, 日滿於耳, 虛美薰心, 實禍蔽塞, 此乃秦之所以亡天下也. 方今海內賴陛下厚恩, 無金革之危, 飢寒之患, 父子夫婦戮力安家, 天下幸甚; 然太平之未洽者, 獄亂之也, 夫獄天下之命, 死者不可生, 斷者不可屬, 書曰: 『與其殺不辜, 寧失不經.』今治獄吏則不然, 上下相驅, 以刻爲明, 深者獲公名, 平者多後患; 故治獄吏皆欲人死, 非憎人也, 自安之道, 在人之死, 是以死人之血, 流離於市; 被刑之徒, 比肩而立,

大辟之計, 歲以萬數, 此聖人所以傷太平之未洽. 凡以是也, 人情
安則樂生, 痛則思死, 捶楚之下, 何求而不得; 故囚人不勝痛,
則飾誣詞以示之, 吏治者利其然, 則指道以明之, 上奏恐却則
鍛煉而周內之, 蓋奏當之成, 雖皋陶聽之, 猶以爲死有餘罪, 何則?
成錬之者衆而文致之罪明也. 是以獄吏專爲深刻, 殘賊而無極,
偸爲一切, 不顧國患, 此世之大賊也, 故俗語云:『畫地作獄, 議不
可入; 刻木爲吏, 期不可對.』此皆疾吏之風, 悲痛之辭也. 故天下
之患, 莫深於獄, 敗法亂政, 離親塞道, 莫甚乎治獄之吏, 此臣所
謂一尚存也. 臣聞鳥鷇之卵不毁, 而後鳳凰集; 誹謗之罪不誅,
而後良言進, 故傳曰:『山藪藏疾, 川澤納汚.』國君含垢, 天之
道也. 臣昧死上聞, 願陛下察誹謗, 聽切言, 開天下之口, 廣箴諫
之路, 改亡秦之一失, 遵文武之嘉德, 省法制, 寬刑罰, 以廢煩獄;
則太平之風, 可興於世, 福履和樂, 與天地無極, 天下幸甚.』
　書奏, 皇帝善之.
　後卒爲臨淮太守.

【孝宣皇帝】前漢의 宣帝. 劉詢(B.C.74~49). 本始·地節·元康·神爵·五鳳·甘露
　등의 年號를 썼다.
【路溫舒】西漢 때의 法官으로 字는 長君. 昭帝 때에 守廷尉吏(廷尉, 즉 법관을
　관리하는 상급직)가 되어 宣帝가 즉위하자 이 글을 올렸다. 이것이 채택되어
　臨淮 太守에까지 올랐다. 《漢書》 路溫舒傳 참조.
【書曰】《書經》 大禹謨의 구절.
【鍛煉】酷吏가 죄인을 고문함을 말한다.
【皋陶】人名. 虞舜時代의 獄官의 長.
【傳曰】《左傳》 宣公 15年 참조.

1.《漢書》路溫舒傳

路溫舒字長君, 鉅鹿東里人也. 父爲里監門. 使溫舒牧羊, 溫舒取澤中蒲, 截以爲牒, 編用寫書. 稍習善, 求爲獄小吏, 因學律令, 轉爲獄史, 縣中疑事皆問焉. 太守行縣, 見而異之, 署決曹史. 又受春秋, 通大義. 擧孝廉, 爲山邑丞, 坐法免, 復爲郡吏. 元鳳中, 廷尉〈光〉以治詔獄, 請溫舒署奏曹掾, 守廷尉史. 會昭帝崩, 昌邑王賀廢, 宣帝初卽位, 溫舒上書, 言宜尙德緩刑. 其辭曰:

"臣聞齊有無知之禍, 而桓公以興; 晉有驪姬之難, 而文公用伯. 近世趙王不終, 諸呂作(難)[亂], 而孝文爲大宗. 繇是觀之, 禍亂之作, 將以開聖人也. 故桓文扶微興壞, 尊文武之業, 澤加百姓, 功潤諸侯, 雖不及三王, 天下歸仁焉. 文帝永思至惪, 以承天心, 崇仁義, 省刑罰, 通關梁, 一遠近, 敬賢如大賓, 愛民如赤子, 內恕情之所安, 而施之於海內, 是以囹圄空虛, 天下太平. 夫繼變化之後, 必有異舊之恩, 此賢聖所以昭天命也. 往者, 昭帝卽世而無嗣, 大臣憂戚, 焦心合謀, 皆以昌邑尊親, 援而立之. 然天不授命, 淫亂其心, 遂以自亡. 深察禍變之故, 乃皇天之所以開至聖也. 故大將軍受命武帝, 股肱漢國, 披肝膽, 決大計, 黜亡義, 立有德, 輔天而行, 然後宗廟以安, 天下咸寧. 臣聞春秋正卽位, 大一統而愼始也. 陛下初登至尊, 與天合符, 宜改前世之失, 正始受(命)之統, 滌煩文, 除民疾, 存亡繼絶, 以應天意. 臣聞秦有十失, 其一尙存, 治獄之吏是也. 秦之時, 羞文學, 好武勇, 賤仁義之士, 貴治獄之吏; 正言者謂之誹謗, 遏過者謂之妖言. 故盛服先生不用於世, 忠良切言皆鬱於胸, 譽諛之聲日滿於耳; 虛美熏心, 實禍蔽塞. 此乃秦之所以亡天下也. 方今天下賴陛下恩厚, 亡金革之危, 飢寒之患, 父子夫妻勠力安家, 然太平未洽者, 獄亂之也. 夫獄者, 天下之大命也, 死者不可復生, 絶者不可復屬. 書曰:「與其殺不辜, 寧失不經.」今治獄吏則不然, 上下相敺, 以刻爲明; 深者獲公名, 平者多後患. 故治獄之吏皆欲人死, 非憎人也, 自安之道在人之死. 是以死人之血流離於市, 被刑之徒比肩而立, 大辟之計歲以萬數, 此仁聖之所以傷也. 太平之未洽, 凡以此也. 夫人情安則樂生, 痛則思死. 棰楚之下, 何求而不得? 故囚人不勝痛, 則飾辭以視之; 吏治者利其然, 則指道以明之; 上奏畏卻, 則鍛練而周內之. 蓋奏當之成, 雖咎繇聽之, 猶以爲死有餘辜. 何則? 成練者衆, 文致之罪明也. 是以獄吏專爲深刻, 殘賊而亡極, 媮爲一切, 不顧國患, 此世之大賊也. 故俗語曰:「畫地爲獄, 議不入; 刻木爲吏, 期不對.」此皆疾吏之風, 悲痛之辭也. 故天下之患, 莫深於獄; 敗法亂正, 離親塞道, 莫甚乎治獄之吏. 此所謂一尙存者也.

臣聞烏鳶之卵不毀, 而後鳳凰集; 誹謗之罪不誅, 而後良言進. 故古人有言:「山藪藏疾,
川澤納汙, 瑾瑜匿惡, 國君含詬.」唯陛下除誹謗以招切言, 開天下之口, 廣箴諫之路,
掃亡秦之失, 尊文武之德, 省法制, 寬刑罰, 以廢治獄, 則太平之風可興於世, 永履和樂,
與天亡極, 天下幸甚.”

上善其言, 遷廣陽私府長. 內史舉溫舒文學高第, 遷右扶風丞. 時, 詔書令公卿選可
使匈奴者, 溫舒上書, 願給廝養, 暴骨方外, 以盡臣節. 事下度遼將軍范明友·太僕
杜延年問狀, 罷歸故官. 久之, 遷臨淮太守, 治有異迹, 卒於官. 溫舒從祖父受曆數天文,
以爲漢厄三七之間, 上封事以豫戒. 成帝時, 谷永亦言如此. 及王莽簒位, 欲章代漢
之符, 著其語焉. 溫舒子及孫皆至牧守大官.

贊曰: 春秋魯臧孫達以禮諫君, 君子以爲有後. 賈山自下劘上, 鄒陽·枚乘游於危國,
然卒免刑戮者, 以其言正也. 路溫舒辭順而意篤, 遂爲世家, 宜哉!

140(5-15) 晉平公春築臺
다스림은 곧 양육이라는 뜻

진晉 평공平公이 봄에 누대를 축조하는 토목공사를 벌였다.
이를 본 숙향叔向이 나서서 간언하였다.

"안 됩니다. 옛날 성왕聖王들은 덕을 귀히 여기면서 은혜를 베푸는 데에 힘썼으며, 형벌을 완화시키고, 백성을 부릴 때에는 그들의 때를 잘 살폈습니다.

지금 봄인데 누대를 짓는다고 공사를 벌이시니, 이는 백성들의 때를 빼앗는 것입니다. 무릇 덕을 베풀지 않으면 백성이 따르지 않는 법이요, 형벌을 완화시키지 않으면 백성들이 근심합니다. 또 임금을 사랑하지 않는 백성을 억지로 부리고, 근심과 원망에 쌓인 백성에게 노역을 시키고, 게다가 그들의 농사지을 때까지 빼앗으시니, 이는 그들을 거듭 고갈되게 하는 것입니다.

무릇 백성을 다스린다는 것은 바로 그들을 양육한다는 뜻인데, 도리어 그들을 고갈하게 만드니, 이 어찌 명령과 존재를 안전히 하여 후세에 임금이란 소리를 들을 수 있겠습니까?"

평공이 이 말을 듣고 허락하였다.

"좋습니다!"

그리고는 공사를 중지해 버렸다.

晉平公春築臺, 叔向曰:「不可. 古者聖王貴德而務施, 緩刑辟而趨民時; 今春築臺, 是奪民時也. 夫德不施, 則民不歸; 刑不緩, 則百姓愁. 使不歸之民, 役愁怨之百姓, 而又奪其時, 是重竭也; 夫牧百姓, 養育之而重竭之, 豈所以定命安存, 而稱爲人君於後世哉!」

平公曰:「善!」

乃罷臺役.

【晉平公】춘추시대의 晉나라 平公. 재위 26년(B.C.557~532).
【叔向】平公의 신하.

141(5-16) 趙簡子春築臺於邯鄲
농사지을 시간을 주시오

조간자趙簡子가 봄에 한단邯鄲에 누대樓臺를 수축하는 공사를 벌였다. 그런데 연일 비가 와서 그치지를 않았다. 간자가 좌우에게 이렇게 말하였다.

"비 때문에 공사도 못하는데 어찌 사람들이 급히 돌아가 농사짓는 일을 아니할까?"

이 말에 윤탁尹鐸이 이렇게 설명하였다.

"공公의 일이 급하여 농사짓는 일은 이 누대에 매달아 놓았습니다. 비록 쫓아가 자기 농사를 짓고 싶으나 그럴 수가 없습니다."

간자는 깨닫고 근심스러운 표정으로 윤탁에게 공사를 중지하도록 명하면서 이렇게 말하였다.

"나는 누대짓는 일에만 급히 굴었으나 이것이 백성의 농사만큼 급하지 않음을 알았다. 백성들에게 이 누대짓는 것을 그만두게 한 이유가, 바로 내가 그들을 사랑하기 때문이라는 것을 알려 주었으면 하노라."

趙簡子春築臺於邯鄲, 天雨而不息.

謂左右曰「可無趨種乎?」

尹鐸對曰:「公事急, 措種而懸之臺; 夫雖欲趨種, 不能得也.」

簡子愓然, 乃釋臺罷役曰:「我以臺爲急, 不如民之急也, 民以
不爲臺故, 知吾之愛也.」

【趙簡子】 춘추시대 晉나라의 大夫.
【邯鄲】 趙나라의 서울.
【尹鐸】 趙簡子의 신하.

142(5-17) 中行獻子將伐鄭
땅도 없이 부자라고 자처하다니

중항헌자中行獻子가 장차 정鄭나라를 치려고 하자 범문자范文子가 말렸다.

"안 됩니다. 정나라를 얻고 나면 모든 제후들이 모두 우리를 원수로 여길 것입니다. 그러면 근심이 커질 것입니다."

그러자 극지郤至가 다시 나섰다.

"정나라를 얻으면 그를 겸병하여 국토가 넓어집니다. 국토를 넓히면 왕王이 되는 것입니다. 왕이 된 자에게도 그렇게 근심이 많습니까?"

문자는 이 말에 이렇게 설명하였다.

"왕王이란 그 덕을 풍성히 하여 먼데 사람에게까지 귀의하도록 해야 근심이 없어집니다. 그런데 지금 우리는 덕이 적으면서 왕자王者나 이룰 공을 갖게 된다면 근심이 많아질 수밖에요! 지금 그대는 토지도 없으면서 부자가 되겠다고 하는 자가 즐거워하는 것을 보았소?"

中行獻子將伐鄭, 范文子曰:「不可. 得志於鄭, 諸侯讐我, 憂必滋長.」

郤至又曰:「得鄭是兼國也, 兼國則王, 王者固多憂乎?」

文子曰:「王者盛其德而遠人歸, 故無憂; 今我寡德而有王者之功, 故多憂. 今子見無土而欲富者, 樂乎哉?」

【中行獻子】晉나라 六卿의 하나. 荀偃. 字는 伯游. 中行은 성씨. 獻子는 작호.
《左傳》襄公 9年 참조.
【范文子】역시 晉나라 六卿의 하나. 이름은 士爕. 晉 景公 때의 大夫.《左傳》
成公 2年 참조.
【郤至】中行獻子의 家臣. 晉 景公 때의 溫大夫. 溫季로도 불린다.《左傳》成公
2年 참조.
【諸侯讎我】六卿의 세력 다툼에 누구나 왕이 될 수 있어 范文子도 그러한 경우임을
두고 한 말이다.

참고 및 관련 자료

1.《國語》晉語(六)

厲公將伐鄭, 范文子不欲, 曰:「若以吾意, 諸侯皆叛, 則晉可爲也. 唯有諸侯, 故擾擾焉.
凡諸侯, 難之本也. 得鄭憂滋長, 焉用鄭!」郤至曰:「然則王者多憂乎?」文子曰:「我王
者也乎哉? 夫王者盛其德, 而遠人以其方賄歸之, 故無憂. 今我寡德而求王者之功,
故多憂, 子見無土而欲富者, 樂乎哉?」

143(5-18) 季康子謂子游

자산이 죽자 천하가 통곡하였다

계강자季康子가 자유子游에게 물었다.

"인자仁者도 남을 사랑합니까?"

"그렇소!"

"그럼 남도 역시 그를 사랑합니까?"

"그렇소!"

그러자 강자가 다시 물었다.

"그렇다면 정鄭나라 자산子産이 죽자, 정나라 사람들은 모두가 몸의 장식을 떼고 부인들은 귀걸이를 풀고 부부가 골목에 나와 통곡하였으며, 석 달 동안이나 음악 소리가 들리지 않을 정도로 애도하였습니다. 그러나 중니仲尼가 죽었을 때, 나는 노魯나라 사람들이 그 선생님을 사랑하여 어떤 애통을 하였다는 소문도 듣지 못하였소. 무슨 이유입니까?"

이에 자유가 이렇게 비유를 들어 설명하였다.

"비유컨대 자산과 우리 선생님은 물을 적셔 주는 것과 하늘에서 비를 내려주는 차이와 같습니다. 물을 적셔 주면 그 물이 닿는 곳의 식물은 자라지만, 그 물이 미치지 못하는 곳은 말라죽습니다. 그러나 이 백성들의 삶에는 반드시 하늘에서 비를 내려주어야 살 수 있습니다. 이미 만물을 살려 주되, 그 내려주는 비를 아까워하지 않는 것입니다. 그래서 비유컨대, 자산과 선생님의 차이는 바로 물을 적셔줌과 하늘에서 비를 내려줌과 같다고 한 것입니다!"

鄭子産《三才圖會》

子游(言偃)《三才圖會》

季康子謂子游曰:「仁者愛人乎?」

子游曰:「然.」

「人亦愛之乎?」

子游曰:「然.」

康子曰:「鄭子産死, 鄭人丈夫舍玦珮, 婦人舍珠珥, 夫婦巷哭, 三月不聞竽瑟之聲. 仲尼之死, 吾不聞魯國之愛夫子, 奚也?」

子游曰:「譬子産之與夫子, 其猶浸水之與天雨乎? 浸水所及則生, 不及則死, 斯民之生也, 必以時雨, 旣以生, 莫愛其賜. 故曰: 譬子産之與夫子也, 猶浸水之與天雨乎!」

【季康子】春秋 때 魯나라의 신하.

【子游】孔子의 제자. '言偃'.《史記》에는 '吳人', 혹은 '魯人'이라 한다.

【子産】鄭나라의 이름난 大夫. 재상.

【仲尼】孔子의 字. 이름은 丘.

144(5-19) 中行穆子圍鼓
단 한 사람도 죽이지 않고

중항목자中行穆子가 고鼓 땅을 포위하자, 고 땅 사람 중에 그 땅을 다 주겠다고 배반하여 나선 자가 있었다. 그러나 목자는 이를 거절하였다. 목자의 군관軍官이 물었다.

"군대를 조금도 쓰지 않고 성을 얻을 수 있는데 왜 거절하십니까?"

이에 목자는 이렇게 설명하였다.

"만약 나의 부하 중에 우리 성城을 들어 남에게 배반하는 자가 있다면 나는 그를 심히 미워할 것이다. 그런데 남이 그 성을 준다고 찾아오면 내 홀로 어찌 좋아할 수 있겠는가? 남이 미워하는 자에게 상을 내린다는 것은 그 상賞을 잃는 것이다. 또 그를 우리가 좋다고 한다면 어찌해야 하겠는가? 그에게 상을 내리지 않는다면, 이는 믿음을 잃는 것이다. 그러니 백성에게 무엇을 보여 줄 수 있겠는가?"

조금 후 고 땅 사람이 다시 와서 이번에는 모두 항복하겠다고 알려왔다. 그래서 사람을 시켜 사정을 살펴보도록 하였더니 그 백성들은 평상시처럼 밥을 먹고 있는 중이었다. 그래서 그것도 거절하였다. 고 땅 사람들이 밥을 다 먹고 그들의 힘을 다 쏟았다고 알려오자 그제야 이들을 취하여 왔다. 이렇게 해서 고 땅을 이기고 돌아오면서 단 한 사람도 죽이지 않게 된 것이다.

中行穆子圍鼓, 鼓人有以城反者, 不許.

軍吏曰:「師徒不勤, 可得城, 奚故不受?」

曰:「有以吾城反者, 吾所甚惡也; 人以城來, 我獨奚好焉? 賞所甚惡, 是失賞也, 若所好何? 若不賞, 是失信也, 奚以示民?」

鼓人又請降, 使人視之, 其民尙有食也, 不聽, 鼓人告食盡力竭而後取之, 克鼓而反, 不戮一人.

참고 및 관련 자료

1.《左傳》昭公 15年

晉荀吳帥師伐鮮虞, 圍鼓, 鼓人或請以城叛, 穆子弗許. 左右曰:「師徒不勤, 而可以獲城, 何故不爲?」穆子曰:「吾聞諸叔向曰:『好惡不愆, 民知所適, 事無不濟.』或以吾城叛, 吾所甚惡也. 人以城來, 吾獨何好焉. 賞所甚惡, 若所好何? 若其弗賞, 是失信也, 何以庇民? 力能則進, 否則退, 量力而行. 吾不可以欲城而邇姦, 所喪滋多.」使鼓人殺叛人而繕守備. 圍鼓三月, 鼓人或請降, 使其民見, 曰:「猶有食色, 姑修而城.」軍吏曰:「獲城而弗取, 勤民而頓兵, 何以事君?」穆子曰:「吾以事君也. 獲一邑而教民怠, 將焉用邑? 邑以賈怠, 不如完舊. 賈怠無卒, 棄舊不祥. 鼓人能事其君, 我亦能事吾君. 率義不爽, 好惡不愆, 城可獲而民知義所, 有死命而無二心, 不亦可乎!」鼓人告食竭力盡, 而後取之. 克鼓而反, 不戮一人, 以鼓子鳶鞮歸.

2.《國語》晉語(九)

中行穆子帥師伐狄, 圍鼓. 鼓人或請以城叛, 穆子不受. 軍吏曰:「可無勞師而得城, 子何不爲?」穆子曰:「非事君之禮也. 夫以城來者, 必將求利於我. 夫守而二心,姦之大者也; 賞善罰姦, 國之憲法也. 許而弗予, 失吾信也; 若其予之, 賞大姦也. 姦而盈祿, 善將若何? 且夫狄之憾者以城來盈願, 晉豈其無? 是我以鼓教吾邊鄙貳也. 夫事君者, 量力而進, 不能則退, 不以安賈貳.」令軍吏呼城, 儆將攻之, 未傅而鼓降. 中行伯旣克鼓, 以鼓子苑支來. 今鼓人各復其所, 非僚勿從.

3.《淮南子》人間訓

中行穆伯攻鼓, 弗能下, 餽聞倫曰:「鼓之嗇夫, 聞倫知之, 請無罷武大夫而鼓可得也.」穆伯弗應. 左右曰:「不折一戟, 不傷一卒, 而鼓可得也, 君奚爲弗使?」穆伯曰:「聞倫爲人, 佞而不仁, 若使聞倫下之, 吾可以勿賞乎? 若賞之, 是賞佞人. 佞人得志, 是使晉國之武, 舍仁而後佞, 雖得鼓, 將何所用之?」

145(5-20) 孔子之楚有漁者獻魚
억지로 떠맡긴 물고기 한 마리

공자孔子가 초楚나라에 갔을 때, 어떤 어부가 공자에게 물고기 한 마리를 억지로 떠맡겼다. 공자가 이를 받지 않으려 하자 그 어부는 이렇게 말하였다.

"날은 덥고 시장은 멀어 팔 수가 없습니다. 버릴까 생각하다가 군자에게 주느니만 못하다고 여겨 드리는 것입니다."

공자는 그제야 두 번 절하고 이를 받아서는 제자에게 명하여 깨끗이 씻어 제사지낼 준비를 하라고 하였다. 제자가 물었다.

"남이 버리려고 하던 것으로 선생님께서는 제사를 지내려 하시니 무슨 까닭입니까?"

공자는 이렇게 말하였다.

"내 들으니, 시혜施惠에 힘쓰면서 재물이 썩어 남지 않도록 하는 것이 성인聖人이 할 일이라 하였다. 지금 성인이 내려주신 물건을 받았는데, 어찌 제사지낼 수 없다는 말이냐?"

孔子之楚, 有漁者獻魚甚强, 孔子不受.
獻魚者曰:「天暑市遠, 賣之不售, 思欲棄之, 不若獻之君子.」
孔子再拜受, 使弟子掃除將祭之.
弟子曰:「夫人將棄之, 今吾子將祭之, 何也?」

孔子曰:「吾聞之, 務施而不腐餘財者, 聖人也, 今受聖人之賜, 可無祭乎?」

【强】 억지로 떠맡김을 뜻한다.
【售】 口語로 팔다(賣)의 뜻.

참고 및 관련 자료

1.《孔子家語》致思篇

孔子之楚, 而有漁者而獻魚焉, 孔子不受. 漁者曰:「天暑市遠, 無所鬻也, 思棄之糞壤, 不如獻之君子, 故敢以進焉.」於是夫子再拜受之, 使弟子掃地, 將以享祭. 門人曰: 「彼將棄之, 而夫子以祭之, 何也?」孔子曰:「吾聞之: 惜其腐餒而欲以務施者, 仁人 之偶也, 惡有受仁人之饋而無祭者乎?」

146(5-21) 鄭伐宋宋人將與戰
양고기 국물을 못 얻어먹은 마부

정鄭나라가 송宋나라를 치자 송나라에서도 장차 이를 맞아 싸울 준비를 서둘렀다. 그때 송나라의 장수 화원華元이 양을 잡아 군사들을 위로해 주다가 그만 그의 마부馬夫인 양짐羊斟에게는 그 국물이 돌아가지 못하였다. 그러고 나서 드디어 접전이 벌어졌을 때, 양짐은 화원에게 이렇게 말하였다.

"지난번 양고기 국물을 나누어 주는 일은 그대의 권한이었지만, 지금 이 싸움에서는 말고삐를 잡은 내 손에 달렸습니다."

그리고는 화원을 태운 채 정나라 군대에 투항해 버렸다. 이로써 송나라는 크게 깨어지고 말았다.

鄭伐宋, 宋人將與戰, 華元殺羊食士, 其御羊斟不與焉.
及戰, 曰:「疇昔之羊羹, 子爲政; 今日之事, 我爲政.」
與華元馳入鄭師, 宋人敗績.

【華元】華督의 증손으로 宋나라의 右師가 되었다.
【羊斟】자는 子羊. 華元의 戎御.

1. 《左傳》 宣公 2年

將戰, 華元殺羊食士, 其御羊斟不與. 及戰, 曰:「疇昔之羊, 子爲政, 今日之事, 我爲政.」
與入鄭師, 故敗.

2. 《呂氏春秋》 察微篇

鄭公子歸生率師伐宋. 宋華元率師應之大棘, 羊斟御. 明日將戰, 華元殺羊饗士, 羊斟
不與焉. 明日戰, 怒謂華元曰:「昨日之事, 子爲制; 今日之事, 我爲制.」遂驅入於鄭師.
宋師敗績, 華元虜. 夫弩機差以米則不發. 戰, 大機也. 饗士而忘其御也, 將以此敗而
爲虜, 豈不宜哉? 故凡戰必悉熟偏備, 知彼知己, 然後可也.

3. 《史記》 鄭世家

往年楚太子商臣弑其父成王代立. 二十一年, 與宋華元伐鄭. 華元殺羊食士, 不與其
御羊斟, 怒以馳鄭, 鄭因華元. 宋贖華元, 元亦亡去. 晉使趙穿以兵伐鄭.

4. 《戰國策》 中山策

中山君饗都士, 大夫司馬子期在焉. 羊羹不遍, 司馬子期怒而走於楚, 說楚王伐中山,
中山君亡. 有二人挈戈而隨其後者, 中山君顧謂二人:「子奚爲者也?」二人對曰:
「臣有父, 嘗餓且死, 君下壺飡餌之. 臣父且死, 曰:『中山有事, 汝必死之.』故來死
君也.」中山君喟然而仰歎曰:「與不期衆少, 其於當厄; 怨不期深淺, 其於傷心. 吾以
一杯羊羹亡國, 以一壺飡得士二人.」

147(5-22) 楚王問莊辛
사방의 담장을 없애야 합니다

초왕楚王이 장신莊辛에게 물었다.

"군자의 행동은 어떠해야 합니까?"

장신의 대답은 이러하였다.

"사는 집에 사방의 담장이 없어야 합니다. 그래서 사람들로 하여금 그 안을 다 들여다보게 하여 훼방하는 말이 없도록 하는 것입니다. 또 행동에는 사방에 접근하지 못하게 하는 호위護衛를 두지 말아야 합니다. 그래야 사람들이 그에게 폭행을 휘두르지 않습니다. 이것이 군자의 행동입니다."

초왕이 다시 물었다.

"그럼 군자로서 부유하다면 어찌해야 합니까?"

장신은 다시 이렇게 설명하였다.

"군자로서 부유하다면 남에게 빌려 주고 나서도 그들이 덕스럽게 여겨 주지 않는다고 해서 이를 책하지 않으며, 남에게 먹을 것을 제공해 주되 그들을 시키거나 부리지 않습니다. 그리하면 친척이 그를 사랑하고 많은 사람들이 그를 추대하여 불초한 자라도 그를 모시게 됩니다. 그러면서 모두가 즐겁게 오래 살아 환난이 그를 다치게 하지 않기를 바라게 됩니다. 이것이 군자로서 자신의 부를 처리하는 방법입니다."

초왕은 이 말에 이렇게 말하였다.

"훌륭하오!"

楚王問莊辛曰:「君子之行奈何?」

莊辛對曰:「居不爲垣牆, 人莫能毁傷; 行不從周衛, 人莫能暴害. 此君子之行也.」

楚王復問:「君子之富奈何?」

對曰:「君子之富, 假貸人不德也, 不責也; 其食飲人不使也, 不役也; 親戚愛人, 衆人喜之, 不肖者事之; 皆欲其壽樂而不傷於惠. 此君子之富也.」

楚王曰:「善!」

【莊辛】 전국시대 楚나라 사람. 뒤에 楚나라를 버리고 趙나라로 갔던 인물.

【周衛】 주변을 엄밀히 경비함을 뜻한다.

참고 및 관련 자료

1. 《後漢書》 樊宏傳 論

論曰:「昔楚頃襄王問陽陵君曰: '君子之富何如?' 對曰: '假人不德之責, 食人不使不役, 親戚愛之, 衆人善之.'」

148(5-23) 丞相西平侯于定國者
동해 효부의 억울한 죽음

 승상丞相 서평후西平侯 우정국于定國이라는 사람은 동해東海 하비下邳땅 사람이다. 그의 아버지는 우공于公이라 하여, 현縣의 옥리獄吏 결조연決曹掾의 벼슬을 지내면서 재판의 판결을 공정하게 하여 누구에게도 원망을 산 일이 없었다.

 군郡 내의 판결문 해석은 모두 우공于公이 결정하였으며, 단 한 가지도 사사로운 감정에 의해 감추거나 잘못한 일이 없었다. 동해군東海郡에서는 그의 덕을 기려 그가 살아 있을 때에 이미 사당을 세워 놓고 우공사于公祠라 할 정도였다.

 그런데 이 동해 땅에 어떤 효부孝婦가 있었는데 자식도 없이 젊어서 과부가 되어 자신의 시어머니를 성심껏 봉양하고 있었다. 그 시어머니가 재가再嫁를 권유하였지만 끝내 거부하였다. 이에 시어머니는 이웃사람들에게 자신의 며느리를 이렇게 말하였다.

 "나의 며느리는 효부로서 나를 심히 정성껏 봉양하고 있다. 나는 그가 자식도 없이 과부로 지낸 지 오래 된 것을 심히 애처롭게 생각한다. 이 내 늙은 몸으로 어찌 젊은 그에게 누가 되어서야 쓰겠는가?"

 그리고는 뒤에 그 시어머니는 목을 매고 죽어 버렸다. 그러자 시누이가 관리에게 나서서 송사를 벌였다.

 "효부라고 이름난 그 여자가 우리 어머니를 죽였습니다."

 이에 관리가 그 효부를 잡아들이자 그 효부는 당연히 사실이 아니라고 진술하였지만 관리는 효부를 혹독하게 문초하였다. 견디다 못한 효부는 거짓 자백을 하였고, 관리는 이를 문서로 만들어 상부上府에 보고하였다.

우공于公은 그 여인이 10년 넘게 시어머니를 봉양한 소문이 있었던 것으로 보아 살해하지 않았을 것이라고 생각하였다. 그러나 태수太守는 이를 들어 주지 않았다. 여러 번 쟁론을 벌였지만 끝내 우공의 주장은 미치지 못하였다. 이에 우공은 병을 핑계로 사임하고 관직을 떠나 버렸다. 태수는 끝내 그 효부를 사형에 처하고 말았다.

그러자 동해군에 3년이나 가뭄이 들었다. 뒤에 다른 태수가 부임하여 그 까닭을 점쳐 보았다. 이때 우공이 나서서 이렇게 말하였다.

"그 효부는 전혀 죽을죄를 짓지 않았는데 전임 태수가 이를 사형에 처하였소. 빌미는 바로 여기에 있소."

그리하여 소를 잡아 그 효부의 무덤에 이르러 제사를 지냈으며, 그 태수도 스스로 내려와서 이에 참여하였다. 그랬더니 즉시 큰비가 내려 그 해에 풍년이 들게 되었다. 이를 들은 군의 모든 사람들은 더욱 우공을 존경하게 되었다. 그 우공이 자신의 오막살이를 지으면서 집짓는 이에게 이렇게 일렀다.

"우리 집 대문만은 높이 지어라. 내가 법을 판결하는 일을 하면서 이제껏 누구에게 원망을 산 적이 없다. 내 후대에 반드시 크게 성공하는 자가 나올 것이니 그때 그의 높은 수레, 사마거四馬車가 드나들 수 있도록 말이다."

이 말은 바로 그의 아들에게 이루어져서 그가 서평후西平侯에 봉해진 것이다.

丞相西平侯于定國者, 東海下邳人也, 其父號曰于公, 爲縣獄吏決曹掾; 決獄平法, 未嘗有所冤, 郡中離文法者, 于公所決, 皆不敢隱情, 東海郡中爲于公生立祠, 命曰于公祠. 東海有孝婦, 無子, 少寡, 養其姑甚謹, 其姑欲嫁之, 終不肯.

其姑告鄰之人曰:「孝婦養我甚謹, 我哀其無子, 守寡日久, 我老累丁壯奈何?」

　　其後母自經死, 母女告吏曰:「孝婦殺我母.」

　　吏捕孝婦, 孝婦辭不殺姑, 吏欲毒治, 孝婦自誣服, 具獄以上府,
于公以爲養姑十年以孝聞, 此不殺姑也, 太守不聽, 數爭不能得,
於是于公辭疾去吏, 太守竟殺孝婦. 郡中枯旱三年, 後太守至,
卜求其故, 于公曰:「孝婦不當死, 前太守强殺之, 咎當在此.」

　　於是殺牛祭孝婦冢, 太守以下自至焉, 天立大雨, 歲豐熟, 郡中
以此益敬重于公. 于公築治廬舍, 謂匠人曰:「爲我高門, 我治
獄未嘗有所冤, 我後世必有興者, 令容高蓋駟馬車.」

　　及子封爲西平侯.

【于定國】 于公의 아들. 漢 宣帝 때 뛰어난 법관. 조정에서 "張釋之爲廷尉, 天下無
　　冤民, 于定國爲廷尉, 民自以無冤"이라 하였다. 뒤에 丞相에 올라 西平侯에 봉해
　　졌다.
【下邳】 지금의 山東省 濟寧縣.
【于公】 본문의 내용처럼 漢나라 때의 유명한 判官.《漢書》卷71 于公傳 참조.
【縣獄吏決曹掾】 현의 법관. 職名.

　　　참고 및 관련 자료

1.《漢書》于定國傳

于定國字曼倩, 東海郯人也. 其父于公爲縣獄史, 郡決曹, 決獄平, 羅文法者于公所
決皆不恨. 郡中爲之生立祠, 號曰于公祠. 東海有孝婦, 少寡, 亡子, 養姑甚謹, 姑欲
嫁之, 終不肯. 姑謂鄰人曰:「孝婦事我勤苦, 哀其亡子守寡. 我老, 久繫丁壯,
奈何?」其後姑自經死, 姑女告吏:「婦殺我母.」吏捕孝婦, 孝婦辭不殺姑. 吏驗治,
孝婦自誣服. 具獄上府, 于公以爲此婦養姑十餘年, 以孝聞, 必不殺也. 太守不聽, 于公爭之, 弗能得,
乃抱其具獄, 哭於府上, 因辭疾去. 太守竟論殺孝婦. 郡中枯旱三年. 後太守至, 卜筮

其故, 于公曰:「孝婦不當死, 前太守彊斷之, 咎黨在是乎?」於是太守殺牛自祭孝婦冢,
因表其墓, 天立大雨, 歲孰. 郡中以此大敬重于公. 定國少學法于父, 父死, 後定國亦
爲獄史, 郡決曹, 補廷尉史, 以選與御史中丞從事治反者獄, 以材高舉侍御史, 遷御
史中丞. 會昭帝崩, 昌邑王徵卽位, 行淫亂, 定國上書諫. 後王廢, 宣帝立, 大將軍光領
尙書事, 條奏羣臣諫昌邑王者皆超遷. 定國繇是爲光祿大夫, 平尙書事, 甚見任用.
數年, 遷水衡都尉, 超爲廷尉. 定國乃迎師學春秋, 身執經, 北面備弟子禮. 爲人謙恭,
尤重經術士, 雖卑賤徒步往過, 定國皆與鈞禮, 恩敬甚備, 學士咸(聲)[稱]焉. 其決
疑平法, 務在哀鰥寡, 罪疑從輕, 加審愼之心. 朝廷稱之曰:「張釋之爲廷尉, 天下無
冤民; 于定國爲廷尉, 民自以不冤.」定國食酒至數石不亂, 冬月請治讞, 飮酒益精明.
爲廷尉十八歲, 遷御史大夫. 甘露中, 代黃霸爲丞相, 封西平侯. 三年, 宣帝崩, 元帝立,
以定國任職舊臣, 敬重之. 時陳萬年爲御史大夫, 與定國並位八年, 論議無所拂. 後貢
禹代爲御史大夫, 數處駮議, 定國明習政事, 率常丞相議可. 然上始卽位, 關東連年
被災害, 民流入關, 言事者歸咎於大臣. 上於是數以朝日引見丞相、御史, 入受詔,
條責以職事, 曰:「惡吏負賊, 妄意良民, 至亡辜死. 或盜賊發, 吏不亟追而反繫亡家,
後不敢復告, 以故寖廣. 民多冤結, 州郡不理, 連上書者交於闕廷. 二千石選舉不實,
是以在位多不任職. 民田有災害, 吏不肯除, 收趣其租, 以故重困. 關東流民飢寒疾疫,
已詔吏轉漕, 虛倉廩開府臧相振救, 賜寒者衣, 至春猶恐不贍. 今丞相、御史將欲何
施以塞此咎? 悉意條狀, 陳朕過失.」定國上書謝罪. 永光元年, 春霜夏寒, 日靑亡光,
上復以詔條責曰:「郞有從東方來者, 言民父子相棄. 丞相·御史案事之吏匿不言邪?
將從東方來者加增之也? 何以錯繆至是? 欲知其實. 方今年歲未可預知也, 卽有水旱,
其憂不細. 公卿有可以防其未然, 救其已然者不? 各以誠對, 毋有所諱.」定國惶恐,
上書自劾, 歸侯印, 乞骸骨. 上報曰:「君相朕躬, 不敢怠息, 萬方之事, 大錄于君.
能毋過者, 其唯聖人. 方今承周秦之敝, 俗和陵夷, 民寡禮誼, 陰陽不調, 災咎之發,
不爲一端而作, 自聖人推類以記, 不敢專也, 況於非聖者乎! 日夜惟思所以, 未能盡明.
經曰:『萬方有罪, 罪在朕躬.』君雖任職, 何必顓焉? 其勉察郡國守相(郡)[羣]牧,
非其人者毋令久賊民. 永執綱紀, 務悉聰明, 强食愼疾.」定國遂稱篤, 固辭. 上乃賜
安車駟馬·黃金六十斤, 罷就第. 數歲, 七十餘薨, 謚曰安侯. 子永嗣. 少時, 耆酒多
過失, 年且三十, 乃折節修行, 以父任爲侍中中郎將·長水校尉. 定國死, 居喪如禮,
孝行聞. 由是以列侯爲散騎光祿勳, 至御史大夫. 尙館陶公主施. 施者, 宣帝長女,
成帝姑也, 賢有行, 永以選尙焉. 上方欲相之, 會永薨. 子恬嗣. 恬不肖, 薄於行.
始定國父于公, 其閭門壞, 父老方共治之. 于公謂曰:「少高大閭門, 令容駟馬高蓋車.

我治獄多陰德, 未嘗有所冤, 子孫必有興者.」至定國爲丞相, 永爲御史大夫, 封侯傳世云.

2.《搜神記》卷11

漢時, 東海孝婦, 養姑甚謹. 姑曰:「婦養我勤苦. 我已老, 何惜餘年, 久累年少!」遂自縊死. 其女告官云:「婦殺我母.」官收繫之, 拷掠毒治. 孝婦不堪苦楚, 自誣服之. 時于公爲獄吏, 曰:「此婦養姑十餘年, 以孝聞徹, 必不殺也」太守不聽. 于公爭不得理, 抱其獄詞, 哭於府而去. 自後郡中枯旱, 三年不雨. 後太守至, 于公曰:「孝婦不當死, 前太守枉殺之, 咎當在此.」太守卽時身祭孝婦冢, 因表其墓. 天立雨, 歲大熟. 長老傳曰:「孝婦名周青. 青將死, 車載十丈竹竿, 以懸五旛. 立誓於衆曰:『青若有罪, 願殺, 血當順下; 青若枉死, 血當逆流.』旣行刑已, 其血青黃, 緣旛竹而上標, 又緣旛而下云.」

3.《法苑珠林》(62)

《漢書》載: 東海孝婦, 養姑甚謹. 姑曰:「婦養我勤苦. 我已老, 何惜餘年, 久累年少!」遂自縊死. 其女告官云:「婦殺我母.」官收繫之, 拷掠毒治. 孝婦不堪苦楚, 自誣服之. 時于公爲獄吏, 曰:「此婦養姑十餘年, 以孝聞徹, 必不殺也」太守不聽. 于公爭不得理, 抱其獄辭, 哭於府而去. 自後郡中枯旱, 三年. 後太守至, 思求其所咎于公曰:「孝婦不當死, 前太守枉殺之, 咎當在此.」太守卽時身祭孝婦之墓. 未反而大雨焉. 長老傳云:「孝婦名周青. 青將死, 車載十丈竹竿, 以懸五旛. 立誓於衆曰:‘青若有罪, 願殺, 血當順下; 青若枉死, 血當逆流.’卽行形已, 其血青黃, 綠旛竹而上極標, 又綠旛而下」云.

4.《藝文類聚》(100) 炎異部 旱

《漢書》曰: 東海有孝婦, 少寡無子. 養姑甚謹. 姑告鄰人:「孝婦養我勤苦. 哀其無子守寡. 我老, 久累丁壯奈何?」後姑自經死, 姑女告吏:「婦殺我母.」吏捕孝婦, 婦誣服. 郡掾于公, 以爲此婦女不殺也. 太守不聽, 于公爭之弗得, 乃抱具獄, 哭於府上, 因辭疾去. 郡中枯旱三年. 後太守至, 殺牛自祭孝婦冢. 因表墓. 天立大雨, 歲熟. 郡中以此大敬重于公.

5. 기타 참고자료

《太平御覽》(415・646, 王歆《孝子傳》).

149(5-24) 孟簡子相梁并衛
나도 틀림없이 궁해지겠구나

맹간자孟簡子가 양梁나라의 재상이 되어 위衛나라를 합병하려다가 그만 죄를 짓고 제齊나라로 도망을 오게 되었다. 관중管仲이 이를 영접하여 수레에 함께 타고 오면서 물었다.

"그대께서는 양나라의 재상으로 위나라를 겸병하려 할 때 문하門下에 부릴 수 있었던 사람이 몇 명이나 되었습니까?"

"문하에 부릴 수 있는 자가 3천 명이나 되었지요!"

"그럼 지금 그대와 같이 우리나라로 따라온 자는 몇 명이오?"

"저를 따라온 자는 세 명입니다."

"어떤 자들이지요?"

이 질문에 맹간자는 이렇게 설명하였다.

"한 사람은 아버지가 죽어서 장례를 치를 수 없었을 때 내가 그를 위해 장례를 치러 준 자요, 또 한 사람은 그의 어머니가 죽었을 때 역시 내가 나서서 장례를 치러 준 자이며, 나머지 한 사람은 그의 형이 감옥에 갇혔을 때 내가 나서서 석방시켜 준 자이지요. 이리하여 세 사람이 나를 따르게 된 것입니다."

이에 관중은 수레에 탄 채 이렇게 탄식하였다.

"아! 나도 틀림없이 궁해지겠구나! 나는 능히 따뜻한 봄바람을 모든 사람에게 다 불게 해 주지 못하였고, 여름의 그 단비를 모든 사람에게 베풀지 못하였다. 나도 궁해질 것이 틀림이 없도다!"

孟簡子相梁幷衞, 有罪而走齊, 管仲迎而問之曰:「吾子相梁
幷衞之時, 門下使者幾何人矣?」

孟簡子曰:「門下使者有三千餘人.」

管仲曰:「今與幾何人來?」

對曰:「臣與三人俱.」

仲曰:「是何也?」

對曰:「其一人父死無以葬, 我爲葬之; 一人母死無以葬, 亦爲
葬之; 一人兄有獄, 我爲出之. 是以得三人來.」

管仲上車曰:「嗟玆乎! 我窮必矣, 吾不能以春風風人; 吾不
能以夏雨雨人, 吾窮必矣!」

【孟簡子】魏(梁)나라의 재상을 지낸 인물.
【梁】魏나라. 서울이 大梁(지금의 河南省 開封市)이어서 흔히 魏나라를 梁으로도
　부름.
【管仲】齊桓公의 賢相. 管子・夷吾. 원본에는 '筦仲'으로 표기되어 있다. '筦'은
　'管'과 같다.

150(5-25) 凡人之性
사람의 성품이란

무릇 사람의 성품性品이란 누구나 그 덕을 잘 닦아 보고 싶어 하지 아니하는 자가 없다. 그러나 그 덕을 잘 기르지 못하는 것은 사사로운 이익이 그 덕을 깨뜨리기 때문이다. 그래서 군자君子는 이利라는 말의 이름만 들어도 부끄러워한다.

이利라는 말을 부끄러워하면서도 오히려 덕을 깨뜨리는 경우가 있는데, 하물며 그 이利에 걸터앉아 이를 구하는 자에게 있어서랴?

주周 천자天子가 가보모백家父毛伯을 시켜 제후들로부터 금을 거두어 오도록 하였다. 《춘추春秋》에는 이를 비꼬았다. 그러므로 천자가 이익을 좋아하면 제후가 탐욕을 갖게 되고, 제후가 탐욕을 가지면 대부들이 비루해지게 되며, 대부가 비루해지면 서민들은 도둑질을 하게 된다.

윗사람이 아랫사람을 변화시키는 것은, 마치 바람이 풀을 눕게 하는 것과 같다. 따라서 임금이 된 자는 덕을 귀히 여김을 밝히고, 이利를 천하게 여기는 것으로써 아랫사람을 인도해야 한다. 그렇지 않으면 아랫사람이 악을 지어도 이를 저지시킬 수 없기 때문이다.

지금 은공隱公은 이利를 탐하여 스스로 제수濟水 가에서 물고기를 잡고, 윗사람인 천자天子나 할 수 있는 팔일무八佾舞까지 추었다. 이런 옳지 못한 것을 백성에게 보여 주니 백성이 어찌 의義에 나태해지지 않을 수 있겠는가?

의에 나태해지고 자신이 하고 싶은 대로 하게 되면 재해가 일어나고, 신하들이 이에 따라 편벽해질 수밖에 없게 된다. 그 까닭으로 춘추에는 은공隱公 원년元年에 메뚜기의 피해를 기록하여 재앙이 장차 일어나 국가가 어지러워질 것이라고 말한 것이다.

凡人之性, 莫不欲善其德, 然而不能爲善德者, 利敗之也; 故君子羞言利名, 言利名尚羞之, 況居而求利者也? 周天子使家父毛伯求金於諸侯, 春秋譏之; 故天子好利則諸侯貪, 諸侯貪則大夫鄙, 大夫鄙則庶人盜, 上之變下, 猶風之靡草也, 故爲人君者明貴德而賤利以道下, 下之爲惡, 尚不可止; 今隱公貪利而身自漁濟上, 而行八佾, 以此化於國人, 國人安得不解於義, 解於義而縱其欲, 則災害起而臣下僻矣, 故其元年始書螟, 言災將起, 國家將亂云爾.

【周 天子】周의 襄王을 말한다. 재위 33년(B.C.651~619). 이름은 姬鄭.
【家父毛伯】周 襄王의 가까운 혈족이었음.
【身自漁濟上】《左傳》隱公 5年에 "春, 公矢魚于棠"이라 하였다.
【八佾舞】古代 天子만이 하는 樂舞.《論語》八佾篇에 "孔子謂季氏, 八佾舞於庭, 是可忍也, 孰不可忍也"라 하였고, 朱子集註에 "天子八, 諸侯六, 大夫四, 士二, 每佾人數如其佾數"라 하였다.
【元年始書螟, 言災將起】《春秋》隱公 元年에는 "(傳)八月, 紀人伐夷, 夷不告, 故不書, 有蜚不爲災, 亦不書"라는 말만 있고, 俞樾은 "隱公元年不書螟, 書螟事見隱五年, 則比元年, 是五年之誤"라 하였다.

1. 〈四庫全書〉, 〈四部備要本〉에는 본 장이 "凡人之性~求利者乎?"를 하나의 장으로, 그리고 "周天子~云爾"까지가 다시 하나의 장으로 분리되어 있다. 그러나 《說苑 疏證》에는 둘을 묶어 하나의 장으로 처리되어 있다. 《疏證》本을 따라 하나로 하였다.

2. 《左傳》 文公 9年

九年春, 毛伯來求金.

3. 《公羊傳》 文公 9年

毛伯來求金何以書? 譏. 何譏爾? 王者無求, 求金, 非禮也.

4. 《春秋繁露》 玉英篇

凡人之性, 莫不善義; 然而不能義者, 利敗之也. 故君子終日言不及利, 欲以勿言愧之而己, 愧之以塞其源也. 夫處位動風化者, 徒言利之名爾, 猶惡之, 況求利乎? 故天王使人求賻求金, 皆爲大惡而書. 今非直使人也, 親者求之, 是爲甚惡譏.

151(5-26) 孫卿曰夫鬪者忘其身者也
사람들의 싸움질

순자孫卿, 荀子가 말하였다.

"무릇 싸움질하는 자는 자기를 잊은 자이며, 그 어버이를 잊은 자이며, 그 임금을 잊은 자이다. 잠깐 사이의 노기怒氣를 참지 못하여 종신토록 짊어질 화禍를 싸움으로 표현하니, 그런데도 이런 짓을 하는 것은 바로 자신의 몸을 잊은 때문이다. 또 집안이 흩어지고 친척까지 죽음을 당하는 일인데도 이를 저지르니, 이는 곧 자신의 어버이를 잊은 때문이다. 그런가 하면 임금으로서 싫어하는 일이요, 형법상으로도 크게 금지하는 일이건만, 그런데도 싸움을 하는 것은 그 임금을 잊은 때문이다. 지금 금수禽獸라도 오히려 그 부모를 알고 그 어버이를 잊지 않거늘, 사람으로서 자기 몸을 잊고 안으로는 그 부모를 잊으며 위로는 임금을 잊고 행동하니, 이는 금수의 인仁만도 못한 행위이다.

또 무릇 싸움질하는 자는 모두가 자기는 옳고 남을 그르다 여긴다. 자기는 진실로 옳고 남은 진실로 그르다면, 이는 자기는 군자이고 남은 소인이라는 뜻이 된다. 무릇 군자이면서 소인과 더불어 서로 적해賊害한다면, 이는 사람들이 소위 말하는 여우로써 이미 죽거나 도망친 개나 양을 대신하는 격으로, 그 몸이 스스로 도탄塗炭에 빠질 것이니 이 어찌 심한 과실이 아니겠는가?

지혜를 위해서인가? 그러나 이보다 더 어리석은 것이 없다. 또 이익을 위해서인가? 그러나 이보다 더 막대한 손해가 없다. 그렇다면 영광을 위해서인가? 그러나 이보다 더 큰 욕됨이 없다.

그러면 사람들의 싸움질은 어떤 것인가? 광혹질병狂惑疾病에 비하더라도 그래서는 안 된다. 사람은 겉모습만 보면 호오好惡는 대개 같다. 그러므로 싸움은 진실로 그 도道에 어리석고 미혹해서 생기는 것이리라.”

《시詩》에 “외치고 소리치고 비틀거리며 밤낮 없이 그러니 한심하도다”라 하였으니 이는 싸움을 한탄한 말이다.

孫卿曰:「夫鬪者忘其身者也, 忘其親者也, 忘其君者也; 行須臾之怒, 而終身之禍, 然乃爲之, 是忘其身也; 家室離散, 親戚被戮, 然乃爲之, 是忘其親也; 君上之所致惡, 刑法之所大禁也, 然乃犯之, 是忘其君也. 今禽獸猶知近父母, 不忘其親也; 人而忘其身, 內忘其親, 上忘其君, 是不若禽獸之仁也. 凡鬪者皆自以爲是而以他人爲非, 己誠是也, 人誠非也, 則是己君子而彼小人也; 夫以君子而與小人相賊害, 是人之所謂以狐白補犬羊, 身塗其炭, 豈不過甚矣哉! 以爲智乎, 則愚莫大焉; 以爲利乎, 則害莫大焉; 以爲榮乎, 則辱莫大焉; 人之有鬪何哉? 比之狂惑疾病乎, 則不可, 面目人也, 而好惡多同, 人之鬪誠愚惑失道者也.」

詩云:『式號式呼, 俾晝作夜.』

言鬪行也.

【孫卿】荀子를 말한다. 漢 宣帝(劉詢)의 이름을 諱하여 쓴 것. 이름은 況.
【塗炭】‘泥塗炭火 속에 있는 것 같다’의 뜻.
【詩云】《詩經》大雅 蕩의 구절.

1. 《荀子》 榮辱篇

鬪者, 忘其身者也, 忘其親者也, 忘其君者也. 行其少頃之怒, 而喪終身之軀, 然且爲之, 是忘其身也; 家室立殘, 親戚不免乎刑戮, 然且爲之, 是忘其親也; 君上之所惡也, 刑法之所大禁也, 然且爲之, 是忘其君也. 憂忘其身, 內忘其親, 上忘其君, 是刑法之所不舍也, 聖王之所不畜也. 乳彘觸虎, 乳狗不遠游, 不忘其親也. 人也, 憂忘其身, 內忘其親, 上忘其君, 則是人也而曾子彘之不若也. 凡鬪者, 必自以爲是, 而以人爲非也. 己誠是也, 人誠非也, 則是己君子而人小人也. 以君子與小人相賊害也, 憂以忘其身, 內以忘其親, 上以忘其君, 豈不過甚矣哉! 是人也, 所謂以狐父之戈钃牛矢也. 將以爲智邪? 則愚莫大焉. 將以爲利邪? 則害莫大焉. 將以爲榮邪? 則辱莫大焉. 將以爲安邪? 則危莫大焉. 人之有鬪, 何哉? 我欲屬之狂惑疾病邪, 則不可, 聖王又誅之. 我欲屬之鳥鼠禽獸邪, 則不可, 其形體又大, 而好惡多同. 人之有鬪, 何哉? 我甚醜之.

152(5-27) 子路持劍
담장 밖을 나서지 않아도

자로子路가 칼을 차고 다니는 것을 보고 공자孔子가 물었다.

"중유仲由야! 이 칼을 어디에 쓰려고 하느냐?"

자로가 이렇게 대답하였다.

"착한 일에는 옛날처럼 이로써 진실로 착한 일을 할 수 있고, 착한 일이 아닐 경우 옛 사람들은 스스로를 보위保衛할 수 있다고 하였습니다."

그러자 공자는 이렇게 설명하였다.

"군자는 충忠으로 바탕을 삼고 인仁으로 보위를 삼는다. 그러면 담장 밖을 나서지 않아도 1천 리 밖에까지 그의 소문이 퍼지는 법이다. 착하지 못한 일이 있으면 그 충으로 그 적을 감화시키고, 폭력이 있으면 그 인으로 보위를 삼으면 되지 꼭 칼을 차고 다녀야만 하느냐?"

이에 자로는 이렇게 말하였다.

"저는 청컨대 옷깃을 여미고 선생님을 모시겠습니다."

子路持劍, 孔子問曰:「由, 安用此乎?」

子路曰:「善, 古者固以善之; 不善, 古者固以自衛.」

孔子曰:「君子以忠爲質, 以仁爲衛, 不出環堵之內, 而聞千里之外; 不善以忠化寇, 暴以仁圍, 何必持劍乎?」

子路曰:「由也請攝齊以事先生矣.」

【子路】孔子의 제자. 仲由.

【攝齊】《論語》鄕黨篇에 "攝齊升堂, 鞠躬如也"라 하였고 그 注에 "攝, 摳也, 齊, 衣下縫也"라 하였다.

1. 《孔子家語》好生篇

子路戎服見於孔子, 拔劍而舞之, 曰:「古之君子, 以劍自衛乎?」孔子曰:「古之君子, 忠以爲質, 仁以爲衛, 不出環堵之室, 而知千里之外. 有不善, 則以忠化之, 侵暴則以仁固之, 何持劍乎?」子路曰:「由乃今聞此言, 請攝齊以受敎.」

153(5-28) 樂羊爲魏將
아들을 삶아 죽여

악양樂羊이 위魏나라의 장수가 되어 중산中山을 치게 되었다. 그런데 마침 그의 아들이 중산에 있었는데 중산에서는 그 아들을 달아매어 악양에게 보이며 공격을 중지시키려 하였다. 악양은 조금도 기가 꺾인 표정이 없이 더욱 급하게 공격을 감행하였다. 그러자 결국 중산에서는 그 아들을 삶아 이를 악양에게 보냈다.

악양은 자기 아들을 삶은 국물을 한 잔 다 마셔 버렸다. 중산에서는 악양의 이런 모습을 보고 차마 더 이상 싸우지 못하고 그만 항복하고 말았다. 이리하여 위魏 문후文侯는 땅을 개척하게 된 것이다. 그러나 문후는 그의 공에 상을 내리면서도 그를 의심하였다.

한편 맹손孟孫은 사냥을 나가 새끼사슴 한 마리를 사로잡았다. 그는 이를 자기 부하인 진서파秦西巴에게 가지고 돌아가도록 하였다. 그런데 그 사슴의 어미가 계속해서 따라오면서 애처롭게 울자, 진서파는 불쌍히 여겨 이 어린 사슴을 놓아 주고 말았다. 맹손이 이를 알고 화를 내면서 진서파를 내쫓았다가 1년이 지난 후에 다시 불러들여 자신의 아들인 태자의 스승으로 삼았다.

좌우가 물었다.

"무릇 진서파는 임금에게 죄를 지었는데 다시 불러들여 아들의 스승으로 삼은 이유가 무엇입니까?"

이에 맹손은 이렇게 대답하였다.

"조그마한 새끼사슴 한 마리도 애처로워서 살려 주는데 어찌 내 아들에게 마구 할 수 있겠는가?"

그러므로 '교묘한 사기는 졸렬한 성의만 못하다'라 한 것이다.

악양은 공을 세우고도 의심을 받았고, 진서파는 죄를 짓고도 더욱 신임을 받았으니, 이는 바로 그 근본이 인仁·불인不仁 어느 것으로부터 말미암았느냐에 따른 차이이다.

樂羊爲魏將, 以攻中山, 其子在中山, 中山懸其子示樂羊, 樂羊不爲衰志, 攻之愈急, 中山因烹其子而遺之, 樂羊食之, 盡一杯, 中山見其誠也, 不忍與其戰, 果下之, 遂爲文侯開地, 文侯賞其功而疑其心. 孟孫獵得麑, 使秦西巴持歸, 其母隨而鳴, 西巴不忍, 縱而與之, 孟孫怒而逐秦西巴, 居一年, 召以爲太子傅, 左右曰:「夫秦西巴有罪於君, 今以爲太子傅, 何也?」

孟孫曰:「夫以一麑而不忍, 又將能忍吾子乎?」

故曰:『巧詐不如拙誠.』

樂羊以有功而見疑, 秦西巴以有罪而益信; 由仁與不仁也.

【樂羊】 魏 文侯 때의 장수.《史記》·《戰國策》등 참조.
【文侯】 戰國 초기 魏를 부흥시킨 군주. 재위 50년(B.C.445~396).
【孟孫】 魯나라의 권신.
【秦西巴】 魯나라 孟孫氏의 家臣.《淮南子》人間訓 참조.

> 참고 및 관련 자료

1.《戰國策》魏策

樂羊爲魏將而攻中山, 其子在中山, 中山之君烹其子而遺之羹, 樂羊坐於幕下而啜之,盡一杯, 文侯謂覩師贊曰樂羊以我之故, 食其子之肉, 贊對曰其子之肉尙食之, 其誰不食, 文侯賞其功而疑其心.

2. 《戰國策》 中山策

樂羊爲魏將, 攻中山, 其子時在中山, 中山君烹之, 作羹致於樂羊, 樂羊食之, 古今稱之, 樂羊食子以行信, 明害父以求法.

3. 《史記》 甘茂列傳

魏文侯令樂羊而攻中山, 三年而拔之, 樂羊返而論功, 文侯示之謗書一篋, 樂羊再拜稽首曰此非臣之功也, 主君之力也.

4. 본 《說苑》 復恩에도 같은 이야기가 실려 있다.

5. 《韓非子》 說林(上)

樂羊爲魏將而攻中山. 其子在中山, 中山之君烹其子而遺之羹; 樂羊坐於幕下而啜之, 盡一杯. 文侯謂堵師贊曰:「樂羊以我故而食其子之肉.」答曰:「其子而食之, 且誰不食?」樂羊罷中山, 文侯賞其功而疑其心. 孟孫獵得麑, 使秦西巴持之歸, 其母隨之而啼, 秦西巴弗忍而與之, 孟孫歸, 至而求麑, 答曰:「余弗忍而與其母.」孟孫大怒, 逐之. 居三月, 復召以爲其子傅, 其御曰:「曩將罪之, 今召以爲子傅何也?」孟孫曰:「夫不忍麑, 又且忍吾子乎?」故曰: 巧詐不如拙誠. 樂羊以有功見疑, 秦西巴以有罪益信.

6. 《淮南子》 人間訓

有功者, 人臣之所務也; 有罪者, 人臣之所辟也. 或有功而見疑, 或有罪而益信, 何也? 則有功者離恩義, 有罪者不敢失仁心也. 魏將樂羊攻中山. 其子執在城中, 城中懸其子以示樂羊. 樂羊曰:「君臣之義, 不得以子爲私.」攻之愈急. 中山因烹其子而遺之鼎羹與其首, 樂羊循而泣之曰:「是吾子.」已而使者跪而啜三杯. 使者歸報中山曰:「是伏約死節者也, 不可忍也.」遂降之, 爲魏文侯大開地有功. 自此之後, 日以不信, 此所謂有功而見疑者也. 何謂有罪而益信? 孟孫獵得麑, 使秦西巴持歸烹之. 麑母隨之而啼, 秦西巴弗忍, 縱而予之. 孟孫歸, 求麑安在? 秦西巴對曰:「其母隨而啼, 臣誠弗忍, 竊縱而予之.」孟孫怒, 逐秦西巴. 居一年, 取以爲子傅. 左右曰:「秦西巴有罪於君, 今以爲子傅何也?」孟孫曰:「夫一麑而不忍, 又何況於人乎?」此謂有罪而益信者也.

154(5-29) 智伯還自衛
세 가지 실책

지백智伯이 위衛나라로부터 돌아오자 삼경三卿이 남대藍臺에서 잔치를 벌여 그를 환영하였다. 이 자리에서 지양자智襄子가 한韓 강자康子를 희롱하면서 단규段規에게 모욕을 주었다. 지과智果가 이를 듣고 지양자에게 간하였다.

"주군主君께서 난難을 대비하지 않으면 그 위난危難이 이를 것입니다."

이에 지양자는 이렇게 말하였다.

"무슨 소리! 모든 위난은 나의 손에 달렸다. 내가 난을 일으키지 않는데 누가 감히 일으킨단 말인가?"

지과는 다시 이렇게 설명하였다.

"그렇지 않습니다. 무릇 극씨郤氏에게는 거원車轅의 고난이 있었고, 조씨趙氏에게는 맹희孟姬의 참소가 있었으며, 난씨欒氏에게는 숙기叔祁의 호소가 있었으며, 범씨范氏와 중항씨中行氏에게는 함야函冶의 어려움이 있었던 것을 주군께서는 알고 계실 것입니다.

〈하서夏書〉에는 '사람에게는 세 가지 실책이 있으니, 그 원한이 어찌 밝은 데에 있으리요. 보이지 않는 곳, 바로 거기에서 시작된다'라 하였습니다. 또 〈주서周書〉에는 '원한이란 큰 데서 시작되는 것이 아니며 작은 데에도 있지 않다'라 하였습니다.

무릇 군자란 능히 작은 일에 부지런히 함으로 해서 큰 환난이 없도록 하는 것입니다. 그런데 지금 주군께서는 일을 도모하여, 임금을 부끄

럽게 하면서 서로 대비함도 없이 말씀하시기를 '감히 누가 난을 일으
킨단 말인가?'라 하시니, 이 어찌 불가한 일이 아닐 수 있겠습니까!

아! 두려워하지 않으면 안 됩니다. 작은 개미나 벌·나나니·초파리
같은 미물일지라도 능히 사람을 해칠 수 있는데, 하물며 주군에게
원한 가진 자가 임금이나 재상일 경우에야 어떠하겠습니까?"

그러나 지양자는 듣지 않았다. 이로부터 5년이 지나 진양지난晉陽之難이
일어났고, 그때에 단규는 지씨에게 반기를 들고 군중軍中에서 그를
죽이고 말았다. 그리하여 드디어 지씨는 멸망하고 말았다.

智伯還自衛, 三卿燕于藍臺, 智襄子戲韓康子而侮段規.

智果聞之諫曰:「主弗備難, 難必至.」

曰:「難將由我, 我不爲難, 誰敢興之.」

對曰:「異於是, 夫郤氏有車轅之難, 趙有孟姬之讒, 欒有叔祁
之訴, 范中行有函冶之難, 皆主之所知也. 夏書有之曰:『一人
三失, 怨豈在明, 不見是圖』周書有之曰:『怨不在大, 亦不在小.』
夫君子能勤小物, 故無大患; 今主一謀而媿人君, 相又弗備, 曰:
『不敢興難.』毋乃不可乎? 嘻! 不可不懼, 蚋蟻蜂蠆皆能害人,
況君相乎?」

不聽, 自是五年而有晉陽之難, 段規反而殺智伯于師, 遂滅
智氏.

【智伯】춘추시대 晉나라 六卿의 하나. 知伯으로도 쓴다. 荀首의 아들. 知武子.

【藍臺】晉나라의 누대.

【智襄子】智伯의 후손.

【韓康子】晉나라 六卿의 하나. 韓 武子의 후손. 후에 韓을 세움.

【段規】 趙나라 사람. 《韓非子》 十過篇 참조.

【智果】 智伯의 家臣. 智過로도 나옴.

【郤氏】 晉나라 公族인 獻子의 후손.

【車轅之難】 《左傳》 成公 17年 참조.

【孟姬之讒】 趙의 莊姬로 趙同·趙括을 참살하였다. 《左傳》 成公 8年 참조.

【叔祁】 晉나라 叔向의 후손.

【范中行】 范氏와 中行氏. 둘 다 晉나라 六卿의 하나. 范吉射와 荀寅.

【函冶之難】 函冶는 複姓. 《左傳》 定公 13年 참조. 《國語》에는 '函冶之難'으로 되어 있다.

【夏書】 《尙書》 夏書.

【周書】 《尙書》 周書.

【晉陽之難】 晉陽은 지금의 太原. 春秋 말기(B.C.455) 진나라 六卿(智·韓·魏·趙·范·中行)이 싸울 때 가장 힘이 세었던 智氏가 范氏·中行氏를 없앤 후, 다시 세 나라를 없애려다가 반격을 받아 망한 싸움. 《戰國策》 趙策·韓策·魏策 참조.

참고 및 관련 자료

1. 《國語》 晉語(九)

還自衛, 三卿宴於藍臺. 智襄子戲韓康子而侮段規. 智伯國聞之, 諫曰: 「主不備, 難難必至矣.」 曰: 「難將由我, 我不爲難, 誰敢興之!」 對曰: 「異於是, 夫郤氏有車轅之難, 趙有孟姬之讒, 欒有叔祁之愬, 范·中行有函冶之難, 皆主之所知也. 夏書有之曰: 『一人三失, 怨豈在明? 不見是圖.』 周書有之曰: 『怨不在大, 亦不在小.』 夫君子能勤小物, 故無大患. 今主一宴而恥人之君相, 又弗備, 曰 『不敢興難』, 無乃不可乎? 夫誰不可喜, 而誰不可懼? 蝝蟻蜂蠆, 皆能害人, 況君相乎!」 弗聽. 自是五年, 乃有晉陽之難. 段規反, 首難, 而殺智伯於師, 遂滅智氏.

155(5-30) 智襄子爲室美
붓 하나로 귀하를 모시고

지양자智襄子가 궁실을 아주 아름답게 꾸몄다. 양자의 가신인 사줄士茁이 저녁때에 그곳에 오자 지양자는 이렇게 자랑하였다.

"궁실이 정말 아름답지 않소?"

그러자 곁에 있던 사줄이 대답하였다.

"아름답기는 하옵니다만 저는 두렵습니다."

지백(양자)이 물었다.

"무엇이 두렵소?"

그는 이렇게 대답하였다.

"저는 붓 하나로 귀하를 모시고 있습니다. 옛 기록에 '높은 산 깊은 물은 초목이 자라지 못한다. 송백松伯이 자라는 땅은 그 토양이 비옥하지 않다'라는 말이 있습니다. 지금 이 비옥한 땅에 이렇게 나무를 심어 놓았으니, 이는 사람을 편안히 해주지 못할 것이라고 걱정이 되는 것입니다."

궁실을 완성한 지 3년 만에 과연 지씨智氏는 멸망하고 말았다.

智襄子爲室美, 士茁夕焉, 智伯曰:「室美矣夫!」

對曰:「美則美矣, 抑臣亦有懼也.」

智伯曰:「何懼?」

對曰:「臣以秉筆事君, 記有之曰: 高山浚源, 不生草木, 松柏之地, 其土不肥, 今土木勝, 人臣懼其不安人也.」

室成三年而智氏亡.

【智襄子】晉나라 智伯의 후손.

【士茁】智伯의 家臣. 茁의 음은 '절'·'촬'·'줄' 등이 있다. 한편 盧元駿은 士를 土로 보아 "궁전 옆에 풀이 무성하게 자라다"로 해석하였으나 이는 잘못인 듯하다.《國語》晉語(九)의 注에 "士茁, 智伯家臣"이라 하였고, 그 다음의 "夕焉"에 대해서는 "夕, 夕往也"라 하였다.

참고 및 관련 자료

1.《國語》晉語(九)

智襄子爲室美, 士茁夕焉. 智伯曰:「室美夫!」對曰:「美則美矣, 抑臣亦有懼也.」智伯曰:「何懼?」對曰:「臣以秉筆事君. 志有之曰:『高山峻原, 不生草木, 松柏之地, 其土不肥.』今土木勝, 臣懼其不安人也.」室成, 三年而智氏亡.

部曲陶俑

綠釉陶樓

임동석(苗浦 林東錫)

慶北 榮州 上苗에서 출생. 忠北 丹陽 德尙골에서 성장. 丹陽初中 졸업. 京東高 서울
敎大 國際大 建國大 대학원 졸업. 雨田 辛鎬烈 선생에게 漢學 배움. 臺灣 國立臺灣師
範大學 國文硏究所(大學院) 博士班 졸업. 中華民國 國家文學博士(1983). 建國大學校
敎授. 文科大學長 역임. 成均館大 延世大 高麗大 外國語大 서울대 등 大學院 강의.
韓國中國言語學會 中國語文學硏究會 韓國中語中文學會 會長 역임. 저서에《朝鮮譯
學考》(中文)《中國學術槪論》《中韓對比語文論》. 편역서에《수레를 밀기 위해 내린
사람들》《栗谷先生詩文選》. 역서에《漢語音韻學講義》《廣開土王碑硏究》《東北民族
源流》《龍鳳文化源流》《論語心得》〈漢語雙聲疊韻硏究〉 등 학술 논문 50여 편.

임동석중국사상100

설원說苑

劉向 撰 / 林東錫 譯註

1판 1쇄 발행/2009년 12월 12일

2쇄 발행/2013년 9월 1일

발행인 고정일

발행처 동서문화사

창업 1956. 12. 12. 등록 16-3799

서울강남구신사동563-10 ☎546-0331~6 (FAX)545-0331

www.dongsuhbook.com

잘못 만들어진 책은 바꾸어 드립니다.

＊

＊

사업자등록번호 211-87-75330

ISBN 978-89-497-0576-7 04080

ISBN 978-89-497-0542-2 (세트)